ASTROLOGIA E MITO

Símbolos e mitos do Zodíaco na psicologia profunda

Roberto Sicuteri

ASTROLOGIA E MITO

Símbolos e mitos do Zodíaco na psicologia profunda

Tradução
PIER LUIGI CABRA

EDITORA PENSAMENTO
São Paulo

Título do original:
Astrologia e Mito
Simboli e Miti dello Zodiaco nella Psicologia del Profondo

Edição	Ano
1-2-3-4-5-6-7-8-9	94-95-96-97-98

Direitos de tradução para a língua portuguesa
adquiridos com exclusividade pela
EDITORA PENSAMENTO LTDA.
Rua Dr. Mário Vicente, 374 - 04270-000 - São Paulo, SP - Fone: 272-1399
que se reserva a propriedade literária desta tradução.

Impresso em nossas oficinas gráficas.

Sumário

Prefácio

Este livro trata das atribuições simbólicas e mitológicas dos signos do Zodíaco, dos astros e de outros sinais significativos. Está exposta aqui uma pesquisa sistemática no plano histórico, com pressupostos filológicos propositadamente muito circunscritos, dos mitologemas e das formações simbólicas do Zodíaco, em relação à psicologia humana, entendida como expressão criativa de um mundo de mitos, arquétipos e figurações imaginativas, sempre operantes no mais profundo de cada homem, capaz de se expressar em todas as formas de pensamento, palavra ou ação criativa.

Ainda que dentro dos limites estabelecidos, a obra é fruto de um estudo plurianual que se insere no atual renascimento da astrologia em todos os países do Ocidente. E a intenção é dar a conhecer os valores mais secretos e o potencial psíquico e imaginativo implícitos no grande mundo astrológico. Nestas páginas não se encontrará uma defesa da astrologia como arte divinatória, nem haverá uma exposição técnica que coloque o leitor em condições de executar e interpretar o chamado horóscopo: quem busca esse objetivo deve procurar os numerosos e excelentes manuais escritos especificamente para esse fim. Tampouco se pretende obter consenso favorável à astrologia.

Sabemos que até nossos dias todos os esforços dos estudiosos de astrologia se concentraram — mais ou menos carregados de inoportuna polêmica — na intenção de chegar a demonstrar a *verdade* ou a *falsidade* do pensamento astrológico, assumindo, com certa freqüência, posições reciprocamente passíveis de críticas do ponto de vista da objetividade, chegando, antes, ao resultado de confundir ainda mais a situação. Não posicionar-se nem a favor nem contra a astrologia e assumir uma atitude imparcial e dar continuidade a uma verificação constante e a uma apaixonada busca é o que de mais útil pode ser feito para melhor conhecer aquela que poderíamos chamar de psicologia do fenômeno astrológico, através da sua linguagem ainda íntegra no inconsciente coletivo, mais do que podemos supor nesta nossa época positivista e racional, que, por sua vez, se volta a corroer cada vez mais o espaço das certezas científicas.

Sabemos que a astrologia se baseia na linguagem dos símbolos e das imagens arquetípicas que transcendem a consciência e ainda mais a razão, e isso se torna tanto mais real, quanto mais se basear na psicanálise ou na análise profunda como prática de um conhecimento do homem. Retornar a essa linguagem — os mitos, os símbolos, as fantasias arquetípicas, as manifestações telúricas do que havia sido removido e que emerge na superfície —, examiná-la, estudá-la, ou retomá-la ativando-a *visceralmente* na nossa esfera emocional e imaginativa, significa também devolver a nós mesmos preciosos instrumentos não-verbais, quase indispensáveis em uma época de não-comunicabilidade. É, portanto, este livro, também uma volta à tradição pura da aproximação *psicológica* e *anímica* da astrologia, entendida em seus mitologemas, como *realidade psíquica* de cada homem.

"Mais do que qualquer outro campo, a astrologia é basilar para a psicologia da personalidade, se esta é concebida como um conjunto de traços estáveis."[1] Estas palavras de James Hillman, o eminente psicólogo analista do profundo, reportam-se à afirmação de Ernst Cassirer: "Sob o seu aspecto puramente formal, a astrologia é uma das mais grandiosas tentativas que jamais foram ousadas pelo espírito humano para dar uma representação global do mundo."[2] O que é entendido por representação do mundo é sempre expresso pelo homem através de mitos e símbolos, quer nas religiões, quer na arte, quer nos sistemas de pensamento. O ser humano sempre viveu através deles e, a nosso ver, a simbolização da expressão lingüística, como adesão a um processo espontâneo não-racional, é uma constante humana que hoje parece-nos possível recuperar também a partir da astrologia observada em seus componentes mitológicos e arquetípicos.

Nosso propósito foi o de tornar-nos *arqueólogos do inconsciente*, usando os instrumentos que pareceram mais oportunos: a astrologia, a

1. Hillman, James: *Senex et puer*, Marsilio, Pádua, 1973, pág. 36.
2. Cassirer, Ernst: *Begriffsformen des Mythischen Denken*.

mitologia, a fonte filológica e exegética mitográfica e a psicanálise. Aqui serão descritos os signos do Zodíaco através da atribuição dos mitos analógicos, virão interpretadas as simbologias relacionadas, transpondo a seguir essa grade sobre a observação da psicologia e da psicopatologia dos tipos humanos através do conceito psicanalítico e da psicologia profunda. As marcas indicativas do caminho a ser percorrido contêm nestas páginas os nomes de Freud, Jung, Fenichel, Rank, Bernhard, Otto, Kerényi, Elíade, Hillman, Neumann, Harding e outros. Para a astrologia, os nomes de André Barbault, ao qual se deve a primeira pesquisa nesse sentido, a senhora Senard, Mayo, Gouchon, Hades. Mas, no centro luminoso encontra-se a mitologia grega, a egípcia, e a hinduísta, como *realidade interior* do homem, que está em relação sincrônica com o outro centro, o céu estrelado. A aproximação psicológica neste contexto é entendida como um *caminho psíquico para o mito*, onde a alma é reconhecida e vice-versa, exatamente como nos indicam os estudos de Hillman. No texto pode manifestar-se uma reprovável *ambivalência* ou um *ecletismo* nas formulações freudianas e junguianas, mas isso — no sentido de problemática — quando muito se nos apresenta como um êxito de todo *espontâneo*, como que surgido de uma psicologia das *instâncias*, que já por si só pode constituir material de reflexão. Partindo da psicologia de C. G. Jung, este *fazer* o livro exigiu energias e cognições (essas últimas com características de livre associação) quer ao nível do consciente, quer do inconsciente. O objetivo a ser perseguido — que se encontra em uma tensão criativa acentuadamente subjetiva, como verdadeiro *despertar d'alma* — *criou* os meios que mais se revelavam úteis e mais eram psiquicamente assimilados como fatores energéticos que permitiram ampliar caminhos já trilhados. Indagamo-nos com toda a humildade se desse *ecletismo*, pelo contrário, não resulta uma fusão alquímica das *instâncias*, obtida apenas quando se é colocado diante do fascínio de um confronto com a potência dos arquétipos e com os mitos. Nesse caso, uma disputa sobre as formulações e a maneira de apresentar as coisas de nada adianta, pois interessa mais a experiência vivida, a intensidade das emoções por ela desencadeadas e como ela é apresentada de maneira descritiva ao leitor.

O Autor

Florença, janeiro de 1978

1. O que são os símbolos e os arquétipos

Já que falamos de símbolos astrológicos, é oportuno ilustrar, ainda que resumidamente, o significado do símbolo e do arquétipo na psicologia humana para entender como eles funcionam na estruturação da realidade psíquica.

A alma, que está em cada um de nós, cria continuamente os símbolos para poder expressar conteúdos interiores que certamente não seriam manifestos, já que estes se apresentam, por vezes, complexos e misteriosos. Julgamos que a vida não poderia ser vivida e expressa na sua mais íntima profundidade — mesmo inconsciente — se os símbolos não viessem em nossa ajuda. E é com a ajuda deles que podemos traduzir em linguagem aquilo que sentimos dentro de nós. Portanto, o símbolo é a imagem que criamos a respeito de um conteúdo interior que transcende a consciência. No caso da astrologia, o símbolo encerrado no Zodíaco e nos planetas é o ponto de encontro, a soldagem dominante entre o mundo psicológico e espiritual do homem (microcosmo) e o universo dos astros no céu (macrocosmo).

O que o homem sente em si — veremos mais adiante o que é esse microcosmo — ele o representa na imagem de um símbolo astral e o projeta, ou seja, inverte-o no céu, na representação das constelações e dos planetas, atribuindo-lhes leis e funções. Para dar um exemplo, em tempos remotos o raio era considerado como o símbolo da vontade ou da ira divina. Nesse caso, a força, a lei superior implícita na consciência humana, para usar o termo psicológico, era "projetada" no céu, portanto, fora da consciência, e de novo acolhida como expressão da vontade divina.

A relação simbólica entre micro e macrocosmo, nesse caso, como para o fato astrológico, não deixa de ser, afinal, uma operação humana, e que por isso mesmo faz parte da psicologia humana. É o homem que cria os símbolos; é o homem que os torna vivos e lhes atribui valor e significado, no plano da imaginação.

Um ramo de oliveira, na verdade, não tem em si nenhum poder de dar paz; entretanto, na mão do homem, ele exprime pacificação, concórdia, sacralidade em determinadas situações: eis, portanto, o símbolo *efetuando* uma determinada mensagem que é recebida por quem vê esse raminho de oliveira. O exemplo também vale para o símbolo astrológico: não são os astros que têm um poder *direto* (apesar de muitos físicos começarem a pensar que, ao contrário, há uma influência energética passível de verificação), mas o poder é desencadeado pelas *atribuições simbólicas* que o homem confere aos astros e às constelações.

A palavra símbolo deriva do grego *symbolon* através da fusão de *syn* e *ballein*, etimologicamente elementos heterogêneos, partes antitéticas que se ligam intimamente em um mesmo conjunto que definimos como conteúdo e sinal perceptível. Assim, na estrutura da palavra *symbolon*, uma expressão pode substituir a outra para facilitar uma formulação figurativa imediatamente compreensível.

Tomemos, por exemplo, o símbolo gráfico do planeta Vênus. Nesse caso, nós temos a possibilidade de fazer dele uma dupla leitura: a primeira, simplesmente como gráfico astronômico do planeta Vênus. A segunda leitura diz respeito ao conteúdo simbólico astrológico, ou seja: o amor, a amizade, a feminilidade, etc.

A formulação do conceito de símbolo modificou-se ao longo dos tempos e hoje chegou-se a uma elucidação absoluta do significado e do seu valor. Freud, com a escola psicanalítica vienense, bem como a grande pesquisa de Carl Gustav Jung, o psicólogo do profundo, devolveu à linguagem simbólica todo o seu valor dinâmico através da técnica psicanalítica.

Queremos citar aqui algumas definições do símbolo para que fique compreensível a matéria deste trabalho. Bachofen diz: "O símbolo gera presságios; a linguagem pode tão-somente explicar. O símbolo lança raízes até as mais secretas profundezas da alma; a linguagem roça a superfície da compreensão como um sopro silencioso de vento... Somente o símbolo consegue combinar os elementos mais diversos numa impressão unitária... As palavras tornam finito o infinito; os símbolos levam o espírito para além dos limites do finito, do vir-a-ser, no reino do ser infinito. Os símbolos se tornam sugestões e são sinais do inefável e tão inesgotáveis como este".[3] Creutzer diz algo parecido: "... o símbolo pode, num certo sentido, tornar visível também o divino. É uma nascente exuberante de idéias vivas que nele se agita... chamamos símbolos essas expressões supremas da faculdade que temos de formar imagens".[4]

Para Freud, o símbolo expressa a relação que une o conteúdo manifesto de um comportamento, de um pensamento, de uma palavra, ao seu sentido mais oculto e menos perceptível, latente. E é em grande parte sobre esse particular mecanismo que se fundamenta a técnica da psicanálise.

Mesmo nos símbolos astrológicos devemos sempre buscar os conteúdos e os significados latentes. O estudo dos símbolos feito por Jung é muito mais amplo e profundo em relação à matriz psicanalítica freudiana: ele devolve ao símbolo uma gama de funções muito sugestiva. Para Jung, os símbolos são uma espécie de fenômeno numinoso, energético e radiante, que exerce forte influência sobre a psique consciente. Ele diz exatamente isto: "Um conceito que define a expressão simbólica como a melhor possível e, portanto, como a formulação mais clara e característica que por ora se possa enunciar de algo relativamente desconhecido, é simbólico".[5]

André Barbault, o conhecido astrólogo francês e estudioso de psicanálise, disse: "O símbolo revela certos aspectos da realidade — os mais profundos — que desafiam qualquer outro meio de conhecimento. Imagens e símbolos não são criações irresponsáveis da psique; eles respondem a uma necessidade e desempenham uma função: a de desnudar as mais secretas modalidades do ser. Podemos mascará-los, mutilá-los ou degradá-los, mas jamais será possível extirpá-los; no subconsciente do homem moderno sobrevive uma mitologia sempre crescente que jamais desaparece da atualidade psíquica; símbolos e mitos podem mudar de aspecto, mas a função deles permanece a mesma: trata-se apenas de

3. Bachofen, J. J.: *Versuch über die Gräbersymbolik der Alten in R. Marx*. Stuttgart, 1953, pág. 53.

4. Creutzer, F.: está em Jacobi: *Complesso, Archetipo, Simbolo*, Boringhieri, Turim, 1971, pág. 75. [*Complexo, Arquétipo, Símbolo*, Editora Cultrix, São Paulo, 2ª ed. 1991.]

5. Jung, Carl Gustav: *Tipi psicologici*, Boringhieri, Turim, 1969, pág. 484.

retirar as novas máscaras. Ora, se na psicologia moderna o simbolismo tornou-se de repente um problema essencial do conhecimento do psiquismo humano, esse simbolismo está desde sempre na base da astrologia...".[6] É lícito pensar que os símbolos astrológicos (ou seja, os signos zodiacais, os astros, as "casas" do horóscopo, os aspectos etc. ...), colocados no imenso tecido do discurso analógico e sincronístico, sejam os mais energéticos e duradouros no plano psíquico, capazes de despertar ainda hoje em muitos homens as mais diversas reações.

De fato, a leitura do gráfico do horóscopo age em profundidade apenas através do tempo e somente depois de repetidas interpretações e elaborações dos seus símbolos, de maneira a despertar as mais profundas emoções inconscientes e a apanhar as formações arquetípicas.

Devemos, em seguida, considerar o conteúdo arquetípico da astrologia como expressão das possibilidades latentes em cada horóscopo (substancialmente, porém, é o próprio indivíduo que "lê" a si mesmo ou se reflete no horóscopo). Ou seja, a possibilidade de que o horóscopo, através da interpretação da sua estrutura simbólica, saiba suscitar no sujeito um potencial de energias psíquicas até então ignoradas.

Jung diz: "O arquétipo não é apenas imagem como tal, mas ao mesmo tempo é também um dinamismo que se manifesta na numinosidade, na força fascinante da imagem arquetípica... A pulsão tem dois aspectos; de um lado é manifesta como dinamismo fisiológico, enquanto de outro lado as suas múltiplas formas entram na consciência como imagens e grupos de imagens, e desenvolvem efeitos numinosos".[7] Referindo-nos à linguagem astrológica, nós vemos que os símbolos se agrupam para formar um *discurso* e ativam um *dinamismo* capaz de provocar *formações arquetípicas* além do nível de alcance racional mental, para chegar às camadas mais inconscientes, onde as imagens e os símbolos operam através do *tempo* para então modificar a atitude consciente do sujeito.

Esclarecido o significado e a função do símbolo e da imagem arquetípica, podemos indagar qual é a função dos símbolos astrológicos

---

6. Barbault, André: *Dalla Psicoanalisi all' Astrologia*, Morin, Siena, 1972, pág. 96.

7. Jung, Carl Gustav: Reflexões teóricas sobre a natureza da psique; está em aut. cit., *La dinamica dell'inconscio,* Boringhieri, Turim, 1976, pág. 77.

no campo da psicologia do homem. A resposta mais imediata é esta: os símbolos da astrologia são capazes de estimular a realidade interior do homem em suas estruturas profundas, colocando-o em relação com os objetos *projetados* para o exterior na representação planetária (relação entre microcosmo e macrocosmo). Esses símbolos, com as respectivas múltiplas atribuições psicológicas e mitológicas, referem-se à vida total do homem, constituindo, portanto, um processo psicológico fundamental que se encontra na base de todas as manifestações psíquicas.

Os modos de pensar ou de sentir em chave astrológica são quase "primitivos" e empíricos se os consideramos simbolicamente do ponto de vista ontogenético e filogenético. Assim, para citar um exemplo, os símbolos astrológicos do Sol, da Lua, de Netuno ou de Marte, além de suscitar todo um mundo de mitos e histórias, também reativam o simbolismo arquetípico mais arcaico, originário, em nível de linguagem e de processo criativo. Ou seja, basta pensar que o símbolo do Sol é capaz de provocar a "lembrança" arquetípica da força vital, do princípio divino, do próprio Deus.

A linguagem astrológica está estruturada na relação existente entre o céu e o homem, onde o céu é o significante e o homem é o significado. Assim, o céu, no momento exato de um nascimento, com a sua particularíssima configuração astral (base do horóscopo), é o significante do indivíduo que nasce, e este, através da leitura do próprio gráfico horoscópico, é levado a entrar em contato com o seu firmamento interior arquetípico. Esses símbolos operam, portanto, na base científica astronômica (uma vez que os planetas no céu são uma realidade!), e no princípio de *sincronicidade* e *analogia,* conforme expressa Carl Gustav Jung. Os símbolos astrológicos, assim, não são de forma alguma causais e deterministas. Ao contrário, queremos categoricamente especificar que no *discurso astrológico não existe de forma alguma uma relação de causa e efeito*. Pelo contrário, existe a realidade segundo a qual cada homem, no momento de nascer, é "enquadrado" em uma determinada configuração astral e essa configuração é como que fotografada na psique inconsciente sob a forma de mensagem ou memória arquetípica.

Em vista disso, interpretando ou lendo o horóscopo de nascimento e a sua evolução, nada mais se faz a não ser ativar no homem as correspondentes imagens primordiais dos planetas com as suas atribuições, desencadeando assim energias, emoções e significados que se enquadram na vida psíquica e determinam o fato psicológico. *Os símbolos astrológicos* — nunca é demais repetir — *são, portanto, projeções de imagens e de mitos interiores ao homem,* lançados pelo inconsciente em direção ao *céu* e o homem assume o ritmo significante deles, colocando-o em relação com o ritmo planetário codificado pelas leis astronômicas.

Com esse mecanismo projetivo específico é possível reconhecer a obra do inconsciente pessoal e coletivo do homem. Signos zodiacais e planetas colocam-se como entidades simbólicas do psiquismo humano que se ativam em virtude da linguagem astrológica.

O homem não é determinado pelos astros, nem tampouco estes têm algum poder intrínseco para dominar o homem, mas os astros interiorizados, emocionalmente assimilados pelo homem e inseridos no seu inconsciente, agem com grande vigor, dependendo das cargas simbólicas que o indivíduo lhes atribuir. Uma comparação a esse respeito pode esclarecer o assunto. Em nossos dias, um ocidental cristão vê uma pequena estátua de marfim de Buda apenas como um gracioso objeto de decoração, pois nenhum valor simbólico religioso é projetado na estátua e no espírito desse ocidental não há nenhuma reação ou então apenas uma, estética ou modestamente cultural. Se no lugar do Buda for colocado na mesa um crucifixo, então no inconsciente e no espírito da pessoa em questão — enquanto cristão e ocidental — aflora uma série de respostas emotivas, espirituais, de pensamento e de sentidos particulares. O crucifixo em si, como objeto, não tem nenhum poder (como os astros), mas tem um poder enquanto transformado em *objeto simbólico*, carregado de atribuições significativas no sentido religioso, que repercutem no espírito da pessoa e nela ativam todo um processo psíquico correspondente.

A relação do homem com os astros e o céu é análoga à comparação apresentada, ainda que de forma tão elementar e direta, para ajudar a compreender a questão. Portanto, podemos afirmar que a coincidência entre características estelares simbólicas e características da personalidade orienta o ser e o viver numa determinada maneira em vez de em outra. Quando observamos o desenho de um Mapa do Céu, referente ao nascimento (o conhecido horóscopo), na realidade lemos, cifrados, os nossos símbolos interiores muito profundos e, projetando-nos no horóscopo, podemos interpretar nossas temáticas conscientes e inconscientes; entramos em contato com as nossas estruturas que, com freqüência, não conhecemos. Além disso, se considerarmos que o complexo sistema astrológico está em perene movimento porque se baseia em ciclos, ritmos e fases planetárias dirigidas pelas leis astronômicas, eis que a realidade astrológica da pessoa torna-se dinâmica, toda movimento, em contínua evolução, exatamente como a vida!

Esse, portanto, a nosso ver, é um dos mais ricos e complexos sistemas simbólicos que nos é dado ver em operação; basta estarmos dispostos a experimentar a astrologia e o seu poderoso sistema de símbolos, num plano privilegiado que não tem mesmo nada que ver com a astrologia vulgarizada que todos mais ou menos conhecem, ou por ouvir falar ou porque qualquer jornal, no mundo, publica os inúteis prognósticos zodiacais do momento.

A leitura e a interpretação da simbologia astrológica na prática do horóscopo — se conduzidas com os critérios que procuramos ilustrar, ainda que resumidamente, correspondentes à mais pura tradição milenar e às mais recentes e apaixonantes pesquisas da psicanálise — confirmam exatamente o simbolismo do microcosmo, que é uma realidade interior do homem, um dado estrutural da vida.

De resto, o próprio Jung, o grande psiquiatra e psicólogo de Zurique, afirmou: "A mitologia astral é a projeção celeste da psicologia inconsciente."

Com grande perspicácia, Gaston Bachelard disse: "O Zodíaco é o teste de Rohrscharch da humanidade criança." Acrescentamos que o Zodíaco e os dez planetas que conhecemos constituem uma base da sabedoria e a unidade afetiva da realidade.

A psicologia profunda afirma que os mitos criados pelo homem não foram lidos no céu e a seguir trazidos para a Terra (pensamos na mitologia das divindades gregas), mas sim, invertendo a sua dinâmica, partiram do espírito humano, criados pelo coração e pela paixão do homem, para, a seguir, serem lançados no céu a fim de povoá-lo de figuras, visões e significados. Portanto, os mitos têm um valor para o homem exatamente como os planetas e os signos, e o que está no céu nada mais é que a experiência especular do homem, dirigida pelas leis secretas da imaginação e do psiquismo profundo.

2. *Breve aceno histórico à astrologia. A evolução da sua linguagem simbólica.*

Ainda antes que a astrologia surgisse na civilização da bacia mediterrânea, os astros tinham um papel fundamental na vida psicológica do homem e na sua realidade concreta. A organização social seguia harmonicamente o modelo da organização cósmica e os ritos religiosos garantiam a harmonia entre o homem e o mundo. A ordem cósmica era entendida como o avalista e o protótipo da ordem social; e a regularidade dos fenômenos cósmicos estava estritamente ligada à observância dos ritos mágico-religiosos.

A astrolatria — ou seja, o culto simbólico dos astros — deduzia, portanto, do cosmo as regras da vida coletiva: naquelas remotas épocas, o céu era simplesmente povoado de divindades representadas pelos astros, particularmente pelo Sol e pela Lua. Os homens projetavam no céu as próprias autoridades morais e religiosas inconscientes, delegando aos astros a personificação da divindade que a partir daquela posição agia por reflexo sobre o homem.

A astrologia como sistema simbólico mais aprimorado nasce em diversas áreas de civilização: na Caldéia e na Índia, na América pré-colombiana e, em seguida, na China. Muitos documentos indicam a Caldéia como berço da astrologia ocidental. Ali, como na cultura dos sumérios, a astrologia estava estreitamente relacionada com a religião; os astrônomos astrólogos eram sacerdotes, escribas e mesmo magos que decifravam as correspondências biunívocas entre o microcosmo terrestre e o macrocosmo universal. Os adivinhos astrólogos constituíam uma classe poderosa e privilegiada: sua sabedoria, ciosamente guardada, era domínio exclusivo dos soberanos e dos membros da aristocracia. Somente depois da conquista de Alexandria é que a astrologia desloca-se da Caldéia para a bacia do Mediterrâneo, difundindo-se primeiro no mundo helenístico e depois no mundo romano. Nessa fase — de disciplina iniciática e hermética — a astrologia se vulgarizou; de religiosa tornou-se profana e até adquiriu uma aura mágica. Durante o período helenístico — século III a.C. — a astrologia individualizou-se: de ciência, digamos social, tornou-se meio de observação e guia do homem como indivíduo. Os imperadores começaram a ter o próprio astrólogo particular e multiplicaram-se os astrólogos para o povo. Apesar dessa passagem de fase e mudança de qualidade intrínseca, a astrologia continuou a influenciar diversas doutrinas esotéricas, hebraicas, cristãs e gnósticas. Em pouco tempo, porém, a astrologia tornou-se alvo das críticas racionais e religiosas por parte dos Padres da Igreja. A passagem da astrologia no mundo greco-romano tornou mais complexo e preciso o seu embasamento teórico, fazendo com que adquirisse todo o instrumentário simbólico que conhecemos em nossos dias. De fato, os caldeus conheciam apenas o Sol, a Lua, Marte, Vênus e os eclipses lua-sol.

A mitologia grega substituiu as divindades caldéias para indicar os planetas, e dessa época são lembrados tratados célebres: o *Astronomicon* de Manílio (10 d.C.) e o *Tetrabilos* do matemático e astrônomo Ptolomeu (140 d.C.).

Assim, teve início o período do sincretismo astrológico, em que o aspecto religioso caldeu foi substituído pelo valor científico-mágico dos greco-romanos. Aperfeiçoada pelos árabes no clima islâmico, a astrologia voltou a fazer parte do pensamento ocidental da Idade Média, integrando-se em suas cosmologias.

É por volta do século XII que a astrologia firma sólidas raízes na cultura francesa e européia.

Apesar da oposição da Igreja, que rechaçava drasticamente o determinismo astral, a astrologia difundiu-se em todas as camadas sociais, e somente através da intervenção de Santo Tomás de Aquino houve uma espécie de trégua entre a concepção católico-cristã e a astrologia. A famosa afirmação "*astra inclinant, non necessitant*", codificou a tolerância da Igreja para com a astrologia, salvando o princípio do livre-arbítrio e da autoridade divina e sagrada.

Da Idade Média até o século XVI, a fé na astrologia enraizou-se profundamente no homem comum europeu. A difusão em nível popular foi favorecida pela publicação de almanaques em que havia predições agrárias, necromânticas, astrológicas e pseudomédico-científicas. Os planetas representados nos Almanaques na grafia tão conhecida em nossos dias, eram de escola italiana, flamenga ou alemã. A difusão pela imprensa deveu-se sobretudo aos Sadeler de Veneza, e a seguir aos Remondini ou Engelbrecht de Augsburg.[8] A astrologia difundia-se entre os camponeses, mas também na nobreza: os reis de França tinham o próprio astrólogo pessoal e seguiam as suas indicações com tácita coerência.

Um grande impulso à astrologia veio da cultura renascentista; isso é compreensível tendo em mente seu caráter panteísta, que ampliava a visão humanista do mundo.

O retorno à cosmologia e aos filósofos da natureza, em oposição à escolástica medieval, contribuiu para vivificar o conceito de que o homem — encarado como microcosmo — estivesse ligado e fosse interdependente com a natureza vista como macrocosmo, possibilitando o surgimento de uma astrologia filosófica.

As grandes descobertas da astronomia, na última etapa medieval e na Renascença, já haviam substituído pelo sistema heliocêntrico o sistema geocêntrico de Ptolomeu, mas foi exatamente nesse período de expansão da astronomia que ocorreu uma nova e esplêndida pujança nesse particular. Basta lembrar que o próprio Copérnico e mesmo Kepler praticavam por conta própria a astrologia. Esse último, aliás, interessou-se por pesquisas analógicas entre ritmos astrais e ritmos musicais.

O empirismo dessas pesquisas era salvaguardado com cuidado não casual. O antagonismo propriamente dito entre ciência e magia, entre racionalismo e esoterismo, começou a delinear-se somente no final do século XVII, quando o racionalismo e o esquematismo católico aliaram-se para expulsar a astrologia da cultura erudita e religiosa.

Em pleno século XVII, a astrologia foi severamente reprimida: a partir das proibições feitas aos astrônomos para praticar a astrologia, chegou-se a instruir processos por bruxaria.

Lena Petrossian escreve: "O édito de 1676 em que se prescreve encerrar os loucos é um sinal da luta da razão contra tudo o que se afasta das normas estabelecidas. A loucura, respeitada e sagrada em outros tempos, não mais representa a comunicação com o desconhecido,

---

8. Bertarelli, Achille: *Le stampe popolari italiane*, Rizzoli, Milão, 1975, pág. 36.

mas a incomunicabilidade do insensato. Então, a magia também será combatida e colocada às margens da sociedade pelo racionalismo".[9]

Certamente, é nessa época que a astrologia se transforma numa disciplina hermética e oculta. Os iluministas e os membros das sociedades secretas que se desenvolvem no século XVIII, Maçons, Rosa-cruzes e outros grupos, levam adiante a tradição astrológica erudita e até mesmo iniciática. No Romantismo, todas as disciplinas ocultas quase se fundem em uma *Weltanschauung* [cosmovisão] particular em cuja base há um tecido poético idealístico fundamentado no sentimento trágico da vida.

Enquanto se prenuncia o racionalismo científico, a astrologia renasce e seu florescimento perdura até os nossos dias. O eclético Papus, aliás Gerard D'Encausse, sistematiza por volta de 1850 todas as práticas ocultas de forma que a astrologia entra em contato com a Cabala, a Teosofia, o Hipnotismo e o Espiritismo.

Essa unidade sincretista revelar-se-á muito útil durante todo o século XX, e o estudioso Choisnard (1867-1930) preconiza a fundação de uma astrologia científica, destituída de todo e qualquer ouropel ocultista e baseada na pesquisa estatística e no cálculo das probabilidades.

Hoje, a astrologia passa por um enorme e inexplicável desenvolvimento, não apenas em virtude da difusão permitida pelos *mass media*, mas também pela proliferação de Fundações, Centros de Pesquisa e de Estudo, Academias etc. ...

Alguns astrólogos de fama internacional pesquisam em nossos dias no âmbito da psicanálise e da semântica cibernética, utilizando computadores IBM, a fim de ampliar cada vez mais o conhecimento astrológico no campo das estruturas do inconsciente humano.

A linguagem simbólica dos astros, traçada pela mão dos pastores caldeus preocupados em observar, atônitos, os fenômenos do céu estrelado, e mais tarde elaborada até as estilizações e codificações mitologêmicas psicanalíticas dos nossos dias, mantém-se inalterada na sua substância e na sua potência evocativa e expressiva.

---

9. Petrossian, Lena: *Dalla nascita alla rinascita della Astrologia* [Do nascimento ao renascimento da Astrologia]; está em AA. VV.: *Il ritorno degli astrologi* [A volta dos Astrólogos], Bompiani, Milão, 1972, pág. 15.

3. *Os símbolos do Zodíaco. As formas gráficas expressivas dos signos relativos às constelações. Atribuições dos mitos e comparação psicológica.*

A base da astrologia é o Zodíaco expresso no grandioso símbolo do círculo, cujo centro é a nascente perene e ideal de todas as energias vitais, que se expandem num ciclo ilimitado.

O Zodíaco contém os doze signos que aparecem nas correspondentes constelações astrais: Áries, Touro, Gêmeos, Câncer, Leão, Virgem, Libra, Escorpião, Sagitário, Capricórnio, Aquário, Peixes.

A grande roda zodiacal, da forma como costumamos observá-la nos desenhos (com as figuras ou então com os símbolos estilizados derivados da astronomia), já é um símbolo por si só e um conjunto de símbolos particulares — ou seja, os doze signos —, em que os significados variam segundo as relações secundárias que eles têm entre si.

Na astronomia, o Zodíaco é uma faixa que contém a eclíptica do Sol e o equador celeste; nessa faixa estão distribuídas as constelações (em chave astrológica são chamadas *signos*) e as órbitas dos planetas que os atravessam enquanto se movimentam.

Uma complexa e profunda harmonia geométrica e aritmética governa a estrutura do Zodíaco astrológico: ela exprime significados esotéricos, mágicos, religiosos e cármicos.

Um exame completo dessa estrutura nos levaria longe demais; por isso não fazemos senão um pequeno aceno a respeito, a fim de não ultrapassar os limites deste capítulo.

Simbolicamente, os doze signos zodiacais são divididos por grupos de acordo com as seguintes qualificações:

a) Grupo do *Binário* — Signos dispostos de dois em dois, positivos e negativos, diurnos e noturnos.

b) Grupo do *Ternário* — Signos dispostos de três em três, constituindo os grandes triângulos inscritos no círculo, expressão dos elementos naturais: Triângulo dos signos de *Fogo* (Áries, Leão, Sagitário); Triângulo dos signos de *Terra* (Touro, Virgem, Capricórnio);Triângulo dos signos de *Ar* (Gêmeos, Libra, Aquário) e Triângulo dos signos de *Água* (Câncer, Escorpião, Peixes).

c) Grupo do *Quaternário* — Signos dispostos de quatro em quatro, constituindo a expressão da energia vital: Quadrado dos signos *Cardeais* (Áries, Câncer, Libra, Capricórnio); Quadrado dos signos *Fixos* (Touro, Leão, Escorpião, Aquário); Quadrado dos signos *Móveis* (Gêmeos, Virgem, Sagitário, Peixes).

A harmonia dessas classificações baseia-se nos números 1 — 2 — 3 — 4 —, dos quais brotam os múltiplos 6 e 12, com outras combinações ainda mais sutis, expressões cifradas de uma linguagem esotérica onomatomântica muito cultivada na época árabe e hoje deixada de lado pelo pensamento ocidental, que, por sua vez, busca no Zodíaco exclusivamente simbologias a serem atribuídas à psicologia.

M. Senard, uma atenta estudiosa do Zodíaco do ponto de vista ontológico, escreveu em sua volumosa obra:[10] "O Zodíaco é o símbolo universalmente mais difundido. Em todos os países e em todas as épocas estudadas, ele é encontrado sempre de modo idêntico com a sua forma circular, contando com as suas doze subdivisões e seus dez planetas. A Babilônia, o Egito, a Palestina, a Pérsia, a Índia, o Tibete, a China, as Américas, os países muçulmanos e escandinavos, e muitos outros, conheceram o Zodíaco. Em toda parte ele é associado aos monumentos mais importantes: colunas e templos ligados a celebrações dos mistérios iniciáticos. Isso parece indicar que, entre os corpos celestes contemplados pelos homens, uma atenção especial recaía sobre as doze constelações que emprestaram os seus nomes aos signos representados nos diversos Zodíacos."

Com base na etimologia grega, sabemos que Zodíaco significa *Caminho da Vida*. O princípio motor do Zodíaco, como movimento perene de energia e de circularidade vital, natural e endopsíquica humana, com

---

10. Senard, M.: *Le Zodiaque*, Edit. Traditionelles, Paris, 1970, pág. 1.

freqüência vem expresso no *Uroboros*, a serpente que morde a própria cauda, símbolo subterrâneo, ctônico, dos princípios opostos que produzem energia. O Zodíaco astral, portanto, exprime simbolicamente uma fonte perene de energia natural, humana e cósmica. As doze constelações, os signos, exprimem a verdadeira constelação dos seres vivos. A evolução, cíclica e perene para o devir, no Zodíaco, relaciona-se com o homem como microcosmo e com a natureza como macrocosmo.

Alexandre Volguine, seguido pelas escolas européias inspiradas nos estudos de Ernst Krafft, elaborou a seguinte classificação:

ÁRIES, primeiro signo coincidente com o equinócio de primavera, exprime o impulso da energia que precede todo tipo de nascimento.
TOURO, segundo signo, exprime o esforço, a elaboração e a distribuição das energias vitais.
GÊMEOS, terceiro signo, exprime a polaridade dual das energias nas modalidades mais complexas.
CÂNCER, quarto signo, exprime a passividade, a receptividade, o enraizamento das energias. O Germe do Nascimento.
LEÃO, quinto signo, exprime a organização da vida como manifestação global das energias.
VIRGEM, sexto signo, exprime a diferenciação das energias aplicadas segundo um princípio de ordem fenomenológica.
LIBRA, sétimo signo, exprime a expansão equilibrada das energias, harmonizando as tendências contrárias ou separativas.
ESCORPIÃO, oitavo signo, exprime o esgotamento das pulsões energéticas, a desagregação da ordem alcançada.
SAGITÁRIO, nono signo, exprime a dualidade qualitativa das energias e dos planos de aplicação.
CAPRICÓRNIO, décimo signo, exprime a elevação das energias rumo ao alto e o abandono do universo físico.
AQUÁRIO, décimo primeiro signo, exprime a passagem para o estágio superior das energias em sentido cosmogônico e metafísico.
PEIXES, décimo segundo signo, exprime a dissolução de todas as energias na esfera indiferenciada do início-fim. Repropõe o tema genético.

Poderíamos muito bem acrescentar a essa sugestiva interpretação algumas outras, uma mais rica do que a outra, todas nascidas do engenho humano e da riquíssima imaginação inconsciente. Entretanto, vamos nos limitar a considerar mais uma vez o Zodíaco como a roda da vida individual e coletiva, terrestre e cósmica, em que o simbólico e o arquetípico estruturam a vida cotidiana da pessoa e o seu devir através das eras.

O modo mais simples e mais de acordo com a observação comum de avaliar a harmonia zodiacal é o analógico, do calendário. O dia e a noite correspondem aos signos positivos e negativos, diurnos e noturnos. O ritmo mensal corresponde aos trinta graus de cada signo, o ritmo anual corresponde aos doze signos e os 360 graus do gráfico zodiacal correspondem ao ano solar.

É o tempo, é o espaço, é o mundo do homem (cada um de nós nasce com o seu "signo" zodiacal), é o mundo das estrelas, do universo, que encontramos, momento a momento, expressos pelo Zodíaco.

Comecemos, então, nosso itinerário através das constelações com a intenção de ler os significados simbólicos traduzidos pelos signos zodiacais, e vejamos seus significados correspondentes na astrologia e na psicologia.

♈

1. Áries

No dia 21 de março de cada ano, o Sol entra na constelação de Áries dando início ao equinócio de Primavera.*

É a grande estação do nascimento, o redespertar de toda a natureza. A força criativa explode para irradiar-se em todas as direções, só que sem nenhuma ordem.

Esse é o sentido figurado de Áries, o primeiro signo do Zodíaco. O caráter astrológico é masculino e dá início ao grupo quaternário com o triângulo de Fogo.

O Hieróglifo tradicional é a estilização do próprio animal, em que se faz visível a imagem dos chifres do robusto ovino. Alguns astrólogos vêem no símbolo gráfico acima citado a estilização do órgão genital masculino, o pênis e os testículos, ou então o broto foliado do trigo. Essas atribuições permitem claramente entender o valor da energia vital e fecundante de Áries. Pode-se aproximá-lo do Gênesis, como o signo da causa de tudo. Nesse signo, tudo está no estágio magmático, indiferenciado, pura forma viva, matéria a ser ordenada.

A atribuição simbólica na anatomia humana é a da cabeça, do cérebro; nesse posicionamento também vemos a importância de Áries, signo primeiro, início, centro absoluto. A cabeça humana é a parte que domina o ser e preside toda atividade vital. A característica fundamental de Áries é o seu valor de Fogo. Na doutrina védica, Áries já é chamado de *Agni*, que significa justamente Fogo[11], e em sânscrito o nome

---

* Como acontece em todos os livros sobre Astrologia escritos no Hemisfério Norte, também neste as estações não correspondem às estações do Hemisfério Sul.

11. Senard, M.: *op. cit.*, pág. 45.

equivalente era *Uranah*, ou seja, fogo originário, magma ígneo que explode e se manifesta com força destruidora e criativa ao mesmo tempo; energia cega e rebelde, caótica e prolixa, misto de sublime e de generosidade.

"Essa força incandescente — diz André Barbault[12] — é semelhante à exploração da vitalidade originária, ao impulso primário da vida, com tudo o que pode haver de puro e de brutal ao mesmo tempo, descarga eruptiva, fulgurante e desmedida. A tonalidade de Áries é, na dominante cromática, o vermelho e o ouro, ou seja, Marte e Sol..."

Continua sendo difícil para nós estabelecer a origem do signo. Claro, trata-se de uma origem longínqua, nascida talvez no contexto pré-cultural das populações que se dedicavam exclusivamente ao pastoreio.

Nos rebanhos, observava-se, com certeza, a força impressionante dos carneiros e apreciava-se a sua qualidade masculina de fecundação. Tudo leva a crer que a associação entre animal e constelação nasceu disso. De resto, na época medieval, o instrumento militar que servia para abater os grandes portões dos castelos durante os cercos chamava-se justamente "cabeça de aríete" e, também, nesse caso a associação simbólica refere-se à força e à violência intensa.

Muito sugestiva parece-nos a observação de Will Erich Peuckert e, por isso, vale a pena reproduzi-la: "Áries é o primeiro signo zodiacal da primavera... Primavera, cordeiros, ovelhas e primeiros pastos vêm associados há muito tempo. Os judeus celebravam a festa da primavera (*passah*) comendo o cordeiro. Os antigos povos pastoris do Oriente Próximo, como os sumérios, denominavam 'Mês do Cordeiro' o primeiro mês da primavera e deram à sua representação o nome de Áries... No que diz respeito ao fundo sociológico, Áries constitui a característica dominante de interesse dos criadores de animais de pequeno porte, como era o caso dos semitas..." [13]

Mas é na mitologia grega que encontramos a simbologia mais rica e apropriada ao significado arquetípico de Áries: a história do Velo de Ouro e a expedição dos Argonautas.

---

12. Barbault, André: *Le Bélier*; em *Dictionnaire des Symboles*, Laffont, Paris, 1969, pág. 100.

13. Peuckert, Will Erich: *L'Astrologia*, Ediz. Mediterranee, Roma, 1973, pág. 34.

Conta-se que o jovem Frisso, filho de Atamante, rei da Beócia, sofrendo com as perseguições por parte da madrasta Ino, pediu a ajuda de sua mãe Nefeles, deusa das nuvens. Comovida com as súplicas do jovem desventurado, a divina Nefeles ofereceu-lhe um cordeiro, cujo velo, em vez de lã, era todo de ouro e, com isso, o rapaz poderia escapar da ameaça.

Frisso, levando consigo Elle, a doce irmã, montou no cordeiro alado. Os dois, afinal, se elevaram sobre a Terra e iniciaram sua extraordinária viagem sobrevoando mares e terras. Mas um fato estranho colheu os dois de surpresa: no decorrer da cansativa aventura, Elle adormeceu e, soltando sua mão do pêlo do animal, caiu no mar. Frisso nada pôde fazer para salvar Elle; prosseguiu sua viagem solitária e alcançou uma terra desconhecida, onde sacrificou a Zeus o cordeiro do Velo de Ouro como sinal propiciatório. Todavia, Frisso ainda não sabia que tinha descido numa terra inóspita, na qual teria de enfrentar outras provas.

Nesse grande mito, vemos diversos símbolos psicológicos que se referem ao significado astrológico de Áries. Em sentido analítico é fácil ver em Frisso o filho que escapa da chantagem da madrasta terrível que era Ino, e vive o aconchego da mãe libertadora, Nefeles, e o ímpeto de se separar daquela que o gerou, seja ela a Mãe Céu ou a Mãe Terra e, por fim, a fuga através de uma energia armazenada instintivamente e psiquicamente representada pelo cordeiro alado. A irmã Elle, nós a vemos como a imagem da Alma de Frisso, o seu lado feminino, a ser salvo no processo de separação do feminino materno devorador. No mito, a irmã não é apenas a expressão da segurança presente e que se perde pela ânsia de encontrar outras certezas ou proteções ainda desconhecidas, mas é também a expressão do risco da inconstância, uma vez que a alma se enfraquece exatamente ao longo do caminho, demonstrando não saber abandonar-se ao próprio destino. Frisso salva a si próprio, mas perde a própria alma, a componente feminina, e por isso inflaciona-se o traço masculino, egóico. A temeridade de Frisso, que se lança ao céu, quase irracionalmente, para alcançar a Cólquida, pode representar o desencadeamento do instintivo em detrimento do Eu e da personalidade profunda. É preciso abandonar as ilusões fáceis, o ardor irrefletido e a presunção. Na verdade, o sacrifício final de Frisso, que morre no despenhadeiro de Eea, simboliza as quimeras humanas por demais fáceis, pois no trágico vôo está presente o tema de *fuga* defensiva, o *pânico*, mas não existe a *certeza* racional do investimento ativo, o objetivo seguro; pode-se falar da *espontaneidade* instintiva, passagem para o ato que é fim em si mesmo. Nesse caso, ofusca-se o equivalente naturalístico: a vida ilusória da primavera que já promete a morte do inverno.

A característica vital do símbolo mítico condensa-se exclusivamente no Velo de Ouro, que expressa a libido ligada ao arquétipo da aventura e da evasão. Frisso é a energia que se liberta de todo obstáculo, é Eros que se livra da ameaça destrutiva, mas lança o *pânico*. E justamente nos tipos de Áries, nos quais se pensa que há a expressão total da coragem e a audácia, nota-se a presença do *medo* e da *angústia*. Frisso e Jasão vivem a experiência do *pânico* (usamos o termo na acepção atribuída por Hillmann em seu *Ensaio sobre Pan*), mas a superam com o Eu heróico. Apesar disso, Frisso e Jasão são vítimas desse medo implícito em seus feitos. O heroísmo se relaciona com o medo e com a angústia e constela a morte; Frisso perde a irmã e Jasão sofrerá nos filhos a vingança atroz de Medéia.

Da mesma forma, podemos ver no mito de Frisso o *custo* psicológico da transformação e da liberdade. Ligado ao mito dos Argonautas, a história desse jovem herói grego constela o arquétipo do homem que se encaminha para a descoberta de si mesmo e inicia a grande aventura da separação do carma genitor. Vemos também a continuação da história de Frisso: o mito de Jasão e a expedição dos Argonautas, estritamente inerentes à temática psicológica acima referida. Píndaro e Apolônio contam que Pelia, rei de Iolco, filho de Poseidon, combina com Jasão, herói grego, um favor recíproco: Pelia devolveria a Jasão o trono que lhe fora usurpado pelo irmão, contanto que Jasão trouxesse de volta para a pátria o Velo de Ouro do Cordeiro alado de Frisso. Pelia estava atormentado pela sombra de Frisso que, morto, ficara para sempre lá na Cólquida. Segundo o oráculo de Delfos, a terra de Iolco, onde moravam os parentes de Jasão, jamais se tornaria fértil novamente se a sombra de Frisso não fosse levada de volta para a pátria juntamente com o Velo de Ouro. Jasão aceitou o pacto; selecionou uma tripulação constituída de gente corajosa e, depois de armar a nau *Argo*, zarpou rumo à Cólquida. Esses homens foram os Argonautas. Depois de muitas aventuras e obstáculos durante a navegação, a nau *Argo* chegou à embocadura da foz do rio Fasi, à frente das terras onde estava enterrado

Frisso. Jasão reuniu um conselho de guerra; e do alto do Olimpo, protetoras, Hera e Atenas infundiram em Jasão idéias inconscientes para superar os obstáculos. Escoltado pelos Argonautas, entre os quais figuravam os filhos de Frisso, Jasão apresentou-se ao rei Eetes na cidade de Eea, onde também morava Medéia, a filha sacerdotisa e maga de Hécate. Os dois homens negociaram a cessão do Velo de Ouro. O rei impôs condições e provas de coragem e habilidade que Jasão considerou quase insuperáveis. Entretanto, Medéia repentinamente inflamara-se de intenso amor pelo estrangeiro e prometeu a Jasão que o ajudaria contanto que ele lhe jurasse reciprocidade de amor levando-a para a Grécia. Graças à ajuda mágica de Medéia, Jasão superou todas as provas. Contrariado por esse sucesso do herói grego, o rei não cumpriu a palavra e recusou-se a respeitar o pacto. Em conseqüência disso, Jasão planejou um combate cruento, porém, mais uma vez, Medéia colocou-se ao seu lado garantindo-lhe os seus sortilégios. De novo Jasão aceita a ajuda sem se dar conta de que isso enfraquece ainda mais a sua personalidade e o deixa cada vez mais ligado à aventurosa mulher, ainda que aparentemente tudo pareça um justificado meio para alcançar o fim. Medéia guia os Argonautas até o recinto sagrado de Ares onde estava pendurado o Velo de Ouro, guardado por um dragão horrível com incontáveis brânquias a lançar fogo. Medéia conseguiu dominar o dragão através de magia e Jasão apoderou-se do Velo escapando a seguir da reação dos sacerdotes de Ares. A nau *Argo* levou os heróis de volta para a Grécia e o Velo de Ouro foi devolvido a Iolco.

O mito dramático termina no trágico rompimento da relação entre Jasão e Medéia. É sabido como essa mulher e mãe passional e terrível vingou-se de Jasão: primeiro matou-lhe a mulher amada e, em seguida, os filhos.

O que nos interessa nesse caso é observar na primeira parte do mito dos Argonautas o prosseguimento e a resolução da história de Frisso. Destaca-se aqui o tema da conquista e da aventura temerária, em que o indivíduo ousa fazer o que racionalmente surge como inconcebível. A expedição dos Argonautas constitui o rompimento da ordem e do acondicionamento. A coragem, o risco, as virtudes guerreiras, emergem nas qualidades de Jasão, e isso exprime uma típica valência de Áries. Mas o que a psicologia nos sugere a respeito desse mitologema? Parece-nos que, além da óbvia apreciação da coragem e do espírito de iniciativa demonstrado por Jasão, deve-se ver nele um dado significativo e específico para compreender a tipologia de Áries, no comportamento de Medéia para com Jasão e vice-versa. O herói, como já acontecera com Frisso, se separa de sua alma. É inflacionado o instintivo em detrimento do Eu e da consciência. Jasão obtém sucesso em seus empreendimentos, não por capacidade consciente, mas com a ajuda mágica de uma mulher. Nesse caso, portanto, o feminino identifica-se com a Sombra: a sede de poder e de afirmação do masculino identifica-se com um traço guerreiro da alma. Medéia projeta o seu Animus em Jasão e este é por ele dominado; dizemos, portanto, que Medéia constela a cegueira da Alma do herói amado. Ocorre uma recíproca instrumentalização não calculada. Jasão, como arquétipo zodiacal de Áries, exprime o caráter viril do Eu levado aos investimentos afirmativos que são fins em si mesmos. Medéia, como se pôde ver, exprime uma dupla identificação projetiva para afirmar o aspecto amazônico. Por fim (quando Jasão e Medéia estão na sua pátria) eclode a *crise* esclarecedora do ambíguo tema: a alma rebela-se (a vingança de Medéia) ao Eu, que se enrijece (a traição de Jasão). A *unio* desfaz-se em um círculo de *sacrifício*, *holocausto* e *morte*. E não é exatamente esse o aspecto atormentado e passional de Áries?

Devemos também considerar uma referência a respeito da integração psicológica que não ocorre dos pólos Jasão-Medéia e Frisso-Elle. Essa dissolução, essa combustão (emblemática do Signo), evidencia uma finalidade: a expansão, o movimento.

É a experiência de *viver a espontaneidade do evento*. Acreditamos que a psicologia arquetípica do mitologema Frisso-Jasão deva ser toda relacionada à espontaneidade do instintivo, inclusive em nível comportamental. Frisso e Jasão pagam, afinal, pela própria autoconservação nesse seu abandonar-se *àquilo que o acaso oferece*. Mas a vitória sobre as adversidades parece sempre obtida às custas da perda de liberdade, e então nasce o medo. No movimento, na combustão das energias vitais, está presente de modo velado a coação ditada pelo instinto. De fato, Jasão admitirá, diante de Medéia, ter jurado a ela o amor por encontrar-se em situação excepcional e coercitiva. Há a libertação de uma grande emoção, há a satisfação das necessidades, mas há também o sacrifício.

Na afirmação obtida a qualquer preço, Áries não se preocupa com detalhes e nem se entrega a especulações; a impulsividade dificulta-lhe toda e qualquer meditação útil à transformação de si; adere aos arquétipos e a eles se entrega com toda a poderosa carga explosiva do instinto e da paixão. Assim, Frisso, voando montado no magnífico cordeiro do Velo de Ouro, e Jasão, navegando intrepidamente na nau, avançam como ulíssidas da psique, rumo ao *desconhecido*. É isso o que significa o *fazer alma*, de que fala Hillmann. Na psicopatologia de Medéia e no *mágico* em que se precipita Jasão, podemos encontrar um objeto de reflexão e de aproximação do instinto que busca o insólito e a paixão.

E agora queremos referir-nos a uma atribuição simbólica que vem do astrólogo francês Hadès. Ele atribui a Áries os sinais do *I Ching*: A Paz (Ttai), que indica o tempo da prosperidade, do agir harmonioso. O hexagrama é composto pelo elemento Terra (ou seja, a Mãe) e pelo elemento Céu (ou seja, o Pai) tendo como símbolo o Rei. É a união dos princípios criativos, exatamente como em Áries está presente a primavera — Céu e Terra, masculino e feminino.

A energia do Gênesis que explode para adquirir ordem ("No princípio era o caos. Deus criou o Céu e a Terra." *Gênesis*, I, 1) é também uma imagem de Áries.

Quem estuda a simbologia de Áries sempre encontra expresso o conceito de *sacrifício*. Parece anacrônico que o primeiro signo do zodíaco, expressão do início de todas as coisas, manifestação global da energia pura, traga em si um valor de sacrifício como tema simbólico; no entanto, é assim mesmo, e nós tentamos, na medida do possível, deixar isso bem claro.

Uma energia é fonte de vida, e quando aplicada, ela produz uma mudança no campo em que foi empregada e cria algo que antes não existia. E nesse seu potencial em produzir, a energia realiza, mas também se desgasta progressivamente e chega a reduzir-se até se extinguir. Quanto mais a energia se expande e se amplia, tanto mais ela se dispersa no consumo.

Portanto, alguma coisa realizada exprime o sacrifício da energia. O Áries zodiacal é, justamente, o sacrifício através da aplicação da energia. Os novos rebentos da Árvore no tempo da primavera são muito bonitos, mas o aparecimento das folhas e, a seguir, do fruto implica o sacrifício do florescimento, que logo cessa.

O sacrifício de Áries alado, encontrado no mito de Frisso e do Velo de Ouro, pode ser explicado nesse sentido.

Jean Pierre Nicola, um estudioso de astrologia dentre os mais famosos da França, escreveu a esse respeito: "O sacrifício nada mais é do que um aspecto da sua dispersão (ou seja, do tipo Áries); ele consome seu patrimônio vital numa seqüência de experiências em que prevalece a tendência a se cansar, a se desgastar quase com prazer; seguir em frente até o esgotamento extremo, amar até os últimos limites do amor, desfazer-se das alegrias até o desgosto. A abnegação torna-se cada vez maior. Os exegetas colocaram a Paixão de Cristo sob o signo de Áries."[14] É justamente no Velho Testamento bíblico, a nosso ver, que encontramos a expressão simbólica mais válida de Áries como energia, iniciativa e sacrifício. Leia-se o *Êxodo* nos capítulos iniciais 1-12, onde se realiza a grandiosa migração dos judeus de Israel pelas terras sob o domínio egípcio.

Há uma explosão de energia, de movimentos, eventos e paixões. O Deus Jahvé, que exige uma grande prova de fé do seu povo, uma tensão de energias até o sacrifício, que culmina justamente na instituição da Páscoa judaica, ele próprio é um princípio ativo de força criativa. O mês conhecido como de Abib é o das espigas maduras; depois que se deu o exílio dos judeus da Babilônia, passou a ser chamado de Nisan e corresponde exatamente ao nosso março-abril, ou seja, o período destinado a Áries.

Jahvé falou a Moisés e a Aarão: "Este mês será para vocês o início dos meses... No décimo dia deste mês, cada um de vocês tome um cordeiro por família, um cordeiro por casa... O animal será sem defeito, macho... Vocês poderão escolher tanto um cordeiro como um cabrito... Pegarão do seu sangue e pô-lo-ão sobre os umbrais e sobre a esquadria da porta das casas, em que o comerem... Eis a maneira como vão comê-lo: vocês cingirão os rins e calçarão as sandálias. Vocês o comerão apressadamente: é a Páscoa do Senhor..." (Êxodo 12, 1-15).

O mito do Velo de Ouro repete-se no *Êxodo* ainda que com significado diferente. E o sacrifício do Cordeiro dos hebreus é apenas a

---

14. Nicola, Jean Pierre: *La Condition solaire*, Edit. Traditionelles, Paris, 1971, pág. 84.

figura da Páscoa cristã — também colocada sob o signo de Áries (Agnus Dei) —, na qual Jesus, cordeiro de Deus, imolado pela salvação do mundo, princípio de Vida, serve de alimento na última ceia, durante a qual ele instituiu a Eucaristia, símbolo perfeito da doação fatal de si mesmo, o sacrifício que promete vida, o princípio que se realiza na substância.

O simbolismo do sacrifício, às vezes obrigado, a partir do ideal do Eu — em conceitos freudianos — vale, portanto, como diretriz para a busca das realidades tangíveis. Se o indivíduo de Áries quiser conservar um equilíbrio total numa síntese harmoniosa, deve necessariamente passar pelos sacrifícios que a evolução impõe. Para o tipo de Áries alcançar a consciência das coisas implica uma constante luta para resolver as contradições originárias, renunciando às trilhas fáceis.

Passemos agora a ilustrar o tipo de Áries nas características psicológicas em astrologia, onde emergirá mais clara a matriz simbólica, com os mitos que a constituem, já examinados.

Todos os astrólogos atribuem a Áries o fator psicológico predominante da *primariedade*: respostas imediatas e instintivas aos estímulos recebidos, reações breves, intensas e rápidas. Cada experiência é vivida impetuosamente, com fogo, exatamente segundo a qualidade do signo. Outro fator, é a atividade associada à emotividade: todos os tipos de Áries são enérgicos, às vezes até mesmo hiperativos (seja no plano psicológico, seja no orgânico, concreto) e, em geral, são dominados por uma emotividade nem sempre manifesta. Reunindo esses fatores, obtemos como resultante o tipo colérico fogoso.

A inteligência é do tipo intuitivo, a capacidade de idealizar é rápida, brilhante, com forte capacidade de associar idéias e de traçar pensamentos de síntese. Áries é dinâmico pela sua própria natureza e busca a sensação forte, quer na alegria, quer nas provações. Sua emotividade, se dominada pela primariedade dos instintos, pode ser perturbadora. Barbault, a esse respeito, deu uma definição muito precisa: "É por causa dessa associação que o tipo de Áries não sabe resistir ao apelo do desejo, deixa-se seduzir e cai. O acúmulo simultâneo das emoções produz estados paroxísticos extraordinários, alegria ou dor, estados tanto mais efêmeros quanto mais intensa for a sua manifestação. Momentos de entusiasmo, de êxtases delirantes, de crises de desespero, de medo, de pânico, os acontecimentos são superdimensionados e vividos como impacto. É a esses estados excepcionais de pânico, de profunda angústia e de dor dilacerante que se segue, em geral, uma salutar crise nervosa, que o tipo de Áries, no momento da precipitação, comete o irreparável, o gesto que o condena..."[15]

Na classificação de C. G. Jung, relacionamos Áries com o tipo *extrovertido*. Ele tem necessidade de agir, de concretizar seus projetos. Às vezes a ação é um ato reflexo levado a efeito já antes de ter definido o objetivo.

A falta quase que absoluta de inibição é outra característica tipológica desse signo zodiacal. Se quisermos utilizar a escala tipológica de Kretschmer, Áries se insere na constituição *atlética*. O temperamento médio é *esquizotímico-colérico*.

Na classificação psicanalítica, Áries representa o Eu na sua estrutura global, ou seja, a personalidade totalmente consciente. Esse é, inequivocamente, o signo do Zodíaco que leva à tomada de consciência relativa ao ambiente circunstante, através das funções do Eu.

---

15. Barbault, André: *Le Bélier, op. cit.*, Edit. du Seuil, Paris, 1957, pág. 31.

♉

2. Touro

Touro é o segundo signo do Zodíaco que apresenta a imagem de um animal. Astrologicamente, é o primeiro signo do Triângulo de Terra; os outros são Virgem e Capricórnio. Touro abre o ciclo como símbolo da fertilidade e da ordem incoativa no reino natural que coincide com a primavera. O grande impulso energético impresso por Áries se expande traduzindo-se numa materialização no signo concreto de Touro. Observamos que, na evolução sazonal do signo, a vegetação se expande, as flores se entreabrem ao sol quente de maio, abrem-se os ovos, aparecem novos seres vivos e começam a movimentar-se as larvas.

A energia vital se ordena com harmonia em Touro, manifestação primária do hábitat. Assim, depreende-se que o símbolo mais apropriado dessa grande epifania da natureza e do reflorescimento só poderia ser a vaca. Na verdade, deve-se especificar que o animal simbolizado do Zodíaco não é exatamente o bovino macho, ou seja, o touro, mas sim a vaca, o animal que gera.

Exprime-se aqui a receptividade plástica e macia no sentido arquetípico do *materno protetor*: o quanto isso pode ser representado por uma vaca. Portanto, o signo do Zodíaco da Mãe Terra é o ventre fértil que recebeu as sementes e prepara a gestação, o crescimento. Desde os tempos mais remotos, enraizou-se no homem um binômio inscindível, instintivamente relacionado com a consciência da própria possibilidade de sobrevivência: a vaca, o *boi* e a *terra*. Fontes de vida, sagrada relação com o homem, dom natural a ser protegido; claro, na falta dos frutos da terra ou dos bovinos, os homens sabiam que iam ao encontro da carestia e, portanto, da morte. No *Gênesis* bíblico, o aparecimento dos animais sobre a Terra ocorre logo após a divisão entre a luz e as trevas e a separação entre a terra e as águas. Começa aqui a aquisição do princípio da necessidade: Deus submeteu todos os animais ao homem. Nos tempos primitivos, terra e vaca foram certamente encaradas como algo de feminino, de materno e, sobretudo, de divino.

O hieróglifo de Touro em geral desenhado lembra a esquematização da cabeça do boi. Um símbolo gráfico desse tipo deve ter tido uma gênese bem distante de nós e a causa pode ser percebida de modo fácil e intuitiva. Lingüisticamente, o sânscrito tem a palavra *Ge*, que exprime o conceito de terra e touro. No grego, *Gea* e *Genos* exprimem o significado de terra, de nascimento, de origem, de alimentação. Daí pode ter surgido a relação entre vaca e terra como símbolo do alimento materno. O boi, o touro ou a vaca — graficamente na pintura ou na iconografia antiga, nem sempre é possível julgar o sexo do bovino — entram, portanto, bem cedo na mitologia como símbolos sagrados de vida, de alimento, e são postos em relação com divindades masculinas ou femininas. As pastagens ligam esotericamente o ser materno gerado na terra ao ser celeste, como fontes de energia e de vida. No culto de Mitra, justamente, o sacrifício do Touro é necessário para que do seu sangue seja gerada uma nova vida. Na base da relação entre o homem — seja ele pastor ou não — e a vaca, certamente houve uma razão psicológica relacionada com o culto da *deusa-mãe*. Uma relação entre filho e mãe.

Robertson vê uma possível relação de amor, na antiga teosofia, entre o filho e a mãe também no caso de Mitra, o deus solar relacionado com o símbolo do Touro, do qual ainda falaremos mais extensamente. Lembramos, por outro lado, que Hades, Zeus e Poseidon se relacionam diretamente com a tríade védica Mitra, Varuno e Indra, de forma a levar em consideração o desenvolvimento da simbologia do Touro.

O significado mitológico do Touro é bem amplo: ele aparece em todas as culturas da região mediterrânea como símbolo de fertilidade e alimento materno; em alguns casos, como veremos, é entendido também como expressão de uma qualidade do Sol. É útil traçar aqui um quadro bem sintético dos valores simbólicos e culturais do Touro, para deter-nos, a seguir, mais extensamente sobre o mitologema central desse signo: o culto prestado a Mitra e o sacrifício oferecido ao Touro, que, a nosso ver, vem subentendido em toda a estrutura psicológica e inconsciente do tipo astrológico taurino. Para maior precisão, é necessário deixar claro que o nome do deus Mitra tem duas versões: segundo o Veda hindu, escreve-se Mitra, enquanto no Avesta iraniano aparece uma consoante: Mithra. Optamos por esta última forma por ser a versão mais difundida na região indo-européia e defendida pelas fontes da pesquisa européia.

Na mitologia egípcia, o Touro é colocado sob o domínio de Osíris e de Ísis, as grandes divindades correspondentes ao Sol e à Lua. De fato, vemos no hieróglifo do Touro um sol, sobre o qual surge uma meia-lua invertida: é o conúbio do princípio masculino com o feminino, como conceito de fertilidade.

Essa fertilidade relaciona-se com a primavera, na época de Lua Nova, quando o Sol entra na constelação de Touro. Vemos que o boi Ápis era consagrado ao Sol-Osíris, e trazia entre os chifres o emblema de Ísis, a Lua.

Ísis, por sua vez, era coroada com o diadema de chifres de vaca. Ela era a Deusa de Chifres. Osíris, como o Sol, também tinha chifres e era conhecido como o deus-Touro.[16] Aí se vê a sacralização do animal como símbolo da nutrição, da vida.

Nas iconografias hindus, o deus Shiva vem representado no dorso de um touro que traz entre os chifres a meia-lua, símbolo da fé.

Mas na difusão do símbolo o Touro assume também o sentido da instintividade e da sensualidade mais desenfreada. Em astrologia, considera-se o signo que na evolução do indivíduo determina a experiência primária com o ambiente natural, o hábitat, com todas as conseqüentes relações afetivas com os objetos de amor capazes de satisfazer desejos e necessidades inerentes aos instintos.

Sol e Lua, masculino e feminino, terra e carne, mas sobretudo o corpo e o sexual que vêm expressos *oralmente*; a libido investida de poder nos instintos primários ainda não controlados. Por essa razão, em Touro governa como planeta, Vênus, encarnação do princípio cosmogônico, força materna geradora e alegria explosiva do caráter feminino nas suas emanações: amor, ternura, piedade, sustento. Mas a dimensão afetiva, fértil e nutritiva não é a única que forma a estrutura mítica e psicológica de Touro. Na verdade, nos é dado observar com freqüência

16. Harding, Ester: *I misteri della donna* [Os mistérios da mulher], Astrolabio, Roma, 1973, pág. 183.

na prática psicanalítica, e também na observação astrológica, que certos nativos de Touro, particularmente mulheres, são pouco receptivos, não harmonicamente afetivos e, aliás, com muita freqüência apresentam conflitos e sérios distúrbios na esfera afetiva e sexual, com graves perturbações quanto à preservação de sua integridade. Eventualmente há um acentuado senso de responsabilidade pela casa, pela família e um certo prazer pela maternidade, mas isso pode vir inserido em aspectos neuróticos em que se evidenciam obstáculos instintivos como se operassem profundas censuras. Freqüentes são as sublimações das pulsões, e é por isso que em Touro apresentam-se os sujeitos criativos, os artistas. O que, então, move essas perturbações, esses desequilíbrios nos sujeitos de Touro que com boas razões deveriam ser considerados tranqüilos e calmos como os ovinos? A nosso ver, uma resposta mais do que convincente vem do mito do sacrifício do Touro no culto de Mithra; ele é fundamental para compreender justamente a origem desses conflitos e das freqüentes inibições ou frustrações sexuais e afetivas.

Mithra era uma divindade oriental, expressão do princípio absoluto, era o Logos, o próprio Deus, a expressão da eternidade, em estreita relação com Helios, o Sol, razão pela qual foi considerado um deus solar, o Sol *invictus*; com efeito, todos os deuses paralelos têm a cabeça de Touro e símbolos de sol. Mithra, no entanto, tem relação com o homem e com a terra: o Touro aparece aqui como a instintividade do homem, que deve ser dominada para ele alcançar a luz divina. No culto ao deus Mithra, o Touro é sacrificado para simbolizar a superação dos instintos obscuros, e para superar a dimensão imanente. Mithra mata o Touro, considerado um monstro (comparável ao touro de Gilgamesh) e tido como um perigo em si. Seguindo as observações de C. G. Jung, vemos no culto mitraico e na morte do touro um verdadeiro mecanismo de defesa — a remoção ou anulação e a sublimação — que o homem usa na mítica relação filho-mãe e filho-pai. Mithra vê no Touro a mãe (símbolo de fertilidade, matriz, em analogia com Ísis), mas também o pai, o masculino fecundante.

O mito: Mithra captura e subjuga o Touro, e então se apresenta ao Sol e a ele se identifica, recebendo os seus atributos. Deve-se ver nisso o que Jung, a propósito, chama de sacrifício dos instintos indiferenciados para obter um duplo objetivo: evitar o incesto com a Alma do Touro (a Lua entre os chifres do Touro; Vênus, planeta do signo), ou seja, evitar a relação com a Mãe, e evitar, com a morte do Pai-Touro, a própria castração e a própria morte, e ter livre acesso à *participação mística* com a mãe; nesse caso, Mithra constela o arquétipo do *filicídio*, ou seja, de ódio dos pais pelos filhos e das fantasias destrutivas do genitor, que teme ser usurpado no seu poder e na posse da mulher. Analisaremos melhor esse tema ao falarmos de Saturno e de Júpiter. O touro, como símbolo de Mithra e como signo astrológico, contém o arquétipo da energia instintiva indiferenciada. É no segundo signo do Zodíaco, na segunda casa do horóscopo, que se define o destino da libido de uma pessoa.

O Touro é o guardião do Eixo do Mundo; por isso tem um destino transcendente. Mithra pretende realizar a sua natureza, honrar o seu nome, que significa "sol" e "amor". Mas para isso deve vencer exatamente aquele aspecto que mais o mantém afastado do céu: deve sacrificar o que é instintivo, a sexualidade, a liberdade orgiástica (nos cultos gregos a Dioniso, o deus era, com freqüência, representado por um touro, para sublinhar a bestial instintividade desenfreada e o gozo da fantasia amorosa) que se identifica na natureza animal do Touro. Portanto, há no Touro a polaridade do *mal supremo* (o instinto animal, o princípio negativo) e do *bem supremo* (a catarse, a vitória sobre a tentação, a transcendência).

Mithra abate o Touro, recusa em si a libido mais acentuada para atingir os tesouros guardados no *Sol*. É também a luta com o princípio paterno, porquanto no pai está simbolizado todo o universo de preceitos e proibições contra a instintividade do filho. Triunfando sobre o próprio lado animal, o filho pode ser igual ao pai, ao Sol, a Deus e assim chegar à Mãe ou à dimensão eterna. Percebem-se aqui as estreitas correlações entre o mistério de Mithra, os seus cultos e a primitiva vivência do Cristianismo. Jung escreve a esse respeito: "... na lenda de Mithra, o touro designa o monstro, o 'pai' que — paradoxalmente — obtém com a força a proibição de incesto, ao mesmo tempo animal gigante e perigoso. O paradoxo consiste no fato de que, da mesma forma que a mãe, que dá a vida e depois a retoma como mãe *aterradora* ou *devoradora*, o pai também vive aparentemente uma vida de desenfreada instintividade e, assim, é a encarnação viva da lei que cria obstáculos aos instintos. A sutil mas substancial diferença está no fato de que o pai não comete incesto, enquanto o filho se mostra inclinado a cometê-lo.

Contra ele ergue-se a lei paterna com a veemência e a brutalidade instintiva, não contida por nenhum tipo de arrependimento... Mas, como o pai, enquanto expoente da lei moral, não representa para o filho apenas um fator psíquico objetivo, mas também um fator subjetivo, a morte do touro indica de forma clara uma vitória sobre a instintividade animal..." O culto ao deus Mithra mostra-o coroado pelo Sol, e a seguir o Sol ajoelha-se diante de Mithra, que se apodera das suas prerrogativas de poder. Vemos aqui um fenômeno interessante: a vitória sobre os instintos não é obtida com a submissão materna, mas com o *sacrifício* total da parte instintiva. Acontece — como na Cruz — a espiritualização do objeto de amor e uma transposição da libido sobre o objeto equivalente do genitor. Com a "morte" da parte natural, é possível espiritualizar a união, transcender o plano concreto, carnal. Por essa razão, consideramos Touro como sendo o signo do amor, do sacrifício e a apoteose da fusão mística com o genitor e com a própria matriz. Em Touro, o instinto sexual, o eros dionisíaco, é sublimado e simbolizado. Devemos ter presente que em Touro o herói sacrifica parte de si mesmo, sacrifica a genitalidade e o prazer, mas une-se ao genitor (a árvore mítica, a Cruz etc.). Verifica-se a derrota da natureza humana animal sem regressão. A nosso ver, esse mito confere ao Touro zodiacal um grande papel catártico e transformador, mas, para concluir e responder à pergunta inicial, julgamos também que nem sempre no Touro se obtém a sublimação ou a translação. Por isso, dizíamos, muitos sujeitos de Touro lamentam o conflito, mas com freqüência acabam consciente e tragicamente tragados por ele ou então "matam" o instintivo e abrem caminho para a sublimação, embora de uma forma parcial.

Esse mecanismo é mais freqüente do que se pode imaginar. É fácil encontrar um exemplo bastante clamoroso e sem sombra de dúvida satisfatório no caso do mito de Mithra que sacrifica o touro em Sigmund Freud, ele próprio nascido em Touro e genial criador da teoria da sexualidade, descobridor das leis do inconsciente, que não fez mistério quanto às suas sublimações pessoais e remoções do instinto! Ele realmente sacrificou o seu Touro interior, a sexualidade, transpondo-a toda — como investimento libídico — em suas grandes pesquisas científicas, mas certamente persuadido a travar uma luta violenta com a *imago pater* pessoal, com a qual, em nível inconsciente, Freud jamais conseguiu acertar as contas de forma a superar os temas correlatos de autoridade e a exasperada auto-afirmação de tom patriarcal diante de seus discípulos.

Cremos ser útil na pesquisa voltada para o mitologema mitraico quando temos de lidar com sujeitos de Touro que não tenham conflitos afetivos e uma discrepância entre a consciência e os instintos.

Deve-se levar em conta que o signo de Touro é oposto e complementar ao signo de Escorpião, razão por que se fala em instinto sexual e amor materno. A dialética é muito intensa: o Touro propõe sem cessar a sedução de Vênus e o calor da *unio* simbiótica, mas essa relação com o princípio afetivo de Vênus está de certa forma exposta às violentas solicitações do instinto erótico indiferenciado de Escorpião, que, do pólo oposto do Zodíaco, sussurra os reclamos de Plutão e as derrapagens fascinantes rumo a uma irracional liberação dos sentidos: no Touro está escondida a alma e a *imago mater* a ser conquistada "contra" o pai e contra o tabu do incesto. Nos casos em que o sacrifício no sentido psicodinâmico não se realize, o sujeito de Touro sucumbe a uma inflação reativa ou então desliza num processo de racionalização que lhe barra perigosamente toda e qualquer relação fluida com a vida inconsciente.

Outro mito da cultura grega e micênica, centrado no símbolo do Touro, é o Teseu em Creta e a morte do Minotauro de Minos no labirinto. Repete-se aqui, mais ou menos amplificado, o sacrifício mitraico e o filicídio perpetrado pelo pai na pessoa de um rei que se defende com a introjeção simbólica e sacrifical dos filhos-crianças. Minos, rei de Cnosso, em Creta, é, provavelmente, a figura do "pai" que se sente ameaçado pelos filhos, nesse caso, os súditos e os atenienses, e impõe com o terror um sangrento tributo de jovens criaturas que eram destinadas a servir de alimento para o Minotauro. Teseu, ateniense, é o herói que quer interromper essa corrente terrível e se oferece em holocausto a Minos. As fontes sobre a posição e as decisões de Teseu, bem como a respeito de sua chegada a Atenas e a escolha do guia, são divergentes e complexas; por isso nos atemos ao texto de Graves. Teseu, com o apoio de Afrodite, enfrenta Minos. Mas em Creta, Ariadne, a filha do terrível rei, apaixona-se por Teseu e o ajuda no episódio do labirinto. Ela lhe oferece o famoso novelo, que Teseu, ao desenrolar, transformaria em sua âncora de salvação para sair do labirinto.

Teseu mata o Minotauro, monstruoso animal chamado Astério, um touro. Livra assim Atenas do terrível penhor, e tudo isso acontece sob o signo do amor de Afrodite e de Ariadne.

O mito vê, portanto, reconfirmada a libertação do homem, a saída do labirinto do terror inconsciente, graças à consciente e preciosa relação com a Alma. Teseu, como o Eu consciente, sacrifica e subjuga a instintividade animalesca no símbolo do Minotauro e do próprio Minos (é bom lembrar que Minos violentou uma virgem assim que o navio das vítimas atracou no porto: episódio que indica a *hybris* instintiva invasiva) para obter a continuidade da vida no símbolo dos jovens atenienses que haviam sido poupados. O Eu supera e resolve o drama do confronto com a Sombra instintiva graças à sustentação da Anima (o fio de Ariadne deve ser visto como uma ligação dinâmica positiva entre o Eu e a energia vital, a alma, que guia a razão e os sentidos pelos meandros do conflito neurótico e o traz à luz) e ao sacrifício da natureza inferior (o Touro e Minos). Teseu equivale a Mithra e o Touro cretense, como ritual, reporta-se ao mitraísmo. Em Cnosso também o rei usava a máscara da cabeça de touro (Astério significa "do sol") para formar par com uma sacerdotisa vestida como se fosse uma vaca lunar. É o mito de Pasífae que, ao que parece, como deusa lunar, celebrava as núpcias com um touro branco. Este ainda estava ligado ao rito das núpcias *Sol et Luna* e assim fica evidente que no signo do Touro zodiacal existe a temática mitraica, o conflito entre instinto e consciência, o tema da Absorção ou de Afastamento do erotismo e o confronto com os valores dos genitores na repetição diádica de masculino e feminino, de Sol e Lua.

A simbologia dos mitos, em astrologia, refere-se, no caso de Touro, à psicologia da *relação objetiva primária*. Portanto, a relação que cada indivíduo, já na primeira infância, tem com o ambiente doméstico e familiar e com as figuras protetoras mais próximas.

Daí se torna necessário falar da *oralidade*, do mecanismo dinamizado de aquisição ou rejeição nessa fase. Pode-se concluir que na simbologia de Touro dá-se o momento da passagem do *princípio de prazer* para o de *realidade* em que justamente tem início o processo de rejeição dos instintos — para usar a linguagem de Freud — e assim se estrutura a presença de eros na realidade.

A oralidade é expressa pela relação Touro-Vênus-Terra, na qual a receptividade, o aleitamento, o calor dos pais são os primeiros termos da relação sujeito-objeto.

É nesse signo que as experiências se inserem no psiquismo, através do sensório e da relação direta. No horóscopo, em toda parte em que se encontrar o signo de Touro, a pessoa vivencia-a como uma disposição a aderir, corporalmente, à situação ou experiência.

Naturalmente em Touro, como segundo signo analógico na Segunda Casa do horóscopo, delineia-se todo o comportamento afetivo, emocional e sexual da pessoa enquanto exprime a relação primária, a memorização concernente à matriz psíquica, que posteriormente é transmitida na vida e repetida em cada circunstância. Em Touro deve-se, portanto, avaliar se o *desejo-prazer* é satisfeito na criança ou se permanece frustrado; se ocorre a satisfação oral ou a privação (ou desmame coercitivo).

É claro que essa conotação endopsíquica revelar-se-á — na idade adulta — naqueles aspectos da vida em que o indivíduo, quanto ao horóscopo, tem o signo de Touro. Assim, para dar um exemplo, se um homem tem o signo na Sétima Casa, ou seja, na que diz respeito à relação de casal e às associações, manifestará inteiramente ou em larga medida a própria organização libidinosa de conquista, mais ou menos "satisfeita" nas relações com o parceiro. Admitindo-se que nesse campo estejam o Sol, Vênus e Marte, que recebem influências negativas de Saturno e de Urano, poder-se-ia deduzir que esse indivíduo, nas relações com o parceiro, projeta uma longínqua e sofrida carência afetiva; uma atitude reivindicatória castrante ou possessiva com tendência a exigir *ressarcimentos* amorosos ou *reparações*. Ou então, poderia exprimir uma falta de afetividade, um protesto hostil ou uma desconfiança diante de todas as fontes de afeto tidas como insuficientes ou escassamente oblativas.

Touro, entretanto, como se diz, é o signo dos criativos, dos artistas. Certamente, já mencionamos isso: sua genialidade brota de um destronamento da vida instintiva, de gozo, em favor do pensamento, da mente: ou seja, o símbolo de Mithra. A qualidade solar, nesse caso, corresponde a um princípio ativo da criatividade.

Nos aspectos de Touro em que se condensam astrologicamente configurações ou facetas redutivas, tem-se, ao contrário, uma atitude destrutiva ou regressiva. Assim, entra em jogo a dialética com Escorpião, mas especialmente torna-se ativa todo seu poderoso lado mais elementar: a mítica presença do Touro mitraico ou de Minos: o Touro mata ou deve ser morto, sacrificado. Repete-se aqui, mais uma vez, a história de Cronos e de Urano, de contraste fundamental entre instinto e consciência. Mas refere-se sobretudo ao mais amplo tema que, em termos existenciais, atinge cada criatura humana: ter uma boa e digna existência com os pais ou então uma existência ruim e destrutiva. Em ambos os casos impõe-se a separação, a "morte" do vínculo natural (em nível simbólico interior): porque, no primeiro caso, deve-se evitar a identificação-fixação com os pais "insubstituíveis", que constituiria grave limitação frente à vida, e, no segundo caso, deve-se evitar o anulamento do aspecto destrutivo e buscar modelos substitutivos vitais.

A analogia de Touro com o *I Ching* está no hexagrama O Receptivo, onde se encontra o princípio Yin, o elemento receptivo da terra feminina, passivo, quente, materno, maleável, e onde se torna possível o absolutamente simples; é o campo, o terreno quente, rico em húmus, em sementes e plantas que crescem; é o signo do grande cadinho da vida, onde fervem as coisas até que fiquem prontas. Todas as coisas servem para fazer, para dar, intercambiar, crescer, alimentar. De fato, Touro é a força da terra-mãe, uma imagem de Astarte e Ceres. É o signo típico da possessividade e do calor afetivo.

A tipologia taurina refere-se prevalentemente ao símbolo: constituição robusta, pícnica e considerável desenvolvimento do sistema ósseo e muscular. O temperamento de Touro, na avaliação de Kretschmer, é *ciclotímico melancólico*. Tem uma acentuada tendência para o nervosismo e uma fácil irritabilidade, com reação emotiva. Sua característica é a *secundariedade* (Le Senne), uma vez que a resposta aos estímulos é lenta, as impressões, em geral, se inserem com lentidão no psiquismo e a reação é muitas vezes por demais contida ou, ao contrário, por demais explosiva, mas inoportuna.

É o caso de dizer que Touro é um verdadeiro ruminante psíquico. Disfarça bem as profundas inquietudes, mas assusta-se com facilidade e fica desorientado. Em geral, têm-se indivíduos meticulosos, rotineiros e facilmente adaptáveis a qualquer situação.

Touro exprime o ritmo vegetativo; sua inteligência é prática, intuitiva e todas as suas experiências são sempre levadas à dimensão do concreto.

A sensibilidade não se destaca e, em alguns casos, Touro exibe um considerável egocentrismo com fortes apelos oblativos.

Nos indivíduos inferiores, encontram-se personalidades que descrevem sem maiores problemas as suas experiências e os seus interesses frente ao microcosmo do mundo familiar e doméstico. Amam as coisas habitudinárias e os rituais afetivos bem assentados nos modelos culturais tradicionais. Não há espaço para a fantasia, nem para a especulação intelectual, mas adesão total à vida imediata, concreta e utilitária.

Nos indivíduos evoluídos, o sentido da vida está mais impregnado de idealismo. Vemos personalidades plásticas e muito receptivas, as quais, mesmo buscando o real e o concreto, conseguem interpretar a vida fora dos esquemas habituais e exprimem o gosto pelas artes visuais e concretas, têm o sentido do belo e de tudo o que é esteticamente apreciável.

A afetividade nesses indivíduos chega a despertar paixão. A oralidade, sempre presente, pode ser sublimada e expressar no nível intelectual e criativo com grande genialidade. Em todas as tipologias observam-se a paciência, a estabilidade do caráter ou das idéias, fáceis acessos de raiva e forte concentração sobre os aspectos concretos da existência.

♊

3. Gêmeos

O signo zodiacal que encerra a primavera pertence à constelação de Gêmeos, em que brilham as duas grandes estrelas Castor e Pólux. O processo evolutivo do ciclo natural chega a ponto de definir as coisas e estabilizar-se na ordem.

A energia, que em Áries é magma e caos, explosiva e irradiante, que em Touro começa a ser recebida pela Terra, começa agora, em Gêmeos, a estruturar-se, a repartir-se segundo um princípio de harmonia. Aqui, a energia mais fluida e móvel dá início justamente ao ciclo da diferenciação e da individuação.

O hieróglifo de Gêmeos é composto de duas unidades armadas paralelamente, delimitadas, em cima e embaixo, por uma linha horizontal. Segundo a interpretação de Senard, essas linhas exprimem o tempo e o espaço.

A etimologia do signo é óbvia: vem do latim *Geminus*: Gêmeos, tendo afinidade com Gamos, que significa união, matrimônio. São duas partes, dois opostos complementares que efetivamente se unem no signo de Gêmeos. Lembramos que o planeta dominante desse signo é Mercúrio e a operação hermética dos alquimistas relativa a Mercúrio era a de unir irmão e irmã, como elementos opostos contendo a *lapis* ou pedra filosofal, geradora da árvore da vida.

Os mitos e os símbolos inerentes a Gêmeos são numerosos e julgamos oportuno descrever os que, a nosso ver, mais se relacionam com o significado astrológico do signo.

Enquanto isso, consideremos os pares gêmeos: Jacó e Esaú, Rômulo e Remo, Monim e Aziz. Em todos esses pares existem as polaridades positivas e negativas, do bem e do mal. A origem primeira do par polar encontra-se em Caim e Abel. Portanto, mesmo no sentido astrológico propriamente dito, em Gêmeos encontra-se o símbolo geral da *dualidade* na semelhança e na identidade; esse símbolo é realmente a imagem de todas as oposições interiores e exteriores, contrárias ou complementares, relativas ou absolutas, que sempre chegam ao seu desfecho em uma tensão dinâmica criadora. Parece-nos que o sentido zodiacal de Gêmeos introduz na cultura ocidental o símbolo equivalente mais importante, do Yin e do Yang oriental.

Todas as culturas e mitologias, se bem observadas, demonstram grande interesse pelo símbolo dos Gêmeos como fenômeno. Quaisquer que sejam as expressões simbólicas assumidas, os "gêmeos" exprimem a intervenção do sobre-humano e a verdadeira dualidade de cada ser que vive as tendências imanentes e transcendentes.

Quando os "gêmeos" (por extensão semântica referimo-nos ao signo de Gêmeos) simbolizam as oposições internas do homem, eles exprimem o aspecto de cisão que se reveste de um significado sacrifical, justamente porque uma das polaridades é sacrificada em benefício da outra. Naturalmente, as forças evolutivas ou progressivas sempre tentam se impor sobre as forças involutivas ou regressivas. Mas existe também o aspecto dos gêmeos como par semelhante ou duplo de um; nesse caso, temos uma dualidade equilibrada da qual derivamos o conceito de "harmonia dos contrários". O universo mítico, que consideramos estar sempre centralizado no conceito perene da ambivalência, é bem representado pela figura mitologêmica dos Gêmeos, os quais, em toda versão simbólica, sempre estiveram carregados de intensas projeções emotivas e afetivas inconscientes, especialmente nas culturas primitivas.

André Virel vê, nas imagens geminianas, "a tensão interna de uma situação permanente. O medo do primitivo ante o aparecimento geminiano é o medo de encarar conscientemente a própria ambivalência, o medo de objetivar as analogias e as diferenças, o medo da tomada de consciência individual, o medo de romper com a própria estrutura desinteressada coletiva".[17]

Voltando a Gêmeos, lembramos que a imagem simbólica habitual que temos é a de dois adolescentes de mãos dadas, um com a lira de

---

17. Virel, André: no verbete *Jumeaux*; em: *Dictionnaire des Symboles*, Laffont, Paris, pág. 439.

Apolo e o outro com o bordão de Hércules, ou seja, símbolos de harmonia e de força, de luz e poder. Esse signo tem como elemento o Ar, o inspirar e o expirar. Se Áries simboliza o fogo originário da nascente da vida e Touro vê essa vida condensar-se na matéria, cristalizando-se no Ovo, Gêmeos segue o momento da subdivisão do Ovo cósmico em *masculino* e *feminino*.

Encontramos esse momento nos mitos do *Gênesis* em que a projeção, mitológica e as fases da evolução psíquica aparecem sob uma forma cosmogônica. No estágio primitivo da atividade psíquica, meio e psique são indiferenciados: o ser é levado no seio materno, simbolizado pela Grande Mãe (o Uroboros); portanto, é inconsciente. É na fase de separação do casal paterno — no sentido cósmico — que o nó se desata e a humanidade se torna consciente, realizando-se assim o mundo dos contrários: a personalidade organiza-se na parte consciente, ou seja, no Eu, e na parte inconsciente, no Não-eu. Os contrários, que até esse momento agiam unidos, a partir de agora também se opõem. A ruptura da unidade urobórica originária produz a diferenciação na dualidade, o afastamento do plano hermafrodítico, a divisão entre objetivo e subjetivo, entre interior e exterior. Essa fase de divisão de si mesmo leva à *individualidade*. A essência de Gêmeos zodiacal está toda nesse ponto, símbolo do duplo, do unido-separado, da tomada de consciência no signo da inteligência.

O valor mercurial é simbolizado pelos Dioscuros, pela dupla Castor e Pólux.

Somente Pólux — diz a mitologia grega — é divino visto ser nascido de Leda, fecundada por Júpiter, que se transformara em cisne. Castor, ao contrário, nasce de uma relação com Tíndaro, sendo, portanto, um mortal.

A lenda refere-se ainda a um par nascido de um mesmo óvulo. Os dois gêmeos são protegidos por Hermes-Mercúrio (que carrega o caduceu com o duplo símbolo das serpentes), o qual manda educá-los na expectativa de missões heróicas. No duelo sobre o monte Taigeto — Castor e Pólux de um lado, Ida e Linceu de outro, para a disputa das próprias amantes — vemos resplandecer todo o dramático e fascinante símbolo do Amor que une os dois irmãos.

Linceu e Ida matam Castor, mas Pólux vinga o irmão abatendo Linceu. Ao ver o irmão caído, Pólux dirige-se ao pai divino, Júpiter, para que conceda a divindade a Castor, de forma a poder dividir com ele o reino eterno, pois insuperável era a dor pela separação do amado irmão.

> "Acorreu ao irmão Tíndaro:
> morto não estava, mas tremia
> Agora ele derrama lágrimas ardentes e soluços
> gritando: 'Pai Crono,
> que fim darei às minhas dores?
> Impõe a morte a mim também
> com ele, senhor...'."[18]

Júpiter acolhe a súplica: atinge mortalmente Ida e permite que os dois irmãos transcorram juntos a imortalidade: seis meses no Inferno e seis meses no Olimpo.

Dessa maneira é respeitada a natureza diferente de Castor, filho de "rei mortal", mas ao mesmo tempo é preservada a fragilíssima ligação que para sempre une os dois gêmeos na bem-aventurança e na desgraça. A morte de Castor simboliza a superação da instintividade indiferenciada para alcançar a razão e o espírito. Outras versões do mito colocam em evidência a avidez de Castor e a tranqüilidade de Pólux (citamos aqui a versão da lenda do seqüestro dos bois) diante das exigências do desejo.

Com um pouco de fantasia mais ou menos lícita, poderíamos ver nisso o confronto freudiano entre princípio de prazer e princípio de realidade. Se Castor é a explosão instintiva e a realização de todos os sonhos, Pólux, ao contrário, simboliza a serenidade espiritual que rechaça a instância dionisíaca ou instintiva; é o atributo divino que triunfa diante da imanência da Castor. Transposto na tipologia astrológica, esse mito evidencia a alternância dos chamamentos instintivos ou intelectuais. Às vezes, encontram-se até mesmo Gêmeos incapazes de realizar uma felicidade equilibrada, visto que desistem e se deixam arrastar pelo desprezo irônico de toda afetividade. Ou então elaboram uma verdadeira sublimação, em que a afetividade é intelectualizada; nesse caso, Gêmeos

---

18. Pindaro: *Nemea*, tradução (italiana) de Leone Traverso em: *Miti greci e romani*, organizado por F. Codino; Laterza, Bari, 1971, pág. 268.

se defende aristocraticamente das experiências externas consideradas vulgares. Portanto, como no mito trata-se de uma dualidade que se debate entre conteúdos internos e solicitações externas; se não há pacificação, permanece a cansativa dialética (aspecto *eufórico* do sujeito) ou então ocorre a recaída na escolha unilateral da polaridade (aspecto *deprimido* do sujeito).

Como Pólux é tomado pela dolorosa angústia de ficar para sempre separado de Castor, assim o nativo de Gêmeos carrega sempre consigo o arquétipo da *cisão* e, diante das provas que solicitam a personalidade num sentido ou no outro, pode deixar-se levar pela angústia da separação ou da perda (aspecto *dividido* do sujeito). A solução mítica invocada é ainda verdadeira no sentido astrológico: na verdade, encontramos alguns Gêmeos vivendo "inferno" e "paraíso" de forma alternada, no sentido existencial.

Em seu estudo, Senard observa que os Gêmeos eram os patronos da dança, dos bardos, os poetas dos cavaleiros andantes, em analogia com o símbolo mercurial e como signo de Ar. Os Dióscuros ocupavam sempre um lugar importante em relação ao início de uma nova época e é por isso que os nativos de Gêmeos simbolizam o princípio de todos os nascimentos, no espaço e no tempo.

Na simbologia asiática, os Gêmeos são considerados filhos do deus Proteu, portanto geradores da chama terrestre, causa de todas as fecundações que ativam a vegetação. No plano do psiquismo humano, o nativo de Gêmeos distingue-se pela primariedade e pela amplitude do campo da consciência (Barbault).

Entende-se aqui a primariedade como capacidade de resposta rápida mas seletiva a todos os estímulos recebidos pelo ambiente circunstante com escassa implicação emotiva.

Como diz Wilczrkowski, os nativos de Gêmeos "representam as relações com o hábitat e, em geral, todos aqueles complexos de sensações que o adolescente experimenta nos primeiros contatos com a vida simbolizam a atração que sobre ele exercem o ambiente e a angústia pelos perigos que o próprio meio oculta e dos quais o jovem toma consciência.

"Eles representam o desejo de conhecer, mas também o incômodo da experiência, porque conhecer não significa apenas assimilar e enriquecer-se com o real, mas também abandonar a inconsciência, as ilusões, as alegrias elementares e as afetuosas seguranças protetoras da infância.

"Há, portanto, um desdobramento doloroso, onde não mais atua o idealismo hiperativo de Áries, nem o impulso sensual e dionisíaco de Touro. O nativo de Gêmeos — para nos atermos à metáfora — não foge como Frisso diante de um perigo real ou imaginário, nem cede à volúpia de Touro; nele, instinto vital e instinto de conservação se interpenetram reciprocamente. Ele raciocina demais para se entregar; sua mística está embebida de racionalismo".[19]

No aspecto psico-astrológico, Gêmeos tem uma constituição astênica-longilínea ou normolínea-leptossônica, enquanto o temperamento é, na maioria das vezes, *esquizotímico* nervoso.

André Barbault fala também da definição do tipo "superficial moroso" tomando-a por empréstimo de Mournier, segundo o qual esse tipo astrológico tem uma particular fraqueza receptiva. Mobilidade e rapidez são outras características psicológicas da tipologia de Gêmeos. Mobilidade mental, motora e verbal derivando da necessidade interior de mudança, que obedece a uma atenção que se desloca, vivíssima, de um objeto para outro.

A inteligência é flexível, geralmente viva, capaz de se adaptar, mas também de evitar contatos profundos ou experiências por demais envolventes.

Um símbolo conhecido dessas dualidades é a máscara de Arlequim. O traço mercurial adolescente de Gêmeos encontra-se na disposição de nunca levar a sério as coisas e, ao mesmo tempo, de ir em busca de todas as sensações. Barbault faz uma observação sutil: "No interior do nativo de Gêmeos os outros é que contam. É o próximo que fala na singularidade de Gêmeos. Ele sofre por ser apenas um; tem necessidade dos outros, tem necessidade de ser visto pelos outros, para se sentir vivo e se alimentar. Sua liberdade exige a aprovação dos outros. Portanto: existir para os outros. Assim, nessa psique de Gêmeos há dois seres (precisamente o mito de Castor e Pólux) que se enfrentam: o existir para si e o existir para os outros. E nasce aqui o estranhamento, a cisão possível. Em termos freudianos, vê-se às vezes no horóscopo uma cisão do tipo Gêmeos entre o ego e o superego."

---

19. Wilczrkowski, Cyrille: *L'homme et le Zodiaque,* Edit. Le Griffon D'Or, Paris, 1947, pág. 170.

Na sua caracterologia, Barbault considera o tipo Castor um sujeito nervoso, pouco ativo quanto às emoções, com predominância de valores lunares e mercuriais, expressão de fantasia e de engenho.

Vemos, portanto, o nativo de Gêmeos criativo, dotado de talento artístico, sentimental, afetuoso e capaz de muitas emoções, portanto mutável e variado nas experiências amorosas. O tipo Pólux, ao contrário, é um indivíduo sangüíneo, pouco ativo quanto às emoções, no qual predominam valores solares e jupiterianos.

Esse é o tipo de Gêmeos calmo, intelectual, dono de si, verdadeiro "espírito sem a alma", capaz de controlar a vida afetiva com racionalizações e defesas às vezes no limite da indiferença. Dotado de senso prático, inventivo mas cético, ele se projeta facilmente no futuro, enquanto o tipo oposto vive apenas o presente. Todavia, na realidade, os dois tipos tão nitidamente separados e estruturados jamais se encontram, pois é sempre ativa a dialética que integra a polaridade.

♋

4. *Câncer*

O verão é anunciado pelo quarto signo do Zodíaco com a chegada do 22 de junho de cada ano. Câncer abre o solstício de verão, quando o dia mais longo encontrará a noite mais curta. Entra-se na grande estação de todas as fecundações e concepções. É o tempo da formação das sementes, o grão amadurece nos campos, as folhas já tiveram tempo de crescer e a vegetação chega ao seu máximo esplendor. É o triunfo das forças geradoras maternas da Terra; é a concepção, a gestação. O elemento de Câncer é a Água, profunda e límpida.

No Zodíaco, Câncer representa o vértice do ternário evolutivo e o segundo extremo do braço vertical da Cruz Humana (constituída, aliás, pelos signos Áries-Libra, Capricórnio-Câncer).

O hieróglifo de Câncer é a transcrição ideográfica do processo de gestação que prepara o nascimento: dois pequenos círculos com um apêndice curvo, dispostos um sobre o outro com as cabeças em sentido oposto. Algo semelhante ao hieróglifo do Tao, na dupla Yin e Yang, ou então à imagem de dois germes vitais que giram um em torno do outro, e poderiam lembrar o espermatozóide, o óvulo, o átomo ou uma nebulosa. Trata-se, de qualquer forma, de dois centros de *energia giratória*, que, por sua ação eletromagnética recíproca, se atraem, se unem, se diferenciam, se multiplicam e acabam por elaborar uma entidade completa. Câncer leva em si a *imago mater*, o grande arquétipo da Mãe que carrega no ventre todo germe de vida, segundo a acepção de Jung.

Aqui, o nível humano é arcaico e inconsciente, ainda indiferenciado. A imagem mais apropriada é a do caranguejo — símbolo figurado do signo no Zodíaco —, o crustáceo protegido pela dura couraça que vive entre a água e o ar, extremamente prolífico, fechado e desconfiado. A etimologia apresentada por Senard especifica a proveniência greco-latina: *Karkinos,* que significa couraça, proteção.

No sânscrito, segundo a mesma fonte, há uma forma de Câncer que corresponde à palavra *Karkataka,* significando também "serpente", símbolo das trevas subterrâneas e primeiro germe de vida animal; nessas trevas, na *nigredo*, há a escuridão indispensável para proteger o mistério de cada germinação ou gestação. De fato, o mundo oculto dos alquimistas medievais movimentava-se nos subterrâneos escuros e os ritos iniciáticos envolviam-se de trevas protetoras.

A serpente também é símbolo do nascimento da matéria, da transferência da energia divina para a força humana. Expressa, portanto, um significado análogo ao do Caranguejo canceriano. Encontramos outro valor na analogia do tetragrama sagrado hinduísta.

Como quarto signo zodiacal, corresponde ao sistema dos quatro planos ou estados do Bramanismo, em que se manifesta o verbo sagrado. O tetragrama tem, de fato, quatro letras sagradas que formam o nome do Criador e correspondem aos seguintes quatro estados da consciência: 1) Iluminação — 2) Sono profundo — 3) Consciência dos sonhos no sono — 4) Consciência do despertar.

Na doutrina Vedanta o tetragrama corresponde às quatro fases: 1) Tensão — 2) Concentração da tensão — 3) Fusão das fases precedentes — 4) Transmutação e manifestação.

O signo de Câncer é dominado pela Lua e é por essa polaridade que o signo se carrega de significados e valores simbólicos muito sugestivos. A Lua representa aqui a Mãe arquetípica, mas também a gestação materna.

Com Câncer, signo de Ar, frio e úmido, noturno, feminino, mudo e tortuoso, surge diante da nossa imaginação todo um universo aquático que oferece o símbolo da água originária, o líquido amniótico do ventre materno, mas também as águas-mães calmas e profundas das nascentes murmurantes, dos pequenos lagos desconhecidos ou dos mares ilimitados. Câncer é o signo que forma uma ponte ideal entre o mundo das causas e o mundo das realizações, assim como a mãe é a ponte entre a raça e o filho que a perpetua, a união do presente com o passado. É por essa razão que o consideramos como o signo da reminiscência e da nostalgia, dado o seu caráter receptivo, passivo e com a sua renúncia à supremacia e ao domínio. Algumas fontes atribuem a Câncer o mito de Hércules, que não pôde dominar as últimas cabeças da Hidra em contínuo renascimento. A ele pertencem também o mito de Helena, disputada por Páris e Menelau, bem como as figuras de Ártemis, de Astarte e até mesmo de Hécate, todas divindades maternas noturnas, lunares, pertencentes ao reino das Grandes Mães.

O significado de gestação e de maternidade de Câncer deve ser visto no símbolo mais antigo que conhecemos: Câncer é uma das Portas do Zodíaco pela qual passavam as almas prontas para encarnar. Quando elas chegam diante dessa porta, bebem da taça do deus Baco, símbolo da embriaguez da vida e, dessa maneira, infunde-se nas almas o esquecimento, conseqüência da embriaguez estática que faz esquecer o seio materno e a proteção inconsciente, para enfrentar a vida sem sofrer em demasia. Assim as almas ébrias passam pela Porta e era dessa forma que os guerreiros deixavam mães e mulheres, para partir rumo ao desconhecido das batalhas.

Em Câncer está contido o sentido de todo o arco da vida: nele se manifesta o nascimento, mas também o devir e o consumar-se da existência. Na psicologia de Jung, Câncer representa, no inconsciente pessoal profundo, o Karma dos pais: desde o nascimento entra-se na vida e retorna-se fatalmente para o nada originário através da morte. O poeta T. S. Eliot expressou o sentido moderno de Câncer no seu famoso verso:

"Birth, copulation and death."
["Nascimento, cópula e morte."]

No signo, portanto, há a preparação para a vida, mas também a preparação para a morte. Em Câncer reflete-se o mito de Édipo: o indivíduo vivo tem em si a secreta necessidade inconsciente de voltar sempre para a Mãe, na dimensão noturna da Lua, emersão de todas as silenciosas nostalgias, das doloridas auto-recriminações. Infância e senilidade, *puer et senex* apresentam-se como extremos do arco canceriano, em cujo interior está toda a criatividade potencial do ser humano.

A primeira camada protetora de Câncer é a *inibição*, a autodefesa passiva e receptiva que permite ao indivíduo isolar-se e proteger-se do ambiente e de um impacto por demais violento com a realidade. Transparece aqui como que semi-oculta a luta entre inconsciente pessoal e inconsciente coletivo, bem como a imagem do parto e o trauma da separação. Essa atitude de defesa assinala também a tomada de consciência das fronteiras do hábitat onde mover-se, e nesse mecanismo reconhecemos os limites de uma determinada estrutura com impossibilidades inatas, bem como a máxima capacidade de ação protetora.

O verdadeiro drama de Câncer é justamente o exasperador jogo entre *real* e *imaginário;* um fluir e refluir contínuo de todo o ser vibra em uma instabilidade, que é visível no exterior, ou seja, no estado emotivo hipersensível. O desejo é sempre superior aos meios de realização e o impulso rumo ao impossível ou ao utópico, muitas vezes, provoca a impotência das peças do jogo de xadrez. A adaptação passiva e receptiva é a regra de ouro de Câncer, pois ele não aprecia a luta e a competição agressivas; ele sente que na luta não há vitória fácil, aliás, com maior freqüência, chega a derrota amarga e a conseqüente desilusão desencadeia a regressão, a saudade de melhores momentos e condições anteriores mais tranqüilizadoras.

A valência psicológica desse signo do Zodíaco é a estruturação da vida inconsciente e instintiva do indivíduo que emerge lentamente das águas como um ser que deixa a carapaça protetora e com critério vai tomando conhecimento do espaço ao seu redor.

Barbault escreve a respeito de Câncer: "Ele lembrará que as águas calmas são as mais profundas; ele permaneceu nas águas originárias da noite que se estendia sobre os verdadeiros abismos da alegria narcisista e sobre os abismos paradisíacos da consciência espiritual. No silêncio interior, a alma animal dialoga com a alma angelical."[20]

Estamos, assim, diante da representação mais impressionante do mítico Narciso que se contempla nas águas límpidas, tomado pelo mistério do próprio eu, do próprio mundo subjetivo. Nessa dimensão, o indivíduo tende para a *introversão,* para as atitudes de defesa ou para o *egocentrismo.* Câncer, portanto, assume valores de secundariedade e, em geral, é pessoa emotiva mais voltada para a passividade do que para a ação.

Câncer imita verdadeiramente o seu símbolo anfíbio, em conceito narcisista. Tende a evitar a experiência direta e abrasadora que imponha um envolvimento responsável; é substancialmente um passivo muito

---

20. Barbault, André: *Cancer*, Edit. du Seuil, Paris, 1957, pág. 15.

receptivo e dotado de grande sensibilidade. Dados os valores aquáticos, noturnos e lunares do signo, o canceriano identifica-se facilmente com a mãe ou permanece perenemente sob a sua proteção. O complexo edípico implanta-se aqui com maior freqüência do que em outras tipologias zodiacais e esse complexo atrasa ou, às vezes, impede o processo de amadurecimento. A consciência fecha-se em si mesma e em determinadas configurações astrais podem-se detectar graus de autismo ou uma solidão interior de verdadeira característica lunar; por ter uma vulnerabilidade toda particular, defende-se até o isolamento ou a rejeição da sociabilidade. A característica psicológica, definida nos valores de Kretschmer, seria *esquizóide* nervoso-astênico. Com freqüência, Câncer concretiza um mundo interior permeado de memórias e de imaginação, que é preferível àquele do mundo exterior, percebido como um mundo de incógnitas, riscos ou agressividade.

O nativo de Câncer, porém, nem sempre é assim: ele pode conseguir controlar sua emotividade e sua expressão sentimental graças a uma couraça lógico-racional que o mantém afastado das surpresas emocionais por demais violentas. Nesse caso, o tipo de Câncer torna-se meditativo, indeciso, muitas vezes inibido e hesitante. Em outros casos, a tipologia apresenta indivíduos contraditórios, levados a mudanças contínuas e à procura exasperada de novas sensações; eles têm, nesse caso, uma esfera afetiva complexa e instável.

Câncer costuma ser ou muito sedentário ou bastante irrequieto, e se identifica facilmente com o ideal do próprio Eu.

É sabido, mesmo na astrologia vulgarizada, que o tipo de Câncer é um "lunático", razão pela qual o seu humor varia facilmente e o seu comportamento se torna imprevisível. Sua realização psicológica depende da natureza do complexo edipiano que está na sua base como arquétipo.

Quanto mais ele permanece ligado ao cordão umbilical, tanto mais tempo levará para enfrentar a vida e a própria realidade individual.

Vemos nativos de Câncer travando uma verdadeira batalha contra a figura da Mãe, figura muitas vezes interiorizada, da qual se afastam também externamente em idade precoce, negando todos os atributos edipianos.

Mas é exatamente em casos desse tipo que se pode estruturar uma dependência inconsciente da *imago mater*, que acaba dominando por reação a psique do "filho que trai" ou que fica dramaticamente preso na rede da eterna Jocasta. Barbault escreveu: "O sucesso de Câncer não está na dependência da mãe ou na sua rejeição, mas em aceitar e realizar os valores maternos na autonomia de uma personalidade adulta."[21]

A luta mais dura é contra a sedução do passado, a nostalgia, a lembrança. Podemos, de passagem, até pensar em Marcel Proust, talvez como o nativo de Câncer mais característico que seja possível mencionar na exemplificação astrológica.

A conquista do presente é sempre algo bastante cansativa. Os confrontos entre mundo exterior e personalidade profunda são constantes e exigem certo empenho. O tipo de Câncer vê o mundo a partir de si mesmo, e não é raro encontrar o narcisismo egocêntrico como fonte de contemplação criativa e de genialidade. Câncer é um signo problemático, de difícil convívio, pois tem como destino a passagem através do Karma referente aos pais com especial destaque para o Karma da mãe. O caráter lunar, noturno, aquático, emotivo e infantil leva à exteriorização dos sentimentos de forma criativa e sugestiva, mas é também fonte de abulias, de fáceis reações neuróticas e de sérios problemas de adaptação devido à persistência de impulsos que continuam ligados a caracteres infantis. O tipo de Câncer imagina passar a vida na simbólica imobilidade do crustáceo apegado à rocha protetora, caso não lhe seja concedido viver seus sonhos e o aspecto crepuscular ou idealista que o mantém afastado do concreto. Fazemos questão de repetir que o mundo psicológico canceriano é dos mais complexos do Zodíaco. Não é por acaso que a simbologia de Jung relaciona o inconsciente pessoal e as estruturas arquetípicas à imagem da Lua e ao signo de Câncer.

Trata-se do signo mais enigmático e fascinante exatamente pelos múltiplos aspectos de indecifrabilidade.

Deve-se considerar nele uma estrutura acentuadamente imanente, quase oral e plástica, que se alterna com uma estrutura transcendente e toda permeada de espiritualidade. Surge espontâneo à mente o mito de Jano, de duplo rosto. De resto, no mesmo símbolo gráfico de Câncer há duas naturezas, dois módulos que giram sobre o eixo da personalidade unitária: em certos casos se dividem; em outros, agem alternadamente.

---

21. Barbault, A.: *op. cit.*, pág. 31.

Enfim, o tipo de Câncer vive inteiramente o sortilégio da noite: o mundo inconsciente, indomável, mágico e pérfido impõe-se ao mundo da consciência. Nessa esfera estão em jogo os arquétipos da mãe e do filho, o homem e a Lua, a gestação e o nascimento, a relação objetal primária. Se, como dissemos, no filho vibra sempre o fantasma de Édipo, na mãe de Câncer há sempre uma manifestação da Jocasta de Sófocles.

Em sua obra já citada, Senard propõe uma possível classificação dos nativos de Câncer:

a) os Selênicos, verdadeiras raridades de hiperlunares, dotados de talento artístico, calmos, ternos, excêntricos, sonhadores e passivos;

b) os "Ártemis", de caráter indeciso, simples, sentimentais e conciliadores. Rotineiros e condicionados pela segurança proporcionada pela tradição, não têm iniciativa, nem se importam com as próprias idéias.

Como vemos, o símbolo de Câncer zodiacal estimula enormemente a fantasia e revela os mais ocultos paralelos arquetípicos. Talvez o mais importante dentre os arquétipos que esse signo exprime na astrologia seja o da Família, da Origem atávica e parental. O nativo de Câncer sempre gravita em torno da família — pai, mãe, parentes, filhos — quer ela represente uma imagem interior, quer represente um pólo real, no mundo exterior.

O canceriano é a favor de ficarem todos juntos. Seu intuito é proteger na tépida tranqüilidade doméstica, onde ele pode sentir o mundo exterior como um perigo longínquo; nele está presente o horror à solidão e ao isolamento, e o fato de estar junto com os do seu relacionamento doméstico significa o princípio de prazer que domina, a eliminação de todo desprazer, a fuga do confronto entre a Mãe que é boa e a mulher desconhecida. Para o nativo de Câncer, tudo é medo porque tudo é infância, ternura lunar, despreocupada e entrega crepuscular hamlética às indizíveis fantasias.

O mundo real é horrível ou problemático em demasia, onde cada um faz o possível — pelo menos no plano inconsciente — para não entrar e vivê-lo de forma responsável. O canceriano prefere permanecer na infância para entrincheirar-se, desgastar-se, morrer no passado em vez de nascer de novo, abrir-se para o desconhecido, para a aventura. É o medo de crescer, de ficar adulto; é evitar o desgaste de tornar-se diferente e individual; é flutuar, sempre flutuar, entre o útero e a vida.

Limitamos propositadamente a pesquisa aos mitos de Câncer porque, sendo o signo portador do arquétipo da Mãe, refere-se à mitologia da Lua e à simbologia muito extensa das Grandes Mães lunares. Por isso mesmo, o assunto será retomado mais adiante, quando falaremos da Lua como planeta e símbolo do *feminino* e do *materno* nas atribuições específicas. Com base nessas páginas será então fácil encontrar as mais sutis analogias de Câncer com a Lua.

♌

5. *Leão*

O segundo grande signo do ternário de Fogo é Leão, quinto setor do Zodíaco. No rigor solar do verão em seu auge, desdobra-se o triunfo da natureza que leva o ciclo vegetal ao seu completo amadurecimento: todas as formas são definidas, expandidas, densas de cor, de frutos, queimadas pelo sol do período que vai de 23 de julho a 22 de agosto. Assim, no mundo humano, com a plenitude dos frutos prestes a serem colhidos, chegamos à fase da vida que constitui a plena maturidade. O símbolo é o rei dos animais, a força soberana, nobre energia vital, domínio sobre tudo o que vive, Zênite do ano, ponto culminante do arco solar, majestoso signo da energia transmutadora — o Fogo divino — que torna possível o início da individuação.

A atribuição zodiacal de Leão é ler todos os termos e realizar a síntese do indivíduo através da fusão entre Substância e Matéria, entre Essência e Espírito e do Princípio Anímico. O homem completo sairá desse nível inicial.

A simbologia gráfica de Leão representa a estilização propriamente dita da cauda do animal. Esse símbolo gráfico já aparece no Zodíaco egípcio de Hermes. Senard considera a palavra Anima como significando "sopro de vida", espírito. Animal é um adjetivo neutro que exprime "aquilo que tem vida" e, portanto, nesse sentido, o homem é o primeiro "animal", o verdadeiro rei, uma vez que tem uma vida tríplice: corpo, alma e espírito.

O termo que dá nome ao signo é claramente derivado do latim. *Leo*, *Leon-is*, com um provável ascendente no grego SLEI, que significa "separar, dilacerar, ferir".

O ato de separar pode ser entendido, em chave zodiacal, no quinto signo — Leão — como a ruptura do ser individualizado, que se afasta evolutivamente do seu estado anterior de participação cósmica, considerada inconsciente e indiferenciada.

Sabemos que essa ruptura acontece, segundo a ordem zodiacal, depois do nascimento (no signo de Câncer) e da estruturação, justamente, da consciência de si, em Leão. É nesse signo real e solar, simbolicamente falando, que é apontado o nascimento do intelecto, o qual, a seguir, harmoniza todo investimento de Eros no plano criativo, sexual e genital.

A consciência do Eu como Si mesmo é o primeiro estágio de consciência que emerge do inconsciente coletivo e, através do discernimento, organiza a liberdade de iniciativa segundo o princípio da realidade, mas ainda no sentido egocêntrico. Em Leão, portanto, registramos as duas fases endopsíquicas mais interessantes: passagem do inconsciente para o consciente, do Não-Eu para o Eu, entendido no sentido freudiano.

Em todas as mitologias o Leão é símbolo de força subjetiva, de auto-afirmação do homem como indivíduo, destacando-se como primeira pessoa, com a sua origem divina. É o Logos, ou seja, o princípio masculino, o Verbo, o Sentido espiritual. Com efeito, o signo de Leão contém, como astro que lhe é atribuído, o Sol, *principium vitae*. Em Leão reencontramos aquele princípio de vida psíquica que Jung chama de *Animus*, o qual leva a "agir", a fazer, a criar através da experiência, da definição; dando a Palavra, o verbo a alguma coisa, diferencia-se essa coisa daquilo que a rodeia. Prepara-se para ela uma existência independente no plano psíquico e torna-se possível e real uma relação lógica entre aquilo que se diferenciou e aquilo que está ao redor. O Leão-Logos solar, portanto, eleva o homem rumo aos níveis da integração superior da personalidade.

É útil mencionar a importância que o símbolo de Leão possui nas religiões: na liturgia hindu, Krishna-Gita é o Leão, animal sagrado. Buda é o Leão dos Sachya e, por fim, o próprio Jesus é o Leão de Judá.

Já que, em Leão, conforme já dissemos, está o domínio do Sol, astrologicamente princípio vital absoluto e primeiro astro, devemos ampliar a realidade simbólica do Eu reconduzindo-a à sua origem divina. Portanto, Leão é princípio de Lei, de justiça, de força e de domínio. Citem-se, por exemplo, as representações de leões em obras de arte: os leões no trono de Buda, no trono de Salomão e — mais perto de nós — em todas as iconografias heráldicas das monarquias européias, do

Renascimento até hoje. O evangelista São Marcos também tem um Leão como emblema nos estandartes dos doges de Veneza.

No *Gênesis* há o Sol como princípio e o Leão como força solar levada para a natureza terrestre. O Apocalipse também cita o Leão no Capítulo quinto — O Livro e o Cordeiro — no qual são abertos os sete selos: "Parem de chorar. Eis que venceu o Leão da tribo de Judá, o descendente de Davi, achou meio de abrir o livro e os seus sete selos." Grison observa que, na iconografia medieval, a cabeça e a parte anterior do Leão correspondem à natureza divina do Cristo, ao passo que a parte posterior é relativa à natureza humana.[22] Portanto, uma imagem teriomórfica, ainda que especificamente aqui se dê o encontro entre o humano e o divino, entre o imanente e o metafísico.

Todavia, graças à astrologia, sabemos que a simbologia do Leão-Sol pode exprimir também um valor negativo, digamos, a sombra da soberania solar: trata-se da inflação do Eu em sentido agressivo; em Leão, a individuação — ou seja, a consciência da própria subjetividade perfectível — pode converter-se em individualismo egocêntrico, em que o Eu é proposto como centro de referência, até mesmo ritual. Reencontramos esse aspecto negativo do Eu expresso claramente por São João da Cruz a respeito da natureza irascível e impetuosa do homem. Já se disse que o Leão é um símbolo do Cristo, mas também pode ser o símbolo do Anticristo. Na psicologia analítica profunda, muitas vezes o Leão é considerado um símbolo analógico do dragão e o signo pode ser demonizado como "híbrido".

Na Babilônia ou entre os semitas, os leões eram símbolos dos tiranos ou dos déspotas, porque puxavam o carro da Grande Mãe ou fechavam o acesso das cidades, como na Porta dos Leões em Micenas.

Segundo Barbault, o Leão zodiacal constitui uma das primeiras encarnações do Verbo; igual definição dá Alice Bailey em seu tratado dos Sete Raios da Astrologia Esotérica: "Leão é o signo de Cristo e da Realidade interior; portanto, sob esse aspecto, indica um novo ciclo.

---

22. Grison. Pierre: verbete *Lion, em Dictionnaire des Symbols,* Laffont, Paris, 1969, pág. 463.

Quando nasce a consciência de si (e quando se dá a individuação) começa um outro ciclo."[23]

O valor destrutivo da simbologia Leão-Sol é descrito por Jung em seu estudo sobre a libido, quando fala do Sol leonino negativo da canícula de verão e segundo o mito. Sansão, deus solar, mata o leão para deter a seca e a morte dos rebanhos. O próprio Jung aponta o Leão como o signo zodiacal da *concupiscentia effrenata* ou do calor violento da libido.[24] Está claro que o Leão representa também o *auto-sacrifício* de Deus. O mito mais central que podemos relacionar com esse signo zodiacal é o da primeira prova de Héracles: a morte do leão de Neméia. Pela psicologia e a psicopatologia desse grande signo zodiacal, parece-nos que Héracles (o Hércules da mitologia romana) constitui a personificação emblemática da tipologia leonina. Em Héracles vemos retratada a história individual do homem que, ao se identificar desempenhando o papel do herói, inflaciona o Eu (Héracles vitorioso sobre os Minos e, a seguir, transformando-se em flagelo para toda a Grécia) e dessa maneira coloca em perigo a sua alma e o processo de individuação. No comportamento de Hera — perturbada com os sucessos de Héracles —, que faz o herói, enlouquecer, vemos a resposta da *Anima.* Somente quando Héracles afunda nas trevas da sombra pessoal — a sua loucura feroz — tem início a tomada de consciência e reemerge nele o sentido viril em luz. Não o desencadeamento indiferenciado da agressividade, mas a integração gradativa da energia na ação consciente pode levar Héracles a se realizar em harmonia com o seu próximo. Encontramos aqui o aspecto positivo, solar de Leão. Assim Héracles vai até Delfos para interrogar o oráculo (o homem que abandona o comportamento inconsciente e volta a dialogar com o divino) e de Delfos vai até Tirinto para servir ao rei de lá, Euristeu.

É a dimensão psicológica mais interessante que o mito nos oferece nessa passagem para entender o nativo de Leão. Junto a Euristeu, o grande herói Héracles vive como um homem que readquiriu a humildade, deflacionou o Eu e que se dispõe a percorrer de novo todo o itinerário

---

23. Bailey, Alice: *Trattato dei Sette Raggi* [Tratado dos Sete Sábios], Nuova Era, 1973.

24. Jung, Carl Gustav: *La libido. Simboli della trasformazione* [A libido. Símbolo da transformação], Boringhieri, Turim, 1965, pág. 277.

psicológico exatamente como indica o Leão zodiacal. A partir da manifestação do eros indiferenciado e agressivo no nível do Eu, passa-se a elaborar a Sombra e a agressividade egóica. Conhecem-se de perto os próprios movimentos inconscientes, as próprias partes destrutivas, que são integradas na autoconsciência e, a seguir, procede-se à reestruturação da consciência de si para, afinal, tornar-se *indivíduo*. Héracles, com efeito, se põe a serviço de um rei e Euristeu o condena àquela que podemos considerar uma verdadeira *penitência* (e em Leão, tão egóico, há sempre o encontro com a fase penitencial e a mortificação do Eu!). O rei impõe a Héracles os doze famosos trabalhos.

Que significado têm essas extraordinárias provas míticas do ponto de vista psicológico? Parece-nos que exprimem exatamente o equivalente ao *processo terapêutico analítico* no qual é elaborado o tema da auto-afirmação, realizada a consciência de Si-mesmo, não já através da expressão patológica (o herói agressivo e maníaco, ou seja, o nativo de Leão identificado com o superego), mas, sim, através da redução da valência da libido negativa, a qual, aliás, em vez de removida, é — na mítica prova de Héracles — reconhecida, aceita e suportada em nome da mais alta integração e realização. Nos trabalhos de Héracles-Hércules está implícito o "fazer alma"; o que acontece e a canalização do instintivo e da libido.

O nativo de Leão confronta aqui com as próprias tendências megalomaníacas, e somente na sofrida e arriscada prova da reestruturação chega a estabelecer o equilíbrio entre esfera psíquica e esfera instintiva. Se olharmos para as figuras simbólicas contidas nos Doze Trabalhos, poremos um véu sobre o valor psíquico profundo do mito de Héracles centralizado no Leão do Zodíaco. Héracles deve *matar*, *domar*, *capturar*, *limpar*, *dobrar* e *fazer oferendas*. Nas ações por ele empreendidas aparecem os símbolos conhecidos: o *Leão* de Neméia, a *Hidra* de Lerna, a *Cerva* de Cerinéia, o *Javali* erimâncio, os *Estábulos* de Augias, os *Pássaros* estinfálicos, o *Touro* de Creta, as *Éguas* de Diomedes, o *Cinturão* de Hipólita, o *Gado* de Geriane, os *Pomos* das Espérides, o *Cérbero* capturado. Portanto, símbolos de energias irrefreáveis, violentas; símbolos de uma agressividade inconsciente a ser enfrentada e integrada. É o nível do animalesco que o nativo de Leão, na sua realização, encontra e enfrenta psiquicamente. A força ctônica e destrutiva perde, assim, o caráter patológico e torna-se matéria para a realização, instrumento da afirmação de si. Podemos também dizer: a Sombra não se apresenta mais como temível inimiga, mas como conteúdo que se manifesta novamente e que é retrabalhado. Héracles, dentro do nosso contexto, aponta o caminho que necessariamente deve ser percorrido. A *provação*, na verdade, no nativo de Leão, é, como já dissemos, a expressão de uma tomada de consciência.

O leão de Neméia — com isso chegamos a ilustrar o mito — é o primeiro trabalho de Héracles. Esse leão mítico aterrorizava a cidade de Neméia, pois devorava os seus habitantes. Conta-se que a fera era invulnerável ao ferro, ao bronze e à pedra. Talvez gerado por Selene (portanto, parece uma energia destrutiva libertada por uma *imago mater* agressiva!) ou então por Tifão (uma destrutibilidade libertada pela *imago pater*), o leão de Neméia foi, afinal, enfrentado por Héracles. Nesse terrível confronto descobrimos o conflito implícito do nativo de Leão, chamado a domar as próprias energias autopunitivas e a tornar real a sua "invulnerabilidade" psicológica: Héracles como Homem-Leão-Indivíduo enfrenta, vence e assimila o seu lado Leão-Instinto.

O leão deve ser morto no prazo de um mês. Héracles promete um sacrifício a Júpiter em caso de vitória. Primeiro, Héracles enfrenta a fera com o arco e as flechas, mas, diante da falibilidade dos instrumentos *objetivos*, deve usar os *subjetivos*, ou seja, as próprias energias físicas. A luta é tremenda mas, afinal, apesar de ferido, Héracles consegue empurrar o leão para dentro da sua *caverna* (podemos ver nisso a *remoção* controlada da energia da libido) e ali sufoca-o com os braços e os joelhos fazendo pressão sobre o plexo solar. É a vitória sobre o aspecto leonino indiferenciado. O mito diz, a seguir, que Héracles toma como elmo e túnica a pele do leão, enquanto o crânio esvaziado da fera lhe serve de proteção para a cabeça, ou seja, símbolo da interiorização.

A "invulnerabilidade" se torna real, a partir do momento em que se configura a assunção do signo sacral e divino do leão.

Poderíamos acrescentar que no episódio de Héracles está representado aquilo que Freud chama de princípio de realidade: o homem deve dominar as adversidades reconhecendo-as, sem mais titubear na lembrança e no signo protetor de Câncer (princípio de prazer), sacrificando a segurança e até mesmo a incolumidade por uma existência mais integrada. Há também o reconhecimento implícito das próprias energias usadas na relação com a realidade ambiente.

"Essa tomada de consciência — escreve Barbault — aparece, portanto, não como o resultado de uma superioridade natural que levará à glorificação de si mesmo, mas como a descoberta de um segredo que leva ao verdadeiro sentido da vida."[25]

O sentido desse mito é a necessidade, para o homem de Leão, de estar aberto ao conceito de infinito, em harmonia consigo mesmo e com as forças naturais que por vezes devem ser dominadas pela atitude consciente do indivíduo. Em Leão concentram-se também os significados de todos os mitos relativos ao Sol e aos cultos solares. Propositadamente, tratamos essa questão de maneira resumida, aqui, pois a abordaremos mais extensamente quando falarmos da mitologia do Sol como planeta astrológico. Todavia, é fundamental ver no Leão zodiacal a expressão primeva da energia vital solar; eros intenso, qual energia que se exprime através da energia genital e do orgasmo. A gama psicodinâmica vai desde a manifestação egóica indiferenciada até a integração mais elevada de eros: no *endeusar-se* dantesco. Por certo que o nativo de Leão corresponde ao grau psicológico mais próximo da natureza, mas com uma clara consciência diferenciada e com uma organização do Eu alcançada através de um difícil itinerário e bem diferente do Super-Eu.

Assumimos com satisfação as acertadas classificações da tipologia de Leão feitas por A. Barbault. O nativo de Leão é um passional emotivo que se distingue pela secundariedade. Podemos identificar nele um tipo *hercúleo* e um tipo *apolíneo*, uma vez que também Apolo era sabidamente uma divindade solar. O tipo *hercúleo* obviamente é dominado por uma atração instintiva, mais no plano físico pragmático do que no intelectual. É o tipo concreto que conta apenas com as próprias forças e, portanto, é um realista centrado em si mesmo e facilmente levado a dominar ou, pelo menos, a se impor. É um tipo na maioria das vezes extrovertido. Por outro lado, o tipo *apolíneo* assume uma postura idealística mental. Ele nos faz pensar no significado antitético encontrado no Dioniso de Nietzsche. O Leão apolíneo é disciplinado graças a uma energia solar interiorizada (corresponde a Héracles depois de superados os doze trabalhos), que o leva a viver uma experiência criativa, artística, religiosa ou ideológica. É relativamente freqüente o risco da inflação

25. Barbault, A.: *op. cit.*, pág. 21.

do Eu, como já dissemos, e a partir disso delineia-se a hiperatividade positiva no campo social. O acentuado individualismo leonino pode comprometer o desenvolvimento da personalidade (como Héracles, sempre vitorioso na Grécia, a ponto de desafiar a irritação da deusa Hera, que a leva à "loucura"). Nesse caso, realiza-se o impulso afirmativo: "eu quero", narcisista, violento, inferior, voltado a satisfazer os próprios desejos.

O tipo mais comum de Leão, ao contrário, costuma ser prisioneiro do próprio Eu tirânico, mesmo que, num grau mais evoluído de consciência, os conflitos sejam interiorizados.

Por fim, encontramos um nativo de Leão superior, de desenvolvimento intelectual e criativo que lembra Apolo como mitema. Ele se diferencia por uma típica estrutura racionalista e de pensamento. O tipo que alcança a realização plena vem representado pela figura do Redentor; através do sacrifício de si mesmo (o auto-sacrifício do Deus que se identifica no humano e no instintivo, como no culto mitraico e no cristianismo), o Homem acende a chama do Outro-Eu. Estamos aqui diante de uma tipologia astrológica altamente diferenciada, em que o tema *penitencial* e *sacrifical* é vivido, assumido conscientemente e sublimado para conseguir objetivos de interesse e de significado altruísta, coletivo e comunitário.

♍

6. Virgem

O verão europeu começa a ceder após o calor das férias e, em 23 de agosto de todo ano, o Sol entra na constelação de Virgem.

Para a natureza, é o início de uma nova fase, na qual as colheitas foram feitas, as sementes colhidas e as folhas nascidas na já distante primavera caem queimadas pelo sol com as primeiras brisas de setembro. A substância, portanto, começa o seu ciclo de retorno rumo à essência. Virgem, sexto signo do Zodíaco, encerra o primeiro grande ciclo evolutivo e conclui a involução da essência da matéria e do ser prestes a se manifestar. Assinala também a transição da fase da identificação e da consciência do Eu/Não-Eu para a fase da consciência intuitiva da unidade cósmica.

Reproduzimos com satisfação um belo e sugestivo trecho de Senard, a respeito do sentido desse signo zodiacal: "A energia dualística das faculdades racionais de Leão corre o risco de se esgotar na esterilidade da luta. A dialética do pró e do contra gira em vão no círculo vicioso de argumentações baseadas na lógica e nos dados sensoriais. O homem termina por constatar a insuficiência dos seus métodos de pesquisa e descobre muitas incógnitas na ciência e no intelectualismo.

"Por outro lado, o egoísmo e a vontade própria chegam a ficar frustrados; o desejo de posse e de poder, a consciência da potencialidade da essência humana levam à percepção de que conquistas só no campo material não são satisfatórias.

"O homem começa a aspirar por outras coisas. Seguindo então a vida traçada pelo ciclo do devir, é preciso que a Virgem se ajoelhe aos pés da Cruz do Espaço-Tempo-Matéria e compreenda o sentido da sua Encarnação. A Virgem está situada na base do braço perpendicular da Cruz, que representa o tronco da Árvore da Vida, cujo ponto mais alto se insere no ponto do círculo da manifestação, assinalado no Zodíaco egípcio pelas constelações austrais — pela saída do Círculo do fluxo de vida, perdendo-se no oceano do Absoluto e do Infinito."[26]

Nas iconografias mais comuns, o signo de Virgem é representado no Zodíaco por uma jovem alada, de pé, no ato de avançar, com o pé esquerdo ligeiramente erguido; tem na mão direita um ramo e uma espiga; às vezes, a espiga aparece na mão esquerda. Provavelmente, o ramo na direita — com a ponta para cima no sentido do crescimento das plantas — indica a continuidade do ciclo natural, enquanto que a espiga na mão esquerda, dobrada para baixo, sugere a ceifa, a riqueza dos grãos.

O hieróglifo de Virgem é a letra M traçada numa grafia que lembra o estilo gótico: da última "perna" sai um traço diagonal que vira para trás e para baixo. Trata-se de uma estilização do ideograma da Virgem alada.

Muitos são os significados da letra M desse símbolo zodiacal. Senard menciona a letra rúnica MADR como correspondente ao M latino, com o significado intrínseco de origem divina, conhecimento superior. É só fazer a associação M = Mãe = Virgem = Maria = Nossa Senhora para chegar à imagem religiosa que transcende o símbolo humano.

O M exprime evolução espiritual e intelectual rumo à potencialidade universal. Uma interpretação naturalística da Virgem pode relacionar-se com o ciclo natural da Terra: esta, afinal, já rendeu o máximo para dar vida a todas as plantas e às sementes; nesse período do ano, portanto, trata-se de uma terra que se tornou estéril e improdutiva, mas é exatamente nesse momento que se abre de novo o ciclo e a terra reconstitui o seu húmus, preparando-se para receber as novas sementes.

A analogia esterilidade-fecundidade torna-se manifesta com a Virgem humana, que associa a pureza à fecundidade. Nas religiões está presente esta analogia na mesma função. Os mistérios de Elêusis e de Éfeso já continham a figura da Virgem.

Parece-nos supérfluo fazer referência ao significado da Virgem na simbologia cristã, intensamente permeada por ela.

---

26. Senard, M.: *op. cit.*, pág. 172-173.

No plano humano, em Virgem realiza-se um fortalecimento do espírito e da inteligência.

Da mesma forma que em Leão, a individualidade nasce com a primeira consciência do Eu que encontra emancipação autônoma, em liberdade, assim também em Virgem a consciência subjetiva amplia-se e se torna mais delicada. Realiza-se o lento mas progressivo afastamento da imanência dionisíaca para integrar a transcendência apolínea; o nível racional se enriquece enquanto o instintivo ganha nova dimensão; por essa razão, considera-se o signo de Virgem como expressão da Razão e do processo aquisitivo baseado na Lógica. Se tivermos em mente que esse signo é governado por Mercúrio — o deus Hermes — torna-se fácil então entender o signo de Virgem como o signo da intelectualização, em que se amplia a disponibilidade que busca a integração do ser.

Também podemos pensar na Virgem como símbolo zodiacal do Matriarcado e arquétipo da Mãe. Segundo Alice Bailey, a palavra *Virgo* é a corruptela de uma antiga raiz da Atlântida que naqueles remotos tempos indicava o princípio materno. Lilith, a mulher mítica, foi certamente a última Virgem *mater* que dominou a civilização da Atlântida.

Todos esses mitos deixam clara a libertação do homem espiritual face à escravidão da matéria. A *Virgo,* entretanto — no seu substrato feminino —, é diferente do aspecto materno de Câncer, uma vez que este se refere estritamente à gestação, à fase embrionária-fetal do ser.

A figura mítica que fica mais próxima da Virgem é, sem dúvida, Deméter, deusa das messes douradas, que tem o seu homônimo na estrela Espiga. A lenda conta que Hades, deus do inferno, havia escolhido por esposa Perséfone, filha de Deméter. Ele a rapta, fugindo com ela em um carro puxado por quatro cavalos negros.

Sem ter conhecimento do fato, Deméter sai à procura da filha, perguntando por ela a todos que encontra. Mas a cada vez ouve apenas o eco do próprio grito e ela se perde em vão, correndo para o lugar de onde lhe parece vir uma voz que, no entanto, é a dela mesma.

Esse erro leva Deméter a tornar-se estéril, e ela perde todo contato com a natureza, até ir parar em meio às rochas de Elêusis. Chegada a esse ponto, a vegetação e as colheitas secam. Manifesta-se aqui o significado do mito: a mãe deve saber aceitar a emancipação da filha.

A Virgem deve tolerar o sacrifício para a iniciação à vida diferenciada; se Deméter se desespera para manter íntegro o cordão que a liga a Perséfone, ela trai a relação com a natureza, as colheitas, a vegetação, de forma que o calor virginal, nesse caso, passa para o sentido negativo da esterilidade destrutiva, em vez de conservá-lo. O choro desesperado de Deméter provoca compaixão em Hécate, que se dirige ao deus Hélio — o Sol — para encontrar Perséfone com a ajuda de Hermes — Mercúrio, mensageiro dos deuses.

Mercúrio, entretanto, depara com um obstáculo: não a decisão de Hades, mas sim a própria Perséfone, que a essa altura escolheu o mundo novo depois de conhecer os frutos da romãzeira oferecidos pelo marido.

A lenda diz ainda que o caso foi levado ao conhecimento de Júpiter, pai dos deuses, que emite um juízo muito equilibrado: Perséfone não deve se separar de Deméter nem deixar Hades, e estabelece que ela passe o período do inverno — durante o qual a terra dorme — com Hades no inferno e o período da floração e do amadurecimento dos frutos com a mãe Deméter, no Olimpo.

Eis, portanto, expressa a fusão do instintivo com a ordem racional; o mais geral e o sentido do sacrifício para renunciar à unilateralidade em todos os planos. Com o símbolo expresso por Deméter-Perséfone, encerra-se a visão subjetiva e individual da existência, para abrir-se a uma avaliação mais ampla e altruísta sobre o mundo. Este é o sentido zodiacal do signo e o significado psicológico do indivíduo de Virgem.

É necessário — a nosso ver — ir além da avaliação racional das coisas e chegar à sua estrutura, mais profunda, com o objetivo de entendê-las totalmente. Deméter é o gênio tutelar da Virgem, mas não no sentido da mãe egoísta e atormentada, como a vemos no mito, e sim como a Deusa laboriosa que lida com os grãos e os ritmos sazonais, divindade eleusina da iniciação salvadora, que preside ao mistério simples e pacífico da espiga de trigo.[27]

A psicologia do nativo de Virgem é um tanto complexa, e estudar suas características não é simples tendo em vista suas amplas implicações simbólicas; faz-se necessário desmistificar a tendência a desvalorizar astrologicamente esse signo — injustamente considerado fraco, desafortunado ou negativo —, que traz em si enormes ambivalências. A

---

27. Wilczrkowski, C.: *op. cit.*, pág. 202.

estrutura mais difusa é a *ciclotímica-melancólica* e a qualidade mercurial cria o indivíduo nervoso, razão pela qual esfera mental e psíquica prevalece acentuadamente sobre a instintiva. No nativo de Virgem nota-se uma ampla dificuldade de adaptação às relações com o ambiente e com o mundo das experiências. Muitas vezes há uma predisposição para a inquietação surda e profunda que marca contínua hesitação e ansiedade que vai desde os estados de bem-estar até os de mal-estar, assim como no símbolo dá-se a passagem da esterilidade à fecundidade. A atitude mental é seletiva, regulada por uma acentuada hipersensibilidade que pressupõe uma natureza aprimorada, às vezes verdadeiramente aristocrática, ainda que oculta pela denegação.

Nesse signo astrológico encontramos concentrado o pessimismo e às vezes o sentido do catastrófico obsessivo: Deméter está presente como analogia simbólica, com o seu desespero delirante e a fuga da relação objetiva com que é real e natural. A "aridez" da Virgem reflete a relação da deusa com a Terra, a qual, conforme já dissemos, torna-se árida e estéril devido à loucura materna de Deméter, que perde a função arquetípica divina para isolar-se e identificar-se com um tema materno obsessivo. Dissemos, porém, que a Virgem é também fecunda e criativa: Deméter, de fato, em seu andar errante à procura inútil de Perséfone, chega a Elêusis na figura de uma velha e apresenta-se no palácio do rei Celeu. Este lhe confia o filho Triptolemo para que o crie. A deusa alimenta o menino com ambrosia e, no meio da noite, às escondidas, purifica-o com o fogo, para torná-lo imortal.

Entretanto, depois de ser descoberta pelos pais, ela é levada a interromper essas práticas, revela a própria identidade, ordena a Celeu que edifique um templo em sua homenagem em Elêusis e, depois de iniciar Triptolemo nos mistérios eleusinos, oferece-lhe — justamente — a espiga de trigo, ensina-lhe a forma de cultivá-la e ordena-lhe que percorra as estradas do mundo, para ensinar a agricultura aos homens e a convivência civil.

Esse é o duplo aspecto de Virgem, o seu lado criativo, vital, ordenado segundo o princípio de vida, que se opõe a Deméter-Hécate, pessimista e neurótica. Esse signo astrológico nega os desenvolvimentos naturais para tentar ainda a conservação do tema edipiano, mas ao mesmo tempo aceita o ritmo da existência e cria suas leis. Por essa razão, Mercúrio-Hermes, o deus alado, é também o planeta da Virgem, a inteligência ordenadora, a *ratio*. No plano psicológico-horoscópico, a Virgem realiza os símbolos das funções que podem ser reportadas à atividade, à inteligência e à concretude.

Senard diz a esse respeito: "A atividade constante é, em parte, causada pela tensão para com outras coisas, que age no inconsciente como busca do motivo ideal de peregrinação de Ísis. A Virgem é como que atormentada por uma inquietação face ao que é melhor... manifesta-se com uma necessidade irresistível de ação que se torna até mesmo virulenta e pode chegar à psicose quase por uma necessidade obsessiva e exagerada quanto à maneira de executar as coisas".[28]

A inteligência é o traço específico da Virgem, que está toda voltada para o plano racional prático-analítico; isso chega a tal ponto que toda particularidade adquire seu valor e é focalizada para chegar ao fundo das coisas. A partir dessa atitude intelectiva deriva também um considerável senso prático.

O nativo de Virgem tem um temperamento nervoso e a esfera psíquica prevalece sobre a física a ponto de provocar, eventualmente, a rejeição do instintivo e o complexo da *"analidade"* reprimida. Encontra-se aqui a analogia com o mito de Deméter, que não reconhece o amor de Perséfone por Hades e recusa a realidade do instintivo dionisíaco. Sua depressão leva-a a retirar a sua libido da Terra, tornando-a árida sem se preocupar com outra coisa a não ser com a própria obsessão por ter a filha de volta! O comportamento da Deméter mítica poderia ser o correspondente do aspecto psicopatológico do signo de Virgem.

A *analidade* reprimida — como a define o freudiano Barbault — leva o nativo de Virgem a ser por demais econômico, detalhista, controlado, muito escrupuloso ou mesmo maníaco. Se esta *"analidade"* for sublimada no tipo superior, teremos então o intelectual de valor e até mesmo o artista. No tipo inferior, ao contrário, o obscuro complexo inconsciente prende o indivíduo no labirinto dos condicionamentos racionalizantes que delimitam a existência na mediocridade coagida. Se um nativo de Virgem evita a meticulosidade ou o perfeccionismo, equilibrando o psíquico com o instintivo (e essa possibilidade depende da constelação do horóscopo de cada um), então ele se realiza numa dimensão supra-racional harmoniosa e altamente criativa.

---

28. Senard. M.: *op. cit.*, pág. 209.

♎

7. Libra

O signo de Libra, ou Balança, determina a superação do primeiro hemiciclo do Zodíaco e enfrenta o segundo hemiciclo dos seis signos remanescentes.

O outono europeu tem início no signo de Libra. Os dias e as noites se equilibram em termos de duração, mas muito lentamente a noite tende a sobrepujar o arco diurno. Tem início uma fase de repouso para a natureza depois das severas provas da canícula do verão, e todo o ciclo vital natural orgânico se cumpre em Áries e se move para o período de Virgem. Com o signo de Libra tem início, ao contrário, o grande ciclo involutivo da vegetação; é nesse signo, portanto, que se situa simbolicamente o ponto médio do equilíbrio absoluto entre a evolução e o princípio da involução.

Também por esse motivo dinâmico temos a imagem da balança que verifica nos dois pratos, os dois pesos ou as duas medidas. Com Libra começa a prevalência da força noturna e espiritual sobre a diurna solar e imanente.

Vejamos agora o que é, no íntimo do homem, o símbolo zodiacal de Libra.

A balança é constituída por dois elementos que se equilibram reciprocamente. A etimologia greco-latina do termo, descoberta por Senard, traz à mente justamente a idéia do prato, do plano e até mesmo do leito de núpcias (= Lekos, Lakané), que se estende ao significado de Libra como geração e crescimento segundo a medida correta e o equilíbrio das energias prepostas à expressão afetiva (= Eleutheros, ou seja, geral; Eleuthro = subir, crescer; Libra = medida). Esse símbolo realiza a união das forças, das imagens e das pessoas; une as almas, os corações, os sentimentos ou as cognições como projeção da unidade independente dentro de uma outra unidade, com a finalidade de realizar o duplo, o dois, no signo do *hyeros gamos,* do ágape, do amor.

O hieróglifo de Libra compõe-se de duas linhas horizontais, em que a superior contém no centro um pequeno semicírculo. Esse ideograma é muito semelhante ao hieróglifo egípcio do equilíbrio.

Em certas representações zodiacais, a Balança é representada por um corpo masculino que numa das mãos segura a balança e na outra, uma escala de medidas, e com ela tem início, no Zodíaco, o ciclo involutivo, em que a vegetação caminha para a morte, a transformação, a fim de se regenerar em outras formas e substâncias. Aqui, o homem integra o próprio Eu como o Tu, descobrindo as leis da *societas,* da *pólis,* da união entre duas pessoas. Ele também toma consciência do próprio destino além das barreiras do concreto e do físico, numa dimensão transcendental que o levará à morte (Karma) e à transformação do egocentrismo vital em essência da vida de abrangência universal que fechará seu ciclo no signo de Peixes.

A Balança, como expressão do equilíbrio e da justa medida de todas as coisas, implica a tomada de consciência que deixa para trás um modo antigo de ser para ir ao encontro de uma nova forma complementar: a *unio,* a *coniunctio oppositorum* no sentido citado por Jung.

Enfocaremos agora a mitologia que diz respeito ao signo da Balança.

Vimos que no signo de Gêmeos o Eu se opõe ao Não-Eu em constante conflito. No signo de Balança, pelo contrário, o Eu busca o próprio complemento na relação com o Outro, e é tão-somente na realização do Outro, no conhecimento do Tu, que o tipo de Balança realiza plenamente o próprio ser. Mas, para conseguir isso, ele precisa necessariamente buscar o contato com o Outro, conhecê-lo, passar pela incerteza e por todas as incógnitas do encontro, aceitar o risco de uma desilusão e esforçar-se por concretizar a união. O mito de Psiquê e Eros é o mais indicado para ilustrar o tema de Balança, pois nele está a busca da imagem real do Tu, do Outro, que nem sempre pode acontecer no real como projeção da imagem, mas deve ter força autônoma evolutiva.

Conta a lenda que Psiquê, mulher sequiosa de perfeição e de idealismo, casa-se com Eros, deus do amor, e juntos vivem num lugar escuro, onde é impossível reconhecer as feições do amado.

Psiquê, entretanto, é dominada pelo desejo de ver o esposo, mesmo tendo plena consciência de que a esse desejo opõe-se uma expressa determinação dos deuses do Olimpo. Assim, Psiquê resolve acender a própria lamparina a óleo (a "lâmpada do saber") de forma a iluminar a pessoa do esposo, mas, à medida que se curva, meio ébria, para Eros, o óleo que se derrama o faz acordar e ele se dirige a ela irritado pela infração cometida e foge abandonando a mulher. A partir desse momento, começa a desesperada peregrinação de Psiquê, desolada por ter ousado demais. Psiquê procura Eros por todos os cantos da Terra com a lembrança dolorosa da felicidade perdida, ainda que usufruída apenas na escuridão. Em vão Psiquê galga a Torre do Conhecimento: o esposo está longe e é impossível encontrá-lo. Desesperada e desolada, Psiquê quer se suicidar atirando-se de um penhasco. Mas uma voz desconhecida intervém sugerindo-lhe o caminho a trilhar. Ela deve descer até os Infernos e procurar o vaso dos perfumes mágicos de Perséfone, superando todos os obstáculos infernais.

Psiquê se apropria dos preciosos ungüentos, mas faltam-lhe a prudência e o comedimento; ela age instintivamente e o cofre se abre: as fragrâncias escapam e a deixam atordoada, caindo depois num sono profundo e mortal. Somente nesse momento, movido por piedade, Eros vem ajudá-la e, com o auxílio dos deuses, leva Psiquê de volta ao Olimpo, onde são celebradas as núpcias sagradas. A nosso ver, Psiquê e Eros significam a impossibilidade de encontrar na natureza humana o equilíbrio ideal.

A comunhão com o Tu não se realiza através do apreço e do conhecimento racional (Psiquê quer conhecer o rosto de Eros), mas, sim, com a intimidade, com a entrega amorosa e emotiva que são a própria essência do erotismo humano. A perfeição do conhecimento não se atinge fugindo do concreto para seguir os caminhos da abstração, mas penetrando ainda mais a fundo na realidade física e terrena, sem separar dela a espiritualidade. Isso é muito bem expresso pelo Tao, a lei do sentido da filosofia moral oriental que encontramos no pensamento de Lao Tsé, no *Livro das Mutações (I Ching)* e no *Tao-Te-King*.

Voltamos ao conceito de polaridade balanceada também através do mito de Adônis, indeciso na escolha amorosa entre Vênus e Perséfone, ambas por ele amadas.

Adônis — que, por vontade do pai Zeus, passará seis meses com Vênus na Terra e seis meses nos infernos com Perséfone — morre por causa de um ferimento durante a caça e renasce para simbolizar o equilíbrio do ciclo sazonal primavera-verão; um verdadeiro balanceamento. A hesitação entre Vênus e Perséfone também constitui o símbolo da relação entre o Eu e o Tu. Dentre as figuras mitológicas, as que têm mais afinidade com a imagem da Balança são as Parcas: Átropo e Láquesis; a primeira corta os fios da vida depois de ler o destino no horóscopo estelar tirado por Láquesis.

Libra é o símbolo da Justiça porque se baseia no equilíbrio dos pratos, na paridade entre dois pesos, duas medidas e os hexagramas relativos a Libra podem ser o número 11, A PAZ, e o número 12, O MARASMO. No primeiro, há o encontro entre linhas da Terra e do Céu que no signo do receptivo e criativo preparam a primavera, enquanto no Marasmo temos exatamente o contrário: prepara-se a involução do outono.

O conceito constante da medida e da justiça, do combinado, reflete-se também em termos astrológicos na presença de Vênus como planeta que domina Balança, e de Saturno como planeta exaltado no signo. Ou seja: o amor e a justiça, o calor do sentimento e o rigor da razão se fundem para evitar a desordem.

Balança é o segundo signo da triplicidade de Ar e é um sino Cardinal, considerado o braço direito da Cruz Humana. Em Balança evidencia-se a contemplação e o equilíbrio entre alma e forma: nenhuma das duas deve prevalecer. É um interlúdio da alma para fazer frente à batalha da integração da personalidade na forma.

Em Libra — como diz Alice Bailey — torna-se manifesto o dualismo absoluto. Por essa razão, psicologicamente, os tipos de Balança estão sempre orientados para se manter no equilíbrio, longe das dificuldades mediante o compromisso, o pacto, a norma legal. Claro que o apego a esse equilíbrio limita a possibilidade de expressar as paixões instintivas e criativas. O saturnino *senex* se une à venusiana dimensão do *puer* para estabelecer um equilíbrio afetivo. O tipo de Balança é prevalentemente um nervoso-sentimental, que pode ser introvertido ou extrovertido. Como Leão exprime a vontade e Virgem confere a inteligência ordenadora, Libra enriquece a função do sentimento com o intuitivismo e com a aspiração ao "pathos" afetivo.

A experiência se realiza sempre sob o impulso da emoção e do sentimento, sem reflexões de ordem racional (mito de Psiquê). A busca do equilíbrio ocorre através da delimitação saturnina do Eu em proveito do Tu, do complementar. O tipo de Libra é, em geral, muito sociável, afável e um tanto defensivo e controlado no plano formal. Na esfera afetiva, ao contrário, o sentimento é abertamente manifestado muitas vezes com calor, inquietação e intensidade.

O tipo de Libra tem muito medo das "ofensas" provenientes da realidade externa, e por isso pode se retrair sentindo-se muitas vezes ferido ou deprimido. A desilusão é um traço característico da introversão desse signo.

O instinto social é muito forte (o símbolo da balança usada nos mercados, no comércio, nos palácios de Justiça ou nos fóruns lembra a aglomeração de mais pessoas) e tanto a adesão como a coesão são os traços mais característicos de Balança.

No sentido da psicologia junguiana, Libra indica a Sombra emergente projetada sobre o Outro, enquanto, neste signo, o Eu entra em relação dialética com o Tu com todos os mecanismos conhecidos na relação interpessoal.

Projeção e retração aparecem com freqüência no signo de tendência inibitória.

A esse respeito, parece-nos curiosa e muito sutil a exemplificação de André Barbault para esclarecer a inibição característica dos tipos de Balança.[29]

Ele conta a historinha do burro de Buridano, o qual, pressionado pela fome e pela sede, encontra-se a uma distância igual tanto da nascente d'água como do monte de feno. Incapaz de decidir entre beber primeiro e comer depois, ou vice-versa, aniquilado pelo duplo, necessário e atraente impulso, o burro queda-se imóvel entre as duas coisas e, por fim, deixa-se morrer de sede e de fome. Essa incerteza inibitória, a indecisão ambivalente, é talvez a pedra no sapato de todo nativo de Balança.

Em geral, para decidir e escolher, o libriano entrega-se ao sentimento. A vontade é, portanto, hesitante, mas a inteligência é aberta, aguda, e capaz de sustentar o Eu diante do impacto com o complementar.

---

29. Barbault, André: *Balance*, Edit. du Seuil, Paris, 1957, pág. 36-37.

Senard subdivide os tipos em inferiores, médios e superiores.

O tipo médio é afável, adaptável, cheio de tato, muitas vezes dotado de verdadeiro talento artístico para a música e para o teatro. Tem um verdadeiro fascínio sensual mas, em geral, é dotado de uma experiência superficial, hedonista e, nos casos-limite, até mesmo afetada.

O tipo inferior é fortemente atingido pelas qualidades erótico-afetivas de Vênus: amor pelo bem-estar, gosto pelo luxo, pelos prazeres, exagero das exigências oblativas em todos os campos. Menos diferenciadas são as funções psicológicas, pois elas reúnem o desejo dos sentidos. É muitas vezes um hedonista superficial.

O tipo superior, por fim, reúne as mais belas qualidades do signo e é por elas iluminado de harmonia, graça, inteligência e criatividade. É o emblema de Afrodite e Adônis; é o símbolo da Beatriz de Dante que nos ocorre aqui, pois esse tipo supera a imanência para aceder aos níveis mais elevados da integração.

No signo de Libra encerra-se o itinerário da pessoa solteira que escolhe o caminho da *unio* no casal: a união com o Outro.

♏

8. Escorpião

O outono europeu, enfim, domina as suas cores desmaiadas e o entardecer característico dessa estação; os dias, imperceptivelmente fazem-se cada vez mais curtos depois de 23 de outubro, quando o Sol entra na constelação de Escorpião, oitavo signo do Zodíaco.

A natureza a essa altura já iniciou a sua viagem, contribuindo para a dissolução de todas as formas e substâncias: morrem folhas e raízes, morrem galhos e hastes com as primeiras chuvas frias que rompem a tensão térmica do período inicial do outono. É o oitavo grande signo zodiacal, segundo do Ternário de Água, que marca o início de um dos mais misteriosos e desconcertantes ciclos da evolução natural: a morte que prepara o renascimento. Escorpião dissolve implacavelmente a substância vegetal e a consciência humana individual para que as energias evolutivas possam operar uma nova associação coordenadora e sintética a fim de preparar o nascimento do ser no mundo inteligível ou do Além.

É a fase outonal — outubro, novembro — em que se celebra a Morte e a renúncia (a Santificação como superação da Imanência). O tema do sacrifício impõe-se em toda a sua amplitude, não já como fim de vida, mas como trânsito necessário do Karma, no qual aspectos ou estágios de tudo o que é vivo deve morrer para ser superado, deve cair para se transformar em algo absolutamente novo. A renúncia manifesta-se em Escorpião indissoluvelmente unida à conquista. Em Escorpião celebram-se as paradoxais núpcias entre Vida e Morte, entre o Aqui e o Além. Essa fase zodiacal é o fim propriamente dito de um hemiciclo evolutivo.

De Áries, que irradia energia bruta; a Touro, que a expande na harmonia vital; a Gêmeos, que ordena a energia; a Câncer, que a gera para dela criar formas vivas; a Leão, que a individualiza; a Virgem, que dela cria o valor intelectivo; até Balança, que a difunde na integração harmônica coletiva, chega-se agora ao esgotamento da energia em suas formas concretas, exatamente no signo de Escorpião, para preparar o salto qualitativo, na região do supra-sensível, na qual a energia se transforma num segundo nascimento no plano metafísico.

Pensemos no mistério da lagarta do bicho-da-seda, que se encerra na escuridão, no silêncio e na imobilidade absoluta do casulo e ali se desenvolve em crisálida onde a substância se torna amorfa, informal, aparentemente destituída de vida, por um período de tempo bastante longo. Exatamente aí pode ser encontrado o sentido do Escorpião e da Oitava Casa do horóscopo astrológico.

Com Escorpião, tudo retorna ao informal, ao indefinido, assim como as folhas, impecáveis geometrias ordenadas num desenho estupendo, caem amarelecidas na lama e tornam-se uma massa sujeita à maceração.

E, no entanto, exatamente essa massa traz a essência de um novo *humus* terrestre, fecundando os canteiros extenuados pela aridez do verão. Tudo o que morre com o signo de Escorpião prepara uma nova vida, o segundo nascimento integrado nos planos superiores da consciência. Esse grande signo do Zodíaco encerra a essência do drama da encarnação, do ciclo Vida-Morte-Ressurreição. Basta pensar na liturgia cristã, na qual o ritual dos mortos é assimilado ao triunfo dos Santos justamente no período de Escorpião: da imanência da matéria corporal que sucumbe à morte, passa-se à imortalidade da alma santificada.

Nesse caso, também é importante observar o hieróglifo do signo. Antes de mais nada, dizemos que Escorpião é definido pela tradição astrológica como o "cemitério do Zodíaco", enquanto o símbolo é representado pela letra "m", cuja cauda aguçada está voltada para o alto. As primeiras duas hastes da letra simbolizam as garras do Escorpião, enquanto a última simboliza a flecha venenosa.

Tomemos emprestado de Senard o significado etimológico. A letra M corresponde à Rúnica MA*k*, que forma a raiz de MANU, termo conhecido que exprime a figura arquetípica de Adão. Claro que a letra M também se refere à Virgem, com a raiz MATRI, enquanto encontramos aqui uma raiz masculina, que na versão gótica, MAN, exprime o Homem. De fato, o Escorpião é o Símbolo do Humano.

Nos Zodíacos diferentes daquele a que estamos habituados, a representação hieroglífica de Escorpião é diferente, mas exprime sempre um símbolo de Vida-Morte-Ressurreição. No Zodíaco de Hermes há, por exemplo, uma figura humana com o rabo de peixe no lugar das pernas e em cada mão ele segura a flecha do raio; certamente é a imagem de Tifão, filho monstruoso de Tártaro e de Géia, que manifestava sua raiva vomitando línguas de fogo. No Zodíaco egípcio encontramos o símbolo de Escorpião representado pelo crocodilo, pelo próprio escorpião ou por uma figura humana com uma serpente enrolada em um braço. Na base de todos esses símbolos está sempre o conceito daquilo que é vital e que, na verdade, se extingue para transformar-se segundo o princípio da Alquimia *solve et coagula*.

Se Escorpião é o signo astrológico mais temido pela tradição, e sobre ele foi colocado o símbolo da morte, podemos muito bem dizer que o emblema não poderia ter sido mais bem escolhido: o Escorpião é um animal muito temido por todos, e vê-lo, acreditamos, gera em todas as pessoas certo medo ou repulsa. É um animal dentre os mais antigos, na ordem natural, que vivem na Terra. O Escorpião, da forma como o conhecemos, já estava presente no tempo da Babilônia. Surgiu assim como é estruturado e é assim desde sempre, com seu pequeno corpo articulado, a cauda metâmera e o temível ferrão venenoso.

Trata-se de um animal que foge da luz, procura os esconderijos, as fendas, os velhos muros, os lugares úmidos e inacessíveis, os buracos.

Ele leva uma vida escondida, agressiva, que se manifesta mediante o ataque repentino contra a presa ou com uma defesa violenta e destrutiva.

É o único animal que, diante do perigo extremo, é capaz de provocar espontaneamente a própria morte picando-se com a ponta venenosa de sua cauda.

Transcrevemos as descrições de Barbault a respeito: "De fato, esse signo zodiacal pode ser compreendido apenas numa dialética que exprime uma formidável ambivalência entre vida e morte. Coloca-se logo de início o acento nos valores negros: o sofrimento, o mal, o drama, o abismo, o absurdo, o nada, a morte. A ele, porém, associam-se todos os valores do renascimento. Dissolvente e desintegrante, o Escorpião torna tudo friável, cadente; envelhece e deteriora tudo o que nasce e opera a transmutação alquímica dos valores materiais e dos valores espirituais".[30]

Só de levar em consideração o planeta regente de Escorpião podemos ter uma idéia do signo: Plutão, que lembra o deus dos mortos e o príncipe inexorável das trevas que reina sobre as sombras infernais.

A indicação mitológica corresponde a todos os atributos zodiacais.

O mito principal que sustenta o signo de Escorpião é tradicionalmente a história de Órion. Kerényi, no seu fascinante livro sobre a mitologia grega, descreveu esse mito com extrema clareza, e as analogias são aqui muito evidentes.

Olhando para o céu numa noite clara, podemos distinguir todo o esplendor peculiar da constelação de Órion. Nessas pequenas chamas reluzentes, parece estar fixada para sempre a imagem do gigantesco caçador Órion punido pelos deuses por ter perseguido sobre a terra, durante sete anos, um grupo de garotas, elas também mais tarde raptadas para o céu com o nome de Plêiades e ali fixadas em sua constelação. Algumas fontes dão conta de que as Plêiades, em vez de jovens, eram pombas que Órion, insaciável caçador, queria abater.

O mito conta que Júpiter, na companhia de Netuno e de Mercúrio, apresentou-se ao rei Irieu em seu palácio de Tanagra. Os deuses introduziram o seu sêmen na pele de um touro sacrificado, ordenando a Irieu que enterrasse o saco de pele. Assim nasceu Órion, que, mais tarde, já caçador, tornou-se vítima da própria instintividade violenta.

Conta a lenda que certo dia, embriagado, ele violentou a própria madrasta, esposa de Euripião. Para vingar-se, este furou os olhos de Órion, deixando-o cego. Como vemos, há nesse mito um episódio execrável, em que vinho, sexo e violência se confundem com o sangue e a dor: as tonalidades negativas de Escorpião. Talvez na base desse episódio, segundo Kerényi, esteja o incesto edipiano com Méropes, mãe-esposa. Voltando ao mito, depois da violenta cena, Órion dirigiu-se para a ilha de Lemno, onde trabalhavam os ferreiros de Hefesto. Quedalião, mestre de Hefesto, guiou Órion na direção do Sol para que, fixando-o, pudesse voltar a ver. Depois dessa ajuda, Órion retomou sua perambulação a fim de tentar saciar a sua necessidade de vingança e seu espírito

30. Barbault, André: *Scorpion*, Edit. du Seuil, Paris, 1957, pág. 9.

irrequieto. Ele ameaçava exterminar todos os animais da Terra, provocando dessa forma a ordem divina e natural ao desencadear a própria *hybris*. Entretanto, na ilha de Creta, aguardavam-no à espreita Ártemis e Leto. A deusa, para deter o agressivo Órion, empurrou-o ao encontro de um grande escorpião. Picado pelo ferrão venenoso, Órion morreu e nesse momento foi levado para o céu junto com o animal venenoso, dando assim nome à constelação.

Outra lenda dá conta de que a morte de Órion aconteceu pela mão de Ártemis numa emboscada organizada por Apolo, apaixonado por Ártemis e com ciúmes de Órion. Vemos aqui outro elemento característico de Escorpião: o ciúme, o espírito de vingança, o engano e o crime. Na atitude de Órion está manifesta a tendência inconsciente para a autodestruição simbolizada pelo abuso do vinho que obscurece a razão, bem como pela peregrinação até aceitar o amor-armadilha de Ártemis, verdadeira alma ambivalente e destrutiva.

No mito de Orfeu também é possível ver uma dimensão noturna dos infernos inconscientes: de fato, ele desceu ao Hades para reconquistar Eurídice, a sua Alma, com o canto divino, nas trevas. Tudo isso está no signo de Escorpião. O animal encontrado no Zodíaco é, de resto, considerado em outras civilizações ou culturas como a expressão da violência e do sangue. Junto aos maias, o Escorpião é o deus da caça, mas, ao mesmo tempo, exprime a penitência.

É interessante notar a atribuição de uma simbologia cruenta da qualidade de Escorpião a uma prática cirúrgica junto às tribos Dogon: o Escorpião é o símbolo do rito castratório da ablação do clitóris nas meninas.[31] Em alguns países africanos, o nome do Escorpião sequer é pronunciado, pois desencadeia todas as forças naturais contra o homem.

Nas práticas divinatórias mais antigas, como o *I Ching* e os Tarôs, encontramos duas analogias com o Escorpião: o hexagrama 23, "O esfacelamento", e a décima terceira carta, "A casa de Deus".

Está aqui indicada a qualidade destrutivo-reconstrutiva do Escorpião: as energias subterrâneas emergem para abater aquilo que é edificado, obrigando a uma mudança, a uma reedificação. Essa dinâmica é carac-

31. *Dictionnaire des Symboles*, verbete: *Scorpion*, Laffont, Paris, 1969, pág. 683.

terística do demoníaco e da passionalidade erótica. Tudo o que é ordem acaba sendo dissolvido ou contaminado. Assim o animal negro e venenoso é capaz de sair da terra e ferir com o aguilhão.

Na classificação psicológica de Escorpião, o primeiro traço de caráter emergente é a instintividade imperiosa que já foi sublinhada no mito de Órion. O impulso agressivo desse nativo está sempre fora da norma (a analogia com a violência de Órion na relação com Méropes, alma-mãe-esposa, confundida no híbrido de uma posse carnal cega e dessacralizante). Uma certa obstinação e violência também são traços peculiares de Escorpião, podendo-se dizer que ele sofre toda a angústia existencial pelo fato de viver e agir sem poder aceitar a si mesmo ou se colocar de forma responsável dentro da realidade, quase como se a sua vida fosse expressão de uma potência ou energia estranha ou desconhecida para ele.

O nativo de Escorpião não consegue com facilidade conhecer claramente a própria realidade consciente, e nem mesmo lhe é fácil aceder à dimensão oculta do próprio íntimo invisível: seja ela o inconsciente, o Não-Eu, seja então o oculto, o religioso, o patológico ou o paranormal. Para agarrar o sentido do próprio destino, o homem deve enfrentar e meditar sobre o tema da Morte como pólo oposto e complementar ao nascimento. Portanto, é na tipologia de Escorpião, com o seu pólo oposto e complementar zodiacal — o Touro —, que encontramos o confronto com o tema existencial.

Escorpião simboliza o pôr-do-sol e o cair das trevas, como final do reino dos vivos e avanço do reino dos mortos. No signo de Touro, ao contrário, o Sol está nascendo no diapasão da primavera, como a própria vida biológica. Do Touro genital e fecundo passa-se para o seu pólo oposto, Escorpião, signo de transformação, através da *putrefatio* da matéria. Essa alquimia permite passar da imanência para a transcendência. O culto mitraico, como vimos, sacrifica o touro sagrado para revelar a dimensão super-humana.

Em sua obra, Jung faz referência a uma associação semelhante.[32] Escorpião abre o caminho do humano que vai em busca do divino, mas

---

32. Jung, Carl Gustav: *La libido. Simboli della trasformazione*, Boringhieri, Turim, pág. 201-202.

essa duríssima trilha — o *Eros* que se funde com *Thanatos* — é constelada de infernos, de pântanos, de toda a materialidade, enfim, vivenciada como sombra ou freio.

Naturalmente, a dimensão psicológica do nativo de Escorpião corre sobre o fio de uma diferenciação que na linguagem tradicional foi chamada de realidade do corpo — realidade do espírito.

Muito bem, justamente esse viver a dualidade, a percepção das duas vertentes, provoca no nativo de Escorpião o medo instintivo da dissolução da personalidade.

Em certo sentido está presente o medo de ser ou de se sentir livre, medo de "morrer" para não morrer verdadeiramente. Como diz Senard, o signo de Escorpião permanece suspenso no abismo entre a consciência racional e o impulso cego de um instinto irrefreável e desconhecido. A resultante dessa dinâmica é muitas vezes uma inibição maciça. Por essas razões, a moderna astrologia — seguindo a tradição que atribui ao Escorpião o domínio anatômico do sexo e da região pélvico-retal — apropriou-se das indicações freudianas e psicanalíticas, levando a simbologia de Escorpião para o lado das fases evolutivas primárias do inconsciente: a *fase anal* e a estruturação sexual segundo o princípio de *Eros* que se opõe a *Thanatos* num verdadeiro duelo pela conquista da supremacia.

O erotismo e a agressividade refletem os impulsos antagônicos de *prazer* e *morte*. Ambas as manifestações, segundo Freud, podem defender a vida ou então destruí-la.

O animal simbólico é sempre violento ao atacar para sobreviver, mas é também capaz de dar a si mesmo a morte ao perceber um perigo mortal para si. Em certo sentido há uma analogia com a realidade da cópula sexual, em que miríades de espermatozóides, avançando pela cavidade uterina de encontro aos óvulos, morrem em grande número e somente um deles consegue transmitir a vida.

Em termos astrológicos, Escorpião representa a Oitava Casa do horóscopo e, portanto, além da sexualidade, também o dinheiro, o ouro, estão astrologicamente associados a ele. Fácil é, pois, a interpretação freudiana, que na psicanálise usa o dinheiro para simbolizar as fezes e a analidade.

O sucesso econômico com o dinheiro corresponde (ou substitui) a afirmação sexual erótica.

Como dissemos, Escorpião assinala a passagem do estágio indiferenciado subterrâneo para o estado manifesto da Serpente. Essa fase é designada pela Kundalini, a "serpente erótica" da teoria hindu dos Vedas, correspondente à energia erótico-sexual humana encarnada por uma serpente aninhada no períneo, que dali, seguindo o eixo retal, chega até o alto da cabeça (como psique) para então se manifestar. Portanto, a dialética freudiana do complexo anal explica a evolução da libido que é colocada sob a primazia da região erógena anal e está no jogo muscular dos esfíncteres em conexão com a retenção ou evacuação das fezes. É nesse estágio que o indivíduo, ainda criança, exprime a agressividade, a hostilidade ou o princípio do prazer.

Aplicado a Escorpião, esse complexo ajuda a entender o mecanismo que o preside: conservar a natureza, a forma, garantir de modo avaro aquilo que se possui sem passar pela angústia da cessão ou da perda. Trata-se justamente da posse da corporeidade, as últimas folhas remanescentes que ainda em novembro estão presas aos ramos; aí se antevê Órion, que se identifica tragicamente em Méropes, mulher-mãe, na possessão carnal. Conservar, segurar, sentir, possuir o que é palpável, mas também perceber aquilo que é inelutável, ter de se separar daquilo que se possui.

Como a defecação é a "morte", a perda de uma posse narcisística libidinosa, e a retenção das fezes é hostilidade agressiva de recusa, assim a involução outonal (a estação de Escorpião) ou aquela sexual biogenética é vida que se esvai e morre. Como a fase anal vem inserida na ulterior organização genital do indivíduo, posteriormente sublimada para fins de adaptação, assim, a morte em Escorpião é mudança de fase e passagem de um Karma para outro Karma. Enquanto o pólo Touro corresponde à *fase oral*, o outro pólo do Zodíaco, o Escorpião, realiza a *fase anal* em que o instinto tenta se impor e a sexualidade toma o caminho da autodestruição.

O nativo de Escorpião, portanto, movido por um Eros prepotente, desenvolve um individualismo às vezes exasperado e com freqüência mostra-se intimamente rebelde a toda e qualquer disciplina.

A auto-afirmação é preponderante e mobiliza sempre uma forte valência narcisista. Wilczrkowski diz de Escorpião: "O erotismo ardente se combina, na sua alma, com a ação das forças destrutivas. Negação e afirmação, cinismo e abstração, misticismo exaltado e realismo brutal, provocam um duelo mortal em sua alma. Todas as formas de vida lhe parecem hostis; por instinto ele se insurge contra todas as harmonias; à voz do coração oporá um imperativo de violência, assim como Órion que, deslumbrado com a própria força, jura abater todos os animais da Terra porque não quer sucumbir ao sentimento de amor, e dá ouvidos apenas à violência do estupro... Esse mito resume o problema do signo zodiacal: renunciar à concepção falsa de um ideal por demais viril e reencontrar na própria alma o próprio Feminino... A tentação de Escorpião é a tentação da destruição, a destruição gratuita, o prazer de destruir."[33] Para se ter uma idéia da tipologia de Escorpião em suas manifestações mais profundas, citamos Goethe, Lutero, Dostoiévski, Picasso e Sartre.

A dinâmica interior oscila sempre entre a vida e a morte, entre satanismo e angelismo, valores individuais e valores coletivos, destruição ou amor sublime.

Queremos completar essa análise de Escorpião fazendo menção da perspicaz observação psicanalítica que André Barbault fez a respeito desse signo.

Considerando a antiga estrutura do Zodíaco, em que Virgem estava diretamente ligada a Escorpião (o signo de Balança foi interposto em época posterior), e por estar a Virgem do Zodíaco anatômico relacionada com os intestinos, Barbault concebeu a dialética Virgem-Escorpião em conceitos psicanalíticos. Ambos os signos têm o mesmo hieróglifo: mas Virgem lembra o Ventre, ou seja, a função regenerativa, enquanto Escorpião tem referência ao ânus e à região retal. Assim, constela-se todo o jogo simbólico alimento-assimilação-fezes, que corresponde a amor-proteção-expressão. Dessa forma, Virgem é aquela que guarda em si, racional e moderada, ao passo que Escorpião é relaxado, expulsivo, irracional, violento.

É no balanceamento alternado desses impulsos que Barbault centraliza a dialética do *complexo anal retentivo* e do *complexo anal concessivo*, em que a pulsão da libido começa a introverter-se ou a extroverter-se. Em termos psicanalíticos, dizemos que todas as expressões sado-masoquistas remontam a essa dialética, em que a neurose, o tema

33. Wilczrkowski, C.: *op. cit.*, pág. 222-223.

da culpa, do sacrifício autolesivo e todas as manifestações substitutivas são postas em ação em meio a um dilema constantemente doloroso que, por um lado, tenciona alcançar a plenitude da vida e, por outro lado, tenciona destruí-la.

A psicologia de Escorpião é vulcânica, sempre em fermentação. Sua máxima é: dividir para reinar. Os sentimentos são, em geral, de tonalidades fortes, destituídos de quaisquer critérios na sua manifestação.

Se quisermos sugerir uma divisão esquemática da tipologia zodiacal de Escorpião, encontramos, muitas vezes, um tipo pressionado por um horóscopo muito problemático e cheio de obstáculos. Em algumas fases da vida são superados os limites do patológico e manifestam-se perturbações consideradas desviantes. Na prática astrológica, encontram-se nessa categoria — formulando um conceito bastante amplo — os temas anti-sociais relativos ao homicídio, as perversões, enquanto as perturbações são vividas como uma verdadeira passividade existencial e doença moral. Assim são os verdadeiros tipos "presos" à fase anal, privados de toda grandeza afetiva, que se rebelam, em atitudes repetitivas, contra os objetos de amor por eles tidos como "maus".

O tipo médio, ao contrário, mostra-se hesitante e, muitas vezes, fica prisioneiro da ambivalência ou destaca a polaridade, de forma a criar para si uma neurose com o remorso.

O tipo superior de Escorpião, ou seja, aquele que se destaca por uma acentuada diferenciação individual, canaliza a própria energia vital para realizações que nobilitam o homem. Têm-se, daí, os indivíduos criativos, ou seja, artistas, médicos, psiquiatras, juristas, cientistas, psicanalistas, ocultistas e religiosos. Toda uma categoria, como vemos, que enfrenta a realidade do homem além das fronteiras do normal e do equilíbrio.

Para concluir nosso discurso a respeito do signo de Escorpião, citaremos algumas frases de Senard, que esclarecem o sentido esotérico do signo:

"Com seus próprios meios, o nativo de Escorpião é incapaz de se separar do plano da inteligência racional e determinante, que é sua força no plano da razão e do intelecto. Mas se ele se entregar à corrente intuitiva e tiver a coragem de dissolver aquilo que o mantém ligado ao plano racional, material e sensível, se ele sacrificar certas prerrogativas puramente subjetivas, então é atraído pela porta estreita que o conduz ao fluxo da intuitividade e a obra da regeneração definitiva poderá advir. Através da destruição do Eu, completa-se a transmutação que abre o horizonte do "Si mesmo" e o acesso a novas faculdades. A fênix renasce das suas cinzas, a pedra filosofal é pressentida e a operação mágica da Grande Obra tem início: Fausto venceu Mefistófeles... Resumindo, a passagem vitoriosa através do signo de Escorpião deve ter, pela evolução humana, como resultado inverter as polaridades psicológicas com a transferência da consciência do plano material-racional para o plano espiritual iniciático, onde o plano material já desempenha um papel subordinado. Abre-se assim o caminho do Nascimento do Dia.

"Esse ato de transferência do centro da consciência ocasiona, assim, uma concepção mais correta da psicologia humana, sobretudo quanto às relações entre consciente e inconsciente. O papel deste último, até agora considerado 'tenebroso', é esclarecido, a entidade ilumina-se à luz crescente da consciência e os sentimentos e as imagens assumem um novo significado... Dessa forma, o indivíduo não será mais dominado pelas forças desconhecidas que dormem nas profundezas do ser; ele as reconhecerá como suas próprias energias constitutivas à espera de uma orientação..."[34]

---

34. Senard, M.: *op. cit.*, pág. 284 e 288.

9. Sagitário

Com o cumprimento do sacrifício alquímico e da transmutação de Escorpião, a natureza marca o arco da queda. Na vegetação, dentro da Europa — com a entrada do Sol na constelação de Sagitário, em 22 de novembro — tudo já está morto: galhos nus, hastes secas. Faz-se o grande silêncio: terra e vegetação se preparam para a defesa contra os rigores do inverno e contra o frio de Capricórnio. Subitamente, surge a imagem de algo que deve ser conservado para tutelá-lo e fazer com que chegue além de um tempo de provação.

Unir o presente com o futuro: Sagitário projeta para um fim aquilo que Escorpião acumulou e transformou.

O húmus prepara a nova terra para receber a semente. Na natureza humana, depois do trabalho insano nas águas estagnadas e pantanosas de Escorpião, o ser deixa de lado toda resistência consciente e transpõe a Porta, diante do Guardião que a vigia, para aceder ao Karma evolutivo no plano metafísico, além da matéria. Com o novo signo do Zodíaco, a Energia atinge a síntese e se arroja para o alto, assinalando a passagem da percepção mediada pelos sentidos ou pela razão, para a percepção imediata dos Princípios e de suas relações: a consciência individual acede ao plano das causas primeiras.

Assim o homem inicia o seu caminho rumo à transcendência, onde se revela a sua aspiração e a sua meta suprema.

O signo de Sagitário é tradicionalmente representado pela mítica figura do Centauro, com a parte inferior do corpo em forma eqüina e a parte superior em forma humana. O centauro segura um arco no ato de ativar a flecha.

O hieróglifo de Sagitário, entretanto, é uma flecha cuja curva indica que o ponto de partida vem de um centro inferior para atingir um alvo colocado no alto. O Centauro mitológico é seguramente acolhido pela Astrologia como expressão da fusão da natureza animal com a natureza humana diferenciada. Ou, então, como símbolo da consciência que se funde com a esfera do supra-sensível.

No Zodíaco egípcio citado por Kircher, Sagitário é representado por uma mão que segura uma flecha cuja ponta toca uma estrela, tendo no alto uma figura humana perpassando um porco com a lança, indicação do nível religioso do signo, em que o homem vence o próprio nível animal. Em outros Zodíacos também aparece o Centauro, mas no caso a cabeça humana é bifronte.

Talvez possamos ver um significado inerente ao mito de Jano, onde um rosto olha para o futuro.

De qualquer modo, em todos os hieróglifos, o signo de Sagitário conserva e exprime a idéia que está na sua base: síntese harmônica da natureza que leva à meta superior do Ser.

Por essa razão, Sagitário se reporta à Nona Casa do horóscopo, que revela a evolução espiritual do nativo, as "viagens" interiores e também as reais; o caminho a ser trilhado a partir de um estágio inferior rumo a uma meta superior.

Como o Sol no solstício de inverno está mais baixo, assim o fogo sagitariano exprime o emergir do fogo interior, chama divina do espírito, enquanto se extingue o fogo da matéria, a carnalidade imanente.

A dupla natureza de Sagitário, portanto, é bem expressa pelo mitologema do Centauro, criatura teriomórfica da mitologia grega. O rosto do Centauro está sempre impregnado de tristeza, pois reflete o choque entre a violência instintiva e a aspiração para a transcendência. E não é só. Os Centauros eram divididos em duas espécies: os brutos, violentos e cruéis, e os outros, os tranqüilos, justos e menos combativos. A polaridade é simbolizada por Issião e Quíron. O primeiro exprime violência e engano; o segundo personifica a sabedoria e a luz interior do saber.

Num nativo de Sagitário, portanto, deve-se sempre levar em consideração as características psicológicas expressas pelas míticas figuras de Issião e de Quíron.

Uma consideração análoga, obviamente, deve ser feita para qualquer outro signo do Zodíaco. Cada um de nós, ao ler o próprio horóscopo, pode detectar as estruturas analógicas da própria personalidade, não se limitando a simplesmente ler as atribuições dos signos, mas sim lendo dentro de si todos os símbolos e os mitos inerentes aos signos, fazendo-os, por assim dizer, baixar dentro da própria realidade psíquica. Dessa maneira, é possível fazer surpreendentes descobertas conscientes e inconscientes do mundo subjetivo. Nessa forma de proceder seria possível, com severas aplicações, ampliar a investigação do próprio mundo de acordo com o inconsciente coletivo definido por Jung: todos os mitos são carregados pelo homem, e no inconsciente existem as heranças arquetípicas consteladas pelas histórias mitológicas.

Mas voltemos aos Centauros. Podemos dizer que o mito de Issião ainda está todo impregnado com o espírito de Escorpião; ou seja, traz no centauro-sagitário o aspecto animal do cavalo, enquanto em Quíron predomina o aspecto humano que manifesta o impulso rumo à iniciação sagrada (o lançamento da flecha) que se realizará inteiramente em Capricórnio.

Na obra de Kerényi[35] podemos conseguir uma das possíveis versões históricas relativas a Issião.

Enquanto dominava na Tessália como rei dos lapitas, Issião desposou Dia, filha de Hera e de Deioneu, prometendo ao sogro uma rica doação por ter-lhe concedido a mão da sua filha. Entretanto, quando Deioneu foi buscar o que lhe havia sido prometido, o genro Issião armou-lhe uma terrível armadilha constituída por um poço de fogo habilmente coberto de madeira fina e de poeira. Deioneu caiu no poço e morreu.

Segundo Kerényi, Issião foi, assim, o primeiro dos mortais a carregar a culpa do assassinato de um parente, e aqui está a analogia bíblica com Caim e o *tema da culpa* que o lado humano de Sagitário tem de sofrer como herança, para apresentar-se ao Divino, constelado, no Zodíaco, pelo signo de Peixes.

Depois de cometer o crime, Issião foi tomado pela loucura e nenhum deus do Olimpo estava disposto a absolvê-lo, libertando-o da culpa. Júpiter, entretanto, o pai Zeus, deixou-se sensibilizar pelas invocações de Issião; absolveu-o da sua impureza chamando-o a integrar o céu olímpico. E, no entanto, nem mesmo ali, o irrequieto Issião renunciou às seduções da carne: ao ver Hera, que era belíssima, quis possuí-la.

35. Kerényi, Károly: *Gli Dei e gli Eroi della Grecia*, Il Saggiatore, Milão, 1973, pág. 137.

Dessa vez Júpiter, incrédulo, quis testemunhar o fato e ofereceu ao olhar de Issião uma nuvem com o semblante ilusório de Hera.

No ímpeto da paixão, Issião abraçou a nuvem e, dessa forma, foi gerada uma criatura teriomórfica: metade homem e metade cavalo. Diante dessa prova, explode a ira de Júpiter, que condena Issião a ficar amarrado a uma roda em chamas e a vagar pelo céu, gritando: "Você deve gratidão ao seu benfeitor." Depois dessa tortura, Issião foi atirado aos infernos e seu filho passou a ser chamado de Centauro.

Já adulto, este começou a copular com as jumentas nos prados do monte Pélio, e assim teve início a estirpe dos centauros.

No mito de Issião reside a irracionalidade do homem, sua insolência e a obstinada resistência à voz divina, razão pela qual fica entregue ao desespero destrutivo que o afasta do seu núcleo divino, do seu centro interior, vítima das energias instintivas desencadeadas. É mais freqüente do que se julga encontrar a característica de Issião — no sentido psicológico — nas pessoas que têm no horóscopo a Lua ou Vênus no signo de Sagitário. Aqui a alma, ou seja, a imagem do feminino, é vivida e entendida sempre numa polaridade de sagrado e profano, razão pela qual a mulher pode ser possuída como objeto, ora idealizado e intelectualizado, ora como corpo carnal, paraíso dos instintos.

O outro aspecto de Sagitário, ao contrário, gira em torno da figura de Quíron, filho de Saturno e de Fihra. Quíron também vivia no monte Pélio, mas, diferentemente dos outros centauros, ele se revelou o mais manso e justo. Ele havia adquirido essas qualidades durante um prolongado retiro numa gruta, de modo que, no isolamento, ele conseguiu sabedoria e conhecimento.

Quíron criava os filhos dos deuses, dos sábios e os filhos dos heróis. Dentre eles estava Peleu e o divino médico Asclépio.

A bondade, o equilíbrio e a harmonia jovial foram características de Quíron, o sábio. O mito conta que ele foi acidentalmente ferido por Héracles com uma flecha mergulhada no sangue da Hidra de Lerna, o que provocou a sua morte. Júpiter levou em grande consideração o destino de Quíron e levou seus restos mortais para o céu, colocando-o entre as estrelas: daí nasceu a constelação de Sagitário.

Assim, enquanto em Issião prevalece o instinto irracional humano, em Quíron prevalece a consciência, o domínio dos sentidos, porque o homem se questiona sobre os problemas da vida e da morte. A especulação prevalece sobre a intuição: é a tensão cisão-união tão típica na dualidade de Sagitário que procura levar para a composição unificadora o "duplo" já perfilado na dialética de Gêmeos.

Mas há ainda um mito dos Centauros que nos esclarece sobre o tema de Sagitário: é a história do centauro Nesso. Ele tinha a tarefa de levar de uma margem para outra aqueles que pretendiam atravessar o rio Eveno. Certo dia, apareceram na margem Héracles e Dejanira. Nesso mergulha no rio, com suas quatro patas eqüinas, transportando Dejanira no dorso. Entretanto, à medida que avança pelo rio, Nesso torna-se galante e audaz para com a mulher até ela começar a gritar de medo. Então, da margem, Héracles, irritado, atira uma flecha contra Nesso salvando a própria esposa. Todavia, o astuto Nesso não morre na hora: na agonia, dirige-se a Dejanira e, fingindo presenteá-la com algo mágico, ordena-lhe que recolha o seu sangue que sai em abundância da ferida e garante a Dejanira que, se Héracles vestir uma túnica umedecida no seu sangue, jamais poderia procurar ou olhar para outras mulheres.

Dejanira, mulher muito ciumenta, caiu na armadilha de Nesso e seguiu seu pérfido conselho. Recolhido o sangue de Nesso, e de volta à casa, umedeceu com ele uma túnica, que deu de presente a Héracles. Este, sem saber de nada, veste feliz e satisfeito a túnica, mas a terrível roupa começa a encolher e a queimar-lhe o corpo.

Héracles morre entre tormentos atrozes, prisioneiro daquela que mais tarde foi chamada a "camisa de Nesso". Na tentativa extrema de se purificar, Héracles escolhe ser queimado vivo numa pira ardente para propiciar as graças de Júpiter pai. Dejanira, ciente de ter agido ingenuamente por um objetivo egoísta, procura a morte.

Portanto, na história de Nesso também se observa o lado agressivo e equívoco da psicologia humana quando estão em jogo o desejo sexual e a possessividade. Em Héracles, ao contrário, vemos amplificadas as qualidades de Quíron: aquele que se purifica depois de ter, por um momento, cedido à fraqueza dos sentimentos e à vingança. Portanto, a dinâmica da integração dos instintos na área das funções superiores da personalidade é típica do nativo de Sagitário. Nesse complexo signo zodiacal, entretanto, exprime-se astrologicamente também o sentido da lei, o espírito filosófico e o sentido salomônico de Júpiter.

A esse aspecto se relaciona, a nosso ver, o mito das núpcias de Peleu com Tétis ocorridas na presença de Quíron em sua gruta que, em certo sentido, simboliza exatamente o mundo interior do homem onde se realiza a *unio Anima-Animus* no signo da harmonia suprema personificada por Júpiter. Como sabemos, Peleu superara todos os estágios da purificação, enquanto Tétis era a deusa da Justiça. Todos os deuses assistem às núpcias, mas Éris, deus da discórdia, é expulso da recepção. Eis exemplificada aqui, pode-se dizer, a apoteose de Sagitário: do nível humano indiferenciado até o mais alto nível da integração religiosa e transcendente. Quíron era também médico, e isso indica, no signo, o aspecto terapêutico da Alma curada das paixões terrenas. Em Sagitário, as energias são transformadas, coordenadas e sublimadas numa síntese absoluta, e nesse signo são depositadas todas as ciências humanas e divinas, razão pela qual ele é considerado pelos astrólogos um valor eclesiástico e a figura do sacerdote.

Sagitário é o aspecto glorioso do sacrifício psicológico em que o objetivo é a ascensão, a elevação, e onde a renúncia é apenas o abandono dos graus inferiores. Mas queremos insistir sobre o aspecto mais imanente, indiferenciado e instintivo de Sagitário, refletindo sobre a figura anatômica do Centauro.

Esse ser, repetimos, é quadrúpede; é um cavalo, na parte inferior. Ora, o cavalo, segundo Freud e a simbologia psicanalítica, é símbolo da energia sexual que se liberta. Para Jung, na psicologia profunda, o cavalo pode significar o princípio materno original, mas simboliza muito mais do que a sexualidade: é a *libido,* a energia vital na sua mais genuína totalidade. Claro, mesmo para Jung,[36] a parte eqüina do Centauro sagitariano exprime um aspecto erótico priápico. Lembramos, de fato, que Jung se refere ao cavalo como distribuidor de fecundidade, como doador de esperma, mas também como uma espécie de animal radioestésico capaz de, com os cascos, descobrir riquezas no subsolo. Atribuía-se à coxa do cavalo o poder de desviar os raios. E mais: o cavalo simboliza o vento, o *tertium comparationis* que exprime a libido no sentido junguiano. O vento, por sua vez, é um luxurioso caçador de mulheres, exatamente como os centauros, definidos por diversas fontes como "deuses do vento". Deduz-se de tudo isso o forte acento libidinoso de Sagitário e o seu valor erótico-instintivo, todo atraído pelos sentidos e

36. Jung, C. G.: *op. cit.*, pág. 208-275.

pelo aspecto carnal terrestre. Os astrólogos vêem o religioso no signo, mas não devemos esquecer a prevalência da jovialidade, do gastronômico.

À parte cavalo (Issião e Nesso), opõe-se, melhor dizendo, une-se o tronco humano: o tórax, os braços, a cabeça (Quíron).

A síntese é realizada na flecha e no arco, enquanto a flecha é o vetor que corre rumo à meta, o alvo. Sagitário, no entanto, só se realiza no equilíbrio dos braços e da visão, quando se põe a olhar para a meta que se propõe alcançar.

Transposto para a dimensão psicológica, o centauro-Sagitário exprime, mais do que Gêmeos, o dualismo em sentido lato. Aqui o Eu pode tentar superar o próprio limite para ascender ao transindividual. Por estar a dinâmica voltada para a unificação, a subjetividade é superada: o Eu quer expandir-se no mundo circunstante e conhecer, muito além das fronteiras do consciente e do finito, algo que seja superior ao próprio homem.

A elevação é a resposta à tensão, como se a parte humana do Centauro quisesse separar-se da cabeça! O tipo sagitariano visa interiormente alcançar valores e metas mais individuais e significativas. É por essa razão que ele tende a manter-se longe das viscosidades passionais e das tensões agressivas. A generosidade e a tranqüilidade (Quíron) prevalecem sobre os impulsos de rebelião e de desordem (Nesso). O nativo de Sagitário tenderia facilmente a se evadir das dimensões habituais — raça, pátria, continente, estado, família — e a dilatar-se idealmente no mundo como uma idéia encarnada. Há nesse signo do Zodíaco a vibração sincrônica com o todo, e, por isso mesmo, é assimilativo; dizemos que no Sagitário-centauro a tensão polar dos opostos tenta a solução da resultante. Não o rompimento e a irremediável radicalização da dicotomia de Gêmeos, mas a prova da superação. Acreditamos que, para o nosso mundo psicológico atual, deveria ser superada também a visão de uma solução astrológica entendida no sentido *vertical:* da terra-carne ao céu-espírito (que é uma concepção ainda idealística e maniqueísta!); é, ao contrário, útil pensar em termos de *integração dos opostos* e composição mais *histórica* e *estrutural* da dinâmica. De resto, como vimos, o mito de Issião e dos outros Centauros contém um aspecto de violência, de indiferenciação instintiva — é verdade —, mas justamente através dessa experiência do grau imanente é que é possível conhecer o grau da transcedência. Sem o mundo físico não é concebível um mundo espiritual. Os Centauros são elevados ao Olimpo, mas só depois de superadas as provações na Terra; de resto, está implícito aqui o arquétipo da relação Homem-Deus, que é subentendido em todas as religiões e civilizações.

Na prática astrológica, também se reflete essa tendência de avaliar o tipo Sagitário nos dois aspectos. Como base, a pessoa desse signo é sangüínea, muitas vezes pletórica, fleumática, mas na primeira categoria encontramos o tipo aventureiro, irrequieto e amante do movimento, um tanto concreto e otimista, com traços juvenis bastante acentuados. Na outra categoria, pelo contrário, encontramos os indivíduos mais atraídos pela vida interior. Os problemas escatológicos e as experiências existenciais espirituais ocupam o pensamento e muitas vezes são realizadas concretamente experiências eclesiásticas. Esse tipo de sagitário está sempre voltado para realizar o ideal do Eu no qual, com freqüência, pode haver também temáticas neuróticas.

Depende naturalmente do tema horoscópico se o Sagitário é, ao contrário, um verdadeiro conformista, amante da ordem constituída, temeroso das novidades. Mas na presença de dissonantes posições dos planetas temos então Sagitários rebeldes, às vezes fanáticos, que não toleram nenhum tipo de condicionamento: este é o tipo que corresponde a Nesso. Todavia, em geral, o nativo de Sagitário tem uma notável independência constitucional. No tipo inferior pode haver o caráter hiperativo e a impulsividade que gera desordem, veleidade e pouca clareza nas idéias; tendenciosamente, um egocêntrico, muitas vezes hipócrita.

No tipo mais freqüente, Sagitário representa os inovadores, os precursores de idéias audazes e os originais. Por fim, deve-se considerar o tipo superior: aqui Sagitário exprime dotes que já descrevemos a respeito de Quíron: altruísmo e sólida fé nos ideais.

Encontramos aqui as personalidades fortes, dotadas de fino senso psicológico e espírito de organização.

Em geral, essas pessoas são capazes de atrair outras pessoas ou grupos e se colocam com freqüência como líderes autênticos e bem dotados que exprimem uma cálida humanidade e uma vitalidade magnética bastante positiva.

Do ponto de vista da evolução psicológica, Sagitário é a última etapa da polaridade, da ambivalência: prepara-se nele a *unificação* individual com a superação do arquétipo da dupla natureza irreconciliável, aparentemente, em seus pólos dialéticos. A síntese de *psique* e *soma*, de Terra e Céu, de corpo e alma, de Pai e Filho, realiza-se no signo de Capricórnio.

Queremos sublinhar ainda que em Sagitário está implícito o tema religioso e todos os mitos o revelam: nele coloca-se a tensão que será resolvida por Capricórnio.

O sagitariano transpõe o Limiar de um reino que somente Escorpião indicou com o seu Guardião; daí em diante o indivíduo corre rumo a um destino que o leve para *fora de si, além de si mesmo.*

♑

10. Capricórnio

No dia 21 de dezembro de todo ano, o Sol entra na constelação de Capricórnio e assinala o início do inverno europeu. Nesse período, a noite mais longa se une ao dia mais curto do ano e Capricórnio mergulha a natureza visível na profunda escuridão das noites frias e abrevia os dias em que o Sol pálido desaparece rapidamente para dar lugar à criação da luz interior.

Sobre a superfície da Terra, tudo está imóvel, desnudo, árido, sem energia, e as formas se mostram inertes e sem significado.

A neve cobre tudo, os animais buscam um refúgio. As larvas estão em hibernação no solo profundo e os pássaros migram para lugares mais quentes. Os homens também preferem ficar por mais tempo no calor de suas casas, bem protegidos. Capricórnio domina assim, na sua majestosa e saturnina soberania, a fase mais dramática e complexa do ciclo vital.

E no entanto, refletindo bem, essa imobilidade e essa sensação de morte e aridez é apenas aparente, pois sob o estrato de neve, nas camadas profundas da terra, está o húmus abrigando a semente, a camada de terreno que se prepara para a nova fertilidade. É aqui, portanto, que a nova vida prepara os brotos, longe de olhares que caiam diretamente sobre ela. Eis a primeira característica do signo: uma vida oculta, lenta e tenaz, protegida por uma camada de indiferentismo.

Capricórnio é o signo da culminação zodiacal, o zênite da vida individual, final do ciclo preparatório das energias vitais que finalmente passam da forma para a substância.

É muito complexo o hieróglifo de Capricórnio e as formas gráficas são controvertidas. Senard menciona quatro delas, e Bailey, em sua obra, descreve o segundo símbolo com esta interessante observação esotérica: "O símbolo de Capricórnio é propositadamente indecifrável. Às vezes é chamado de 'Assinatura de Deus'. Não procuro interpretá-lo, em parte porque jamais chegou a ser desenhado de forma exata, mas também porque sua forma correta e a faculdade do iniciado em traçá-lo produz um fluxo de força indesejável, salvo após uma necessária preparação e compreensão...".*[37]

Na corrente prática astrológica, são hoje comumente usados os dois símbolos gráficos: [a] ou então [b].** Achamos que o hieróglifo é o mais adequado à estilização do Capricórnio zodiacal, que é um animal teriomórfico, ou seja, composto na parte superior do corpo de uma cabra rampante e, na parte posterior, da cauda torcida de um peixe. Basta observar uma representação comum de Capricórnio para ter de imediato a imagem hieroglífica.

Cabra e Peixe: dois animais em um, porque em Capricórnio fundem-se finalmente — como resultante dinâmica, não mais dialética e antinômica — os dois substratos sensíveis da energia elemental: a Terra e a Água. Fundem-se os dois pólos: inconsciente-Espírito, na parte peixe-Água, e consciente-Corpo, na parte Cabra-Terra. Enquanto o peixe indica o desmoronamento nos abismos da imanência, a Cabra, pelo contrário, significa a ascensão, a emersão rumo ao Infinito.

Na mitologia, porém, encontramos um mais preciso significado de Capricórnio: segundo Senard, Cabra-Peixe é o símbolo do deus babilônico Ea, senhor absoluto das águas originais que devia constituir o símbolo da relação entre o Todo e a Renúncia. Fontes diversas estabelecem analogias entre o Capricórnio e o Crocodilo, pois no sânscrito o nome capricórnio (Makara), corresponde a crocodilo: seria possível que, na formação semântica, esteja contida também a qualidade anfíbia dos dois animais?

O crocodilo é, com freqüência, considerado o símbolo de uma instintividade arcaica destrutiva (afim ao dragão, como Mãe Preta) que das águas inconscientes emerge repentinamente sobre a Terra, para golpear. Eis aí a expressão da luta entre matéria e espírito; por isso parece-nos oportuna uma clara distinção da cabra-peixe, sem sombra de

---

37. Bailey, Alice: *op. cit.*, pág. 151.

* [a] ♑, ♑, ♑, ♑; [b] ♑.

** [a] ♑; [b] ♑.

dúvida, portadora de uma simbologia mais benigna, que se refere à relação espírito-matéria, ou seja, entre o Homem e a Natureza.

No Zodíaco egípcio descrito por Kircher, o décimo signo é reproduzido pelo deus ANÚBIS, a terrificante figura teriomórfica da qual emana uma força ctônica, e que preside a passagem das almas no reino eterno e as conserva para a vida eterna.

Anúbis tem uma estatura imponente; demoníaco na sua representação, tem o corpo de homem e uma horrível cabeça de chacal, cujos olhos exprimem um olhar feroz e solene. Ao seu lado está acorrentado o animal cabra-peixe. Por essa razão, com o passar do tempo, foi se estabelecendo um parentesco entre a figura de Anúbis e o próprio Capricórnio.

Anúbis, deus dos infernos, junto com Capricórnio exprime a equivalente imagem da Alma imortal preservada por Saturno; ou seja, ele faz com que o elemento material cabra passe para o elemento espiritual peixe, que representa o símbolo do Absoluto; portanto, é a passagem da vida terrena (cabra) para a vida eterna (peixe), equivalente à polaridade consciente-inconsciente.

Para entender a natureza do homem Capricórnio é bom examinar de perto o significado da fusão cabra-peixe.

A cabra é um animal muito livre, que foge de toda promiscuidade e é por inclinação solitária. São conhecidas as reações rápidas, típicas da cabra quando se tenta uma aproximação. A cabra é um animal "ascético", precisa de muito pouco para viver e, por esse motivo, provavelmente tem sido sempre a emblemática companhia dos pastores, dos solitários e dos místicos pregadores eremitas. Basta lembrar o significado que a cabra tem na Índia: ela é a Mãe do Mundo, *Prakriti;* praticamente equivale ao arquétipo da *Grande Mãe*, ao símbolo da Energia Originária. No Tibete a cabra assume o papel de mediação entre o céu e os homens, como verdadeira amplificação do Deus do Raio tibetano que envia ao homem culpado raio punitivo. A cabra serve também de amuleto e, ao mesmo tempo, de intercessora.[38] Na sua monumental obra *Símbolos da Transformação,* Carl Gustav Jung menciona a cabra a propósito de Capricórnio com a seguinte imagem: o sol se dirige para o alto rumo à

---

38. *Dictionnaire des Symboles, op. cit.*, Verbete: Chèvre.

montanha exatamente como a cabra e se põe mergulhando por trás do horizonte como um peixe no mar.[39]

Portanto, é evidente que na cabra se manifesta o sol divino no humano que se encontra com a espiritualidade da alma-peixe.

O Unicórnio deriva da cabra, segundo Bailey, que no seu tratado de *Astrologia esotérica* fala da cabra como Unicórnio, notoriamente considerado símbolo do Novo Testamento. Aqui, a própria Trindade é análoga à tríade "Carneiro-Bode expiatório-Unicórnio", que se reflete no Pai-Filho-Espírito Santo, e o Filho de Deus, Jesus Cristo, no caso, é o *Bode Expiatório,* aquele que paga por todos. A cabra, como iniciação ao mistério do padecer, simboliza a ação; o bode expiatório é, ao contrário, o padecer. O Unicórnio é a grandiosa realização no signo do Espírito Santo. Para Jung, tanto o Unicórnio como o Touro e o Cervo — ou seja, todos animais dotados de chifres — são relacionados com a imagem de Jesus no sentido que exprimem o sacrifício.[40] É útil seguir Bailey para entender a passagem das fases do símbolo: "O carneiro, o Bode expiatório e a Cabra sagrada são três em um e Um em três. O primeiro torna-se segundo, e este é o terceiro. O Carneiro gera e fertiliza tudo; o Bode expiatório, no deserto, tudo redime. A Cabra sagrada funde-se com o Unicórnio e ergue sobre o chifre de ouro a forma vencida... A Cabra torna-se o Unicórnio e leva à vitória.

"Crocodilo, Cabra e Unicórnio descrevem três fases do desenvolvimento humano."[41]

É na parte cabra do Capricórnio zodiacal que o homem exprime a busca e a presença do divino que deve necessariamente passar pelo peixe para que Deus se manifeste.

O peixe aparece aqui, como cauda, parte posterior, útil para a direção do movimento: é um símbolo da água para a qual o homem retorna. Água lustral, água do batismo, da transformação. A cabra terrestre chega ao cume e aí se estabelece o contato com o divino. É o sol no zênite de que fala Jung, e o signo de Capricórnio, o décimo do Zodíaco, indica,

---

39. Jung, Carl Gustav: *op. cit.*, pág. 199.

40. Jung, Carl Gustav: *Psicologia e Alchimia,* Astrolabio, Roma, 1950, pág. 474 ss.

41. Bailey, Alice: *op. cit.*, pág. 152-153.

no horóscopo, a décima casa e o *Medium Coeli*, que é o zênite da vida, o meio-dia solar do homem. O peixe é o correspondente mercurial do humano que se transforma em divino; por isso Capricórnio começa como cabra e termina como peixe: o peixe é o próprio Deus; Jesus, como Manu, é peixe.

Em sentido analítico, a qualidade peixe simboliza o retorno ao inconsciente mundo originário, o abandono às profundezas desconhecidas da alma. A característica sacral mística e teológica do peixe se insere em Capricórnio como palavra final do sentido religioso, penitencial e transcendente do signo mais severo do Zodíaco.

Vejamos agora o significado do Bode, pois a mitologia que constitui a base do signo está toda centralizada no símbolo do Bode, ou, melhor dizendo, no Cabrão: trata-se de um animal trágico e certamente existe uma relação específica entre a tragédia helênica e esse animal que deu o nome ao Canto do Bode nas festas de Dioniso, durante as quais um cabrão era sacrificado às divindades. Portanto, o bode é essencialmente dedicado ao orgiástico e jubiloso Dioniso, mas não devemos esquecer que o sacrifício de uma vítima implica — nesse tipo de rituais — todo um processo de identificação, pelo que a vítima e o deus se identificam, unindo-se no sacrifício consumado pelo homem e é o tributo, como expressão de sofrimento de perda, que resgata aquele que oferece e o deus que recebe sacrifício.

Torna-se ainda mais evidente o símbolo de Capricórnio se lembrarmos o mito de Pã. Esse deus se transforma em um grande Bode quando no rio Nilo Tifão se insurge contra Júpiter, provocando a ira do pai dos deuses. Pã foge e se esconde pela metade na água com a sua cauda de peixe, e a outra metade permanece presa à terra em virtude das patas de cabra, conseguindo se salvar. Tifão, como é sabido, indica o revolvimento da natureza, enquanto Pã, com sua dupla maneira de resistir, indica o caminho da salvação.

Há de se considerar também uma associação do bode com a figura de Satanás: é o Grande Bode do Sabá, emanação satânica. A imagem consiste numa forma corpórea humana em que a cabeça é de animal, algo de híbrido entre o asno, o lobo e a cabra; as orelhas são horizontais, pontudas, tem grandes chifres laterais e um ornamento central semelhante a um unicórnio.

Sobre a testa do animal há uma estrela que indica o *Makara,* ou seja, o pentágono dos sentidos. Braços e tórax são humanos; a mão direita está levantada e dois dedos estão estendidos em sinal mágico; a mão esquerda está abaixada. No plexo solar, vê-se um caduceu mercurial e um círculo, as pernas estão cobertas por uma manta, os pés terminam em cascos de cabra e dos ombros desdobram-se grandes asas negras e pontudas. Essa figura é uma das mais terrificantes e demoníacas que nos é dado conhecer.

Horácio descreve seu caráter libidinoso e lascivo, porém corresponde mais à raiz mitológica ver no grande Bode-deus um impulso vital muito forte e generoso, ainda que corruptível. Talvez a essa figura corresponda o arquétipo da energia vital absoluta não manifesta e incontrolável.

Sabemos que na Idade Média o grande Bode simbolizou as forças infernais e as qualidades da Magia negra; mas nas épocas precedentes, sua qualidade demoníaca era sacrificada ao dionisíaco para realizar o plano divino. Não é aqui o caso de fazer mais do que uma referência ao significado religioso e divino da polaridade Satanás-Deus e à presença em função escatológica do *demoníaco* no destino humano.

O Bode, portanto, significa a expiação, o sacrifício: sem o pólo satânico, não haveria sentido para a realidade divina.

O sacrifício corresponde a Bode, assim como o sacrifical e penitencial correspondem a Capricórnio; aliás, são as suas coordenadas dentro das quais se desenrola, de uma maneira ou de outra, todo o destino humano de Capricórnio, tanto no sentido teleológico quanto no ontológico.

É interessante relembrar desde já o mito de Amaltéia e a figura do bode que em grego era chamado *Aigokeros.*

Amaltéia era a ama-de-leite de Júpiter menino e o amamentava com o leite tirado de seu famoso corno, a cornucópia, que, ao que parece, era o chifre de um touro ou da cabra de Amaltéia. Fontes diversas dizem que a própria Amaltéia era a Cabra Mágica, ama-de-leite de Zeus. O fato é que essa cabra era horrível de se ver, a ponto de os Deuses do Olimpo quererem que Amaltéia se mantivesse escondida nas trevas de uma gruta no monte Ida. Amaltéia-cabra, ou então a cabra, ficou assim isolada para não perturbar a vista do pequeno Júpiter, o qual, mais tarde, já homem, alimentado e crescido graças a Amaltéia, viu-se, como diz o mito, sem armas para combater os Titãs.

O oráculo sugeriu-lhe que matasse a cabra Amaltéia e vestisse a sua pele a fim de obter a invulnerabilidade. Vemos, portanto, no mito dois momentos de sacrifício supremo da Cabra, que morre para o bem de outrem depois de ter-se devotado à dedicação.

Este é o sentido trágico do sacrifício da cabra: servir aos outros e depois morrer, e é também o sentido de Capricórnio: morrer sacrificado em prol de um bem comum. Por isso chegou-se ao símbolo do *Bode Expiatório.*

Portanto, o bode assume um valor *trágico,* inclusive no plano *dionisíaco,* da vida, pois ele é sacrificado para exaltar uma qualidade divina que deve triunfar sobre a qualidade humana. Deus e Satanás, Eros e Thanatos, o bem como fonte do mal e vice-versa.

A história que simbolicamente exalta o valor do Bode expiatório-Capricórnio mais do que todas as outras é a de Jesus Cristo e do Natal, que cai exatamente na primeira década zodiacal de Capricórnio.

Jesus Cristo é do signo de Capricórnio: ele veio para a Terra como filho de Deus a fim de expiar os pecados do homem e redimir todos os seres vivos. A solidão terrena do Cristo, seu humilde viver como um mortal comum, a sua paixão e, por fim, o seu sacrifício sobre a cruz exprimem toda a simbologia da Cabra-peixe e do Bode expiatório. Da dimensão terrena ao fim divino espiritual, Cristo perfaz o itinerário desde o consciente manifesto até o inconsciente, manifestando-se como o Sol que sobe para o zênite e depois se põe no mar do mistério celeste.

A ação, em Cristo, funde-se com o sofrimento, a expiação junta-se ao sacrifício. A partir do que dissemos até aqui já é possível compreender que o signo de Capricórnio centraliza-se todo no problema do *destino* e da sua *fatalidade.* Não por acaso outro grande mito central nesse sentido diz respeito a Capricórnio: o episódio de Crono-Saturno, o deus do destino.

Esse mito é fundamental para entender a aura de fatalidade presente no destino de Capricórnio. Crono é o símbolo do Tempo e, portanto, de tudo o que é corruptível. Crono (Saturno na mitologia romana) era um dos Titãs. Dele se conta a seguinte história: Urano, deus do Céu, mantinha todas a noites um cálido amplexo com sua esposa Géia (a Terra) e a cada noite a fecundava. No entanto, Urano odiava os filhos que eram gerados, de forma que assim que nasciam escondia-os em cavernas e grutas, sem jamais deixá-los sair para rever a luz. Urano provava uma sádica satisfação com esse terrível comportamento. A esposa Géia estava muito triste com essas violências e não conseguia mais suportar o peso de tantos filhos enclausurados no seu interior pedregoso. A deusa Terra, Géia, estava tão cheia de pobres vítimas sofrendo nas trevas que planejou vingar-se do feroz esposo. Géia falou com os numerosos filhos, revelando o desvairado hábito do marido. Eles ficaram estupefatos, mas somente o filho mais jovem, Crono, falou em nome dos irmãos e fez uma solene promessa de punir o pai. Comovida, Géia acolheu a oferta do corajoso filho e ofereceu-lhe uma afiada foice, sugerindo-lhe um estratagema a ser praticado contra o pai. E assim Crono se escondeu e quando, no meio da noite, Urano se aproximou de Géia para abraçá-la, ele saiu do esconderijo, agarrou o pai Urano por um braço e, com a foice (a famosa foice de Saturno!), feriu-o de forma atroz extirpando-lhe os órgãos sexuais. Géia, solícita, recolheu em si as gotas de sangue que brotavam do esposo e, fecundada pelo sangue, deu à luz as Erimnes, os Gigantes e as Ninfas, que deram início a uma nova estirpe humana.

O sexo de Urano caiu no mar e dele nasceu Afrodite. Depois do sanguinolento fato, Crono, pondo-se no lugar do pai, tornou-se senhor do Céu, e desde esse momento — diz o mito — o Céu não quis mais se aproximar da Terra para o amplexo noturno. Dessa maneira, cessou a procriação e seguiu-se o domínio de Crono.

Tempos depois, um oráculo predisse a Crono que ele teria o mesmo fatal destino que o pai.

Crono, que estava casado com Réia e dela tivera seis filhos, foi tomado de angústia e de raiva. Para evitar que um filho o ameaçasse em seu reino, decidiu devorar todos os filhos. Ao tomar conhecimento das intenções do marido, Réia — quando ainda tinha de dar à luz Júpiter — pediu ajuda à Terra e ao Céu para que lhe salvassem aquele filho. Ela recebeu uma sugestão e pôs em prática o seguinte estratagema: em vez do recém-nascido Júpiter, entregaria a Crono apenas uma pedra enrolada em faixas, e Crono, na impulsiva e obsessiva defesa de si mesmo, devorou apenas a pedra, ignorando que Júpiter crescia em outra parte, a salvo.

Mais tarde, Crono foi vencido em astúcia e decisão por Júpiter, o qual obrigou o pai a devolver todos os filhos devorados e a tomar consciência da própria derrota. Mais tarde, enquanto Crono dormia, Júpiter o acorrentou e levou-o até as Ilhas dos Bem-aventurados, nos extremos confins da Terra. Ali, as brisas do Oceano acariciavam perenemente a torre onde Crono vivia prisioneiro e rei de si mesmo, sem mais perspectivas de liberdade.

A lição psicológica desse mito de Crono está toda no sentido do destino fatal que se repete de pai para filho. Vida, morte e ressurreição se entrelaçam com o amor e o ódio.

A sede de poder, o egoísmo mais profundo e a vingança se entrelaçam com a dedicação, o generoso altruísmo e a oblatividade.

As características simbólicas de Capricórnio estão todas nesse mito: o exasperado egocentrismo e a frieza (Urano, faminto de poder a ponto de não querer nos filhos possíveis rivais no reino do Céu e, por isso, afastando-os, assim como Crono, imitando-o, devora os próprios filhos), um amor violento e a dedicação absoluta ao próprio ideal (Crono, que por amor à mãe se transforma em sanguinário parricida!), a expiação e a catarse interior (Crono, na ilha dos Bem-aventurados, torna-se então um rei bom, dedicado à agricultura e à prosperidade das populações).

De um lado, Crono-Saturno é um filho devoto, justo, que condena os atos do pai Urano e o castiga; de outro lado, está um Crono fatalmente identificado, pelo destino, com o próprio pai (e ligado edipicamente à mãe) e que repete seus erros.

Somente na expiação e na solidão é que Crono-Saturno aprende a conhecer o sentido do próprio destino. Reencontramos aqui a bipolaridade da Cabra-Peixe e de Pã, e podemos muito bem dizer que Capricórnio é realmente o Jano bifronte do Zodíaco. Destacamos o caráter dual, antitético de Crono-Saturno para fazer compreender como esse mito é fundamental na psicologia do nativo de Capricórnio: Crono gera os filhos por amor e depois os mata por ódio, violência ainda mais nefasta. É feroz e manso, triunfa nos efeitos do álcool e do mel para tornar-se mais tarde comedido e pacato no exílio que favorece a contemplação.

Crono-Saturno-Capricórnio, segundo o psicólogo James Hillman, é ao mesmo tempo "a imagem arquetípica do Velho Sábio solitário, o

Lapis como rocha dos tempos, com todas as virtudes positivas morais e intelectuais, e também o velho rei, o bicho-papão castrante e castrado.

"É o mundo construtor de cidades e também o não-mundo do exílio. É pai de tudo e que tudo consome. Vivendo sobre e de sua paternidade, ele se alimenta insaciavelmente da recompensa do seu paternalismo. Saturno é a imagem do Senex positivo e negativo."[42]

Capricórnio traz em si o arquétipo do *Senex* e sua dualidade se manifesta em toda parte: no sentido da vida muito intensa, exatamente porque condicionado pela consciência da morte; no egoísmo misturado à extrema piedade; no apego a vida e, portanto, na projeção vitalícia sobre o futuro; no grande temor e na grande insegurança diante da própria vida, razão pela qual é sempre intensa a sugestão regressiva e a nostalgia.

Tradicionalmente — e os mitos nos dão ampla demonstração disso — o nativo de Capricórnio é considerado um tipo frio, mas no sentido de ter sempre um comedido *afastamento* de todas as coisas. Essa frieza, todavia, é também uma sólida couraça defensiva para evitar a manifestação da profunda passionalidade que o domina. Basta refletir sobre o distanciamento aparentemente frio do Cristo evangélico para entender que espécie de amor pode mexer interiormente com um capricorniano. Em Capricórnio está o arquétipo do filho rejeitado, mantido afastado, repelido (os filhos de Urano, condenados ao tenebroso isolamento das grutas), e é por esse motivo que é ele levado a sofrer um perene clima de solidão interior e o medo angustiante do abandono e da exclusão. Esses traços se encontram sempre, especialmente nas crianças de Capricórnio. A frieza de Crono simboliza a realidade fria, não-mutável, fatal.

Um profundo distanciamento nas relações e a capacidade de uma crítica objetiva são típicas, tal como sucede com Crono, que não hesita em usar a foice contra o pai. Como senhor das profundezas, Crono-Saturno olha para o mundo sempre de fora e para todas as direções. O nativo de Capricórnio é um introvertido e geralmente é pouco emotivo: toda a sua mítica existência revela escassos momentos de emoção e de afeto; ele é tão ambicioso a ponto de superar todos os obstáculos e

---

42. Hillmann, James: *Senex et puer*, Marsilio, Pádua, 1973, pág. 35 ss.

também os escrúpulos morais (Urano e Crono que fundamentam a afirmação no sacrifício de outrem).

Crono-Capricórnio é capaz de grande generosidade e não pede, em hipótese alguma, a gratidão (Amaltéia que se sacrifica para o bem de Júpiter). Mas uma outra característica mais secreta e sutil também permeia a natureza de Capricórnio: a constante angústia da incomunicabilidade e o auto-isolamento afetivo. Isso pode ser compreendido facilmente pensando o quanto estavam isolados Urano e Crono e como viviam de forma autista a relação com a própria mulher.

Mas, em Capricórnio também há tenacidade, decisão, sentido da ordem: ele é um cultor do princípio de realidade e dificilmente se afasta dos compromissos assumidos. Jamais procura o refúgio tranqüilo, mas sim o obstáculo e o risco contínuo. Como a cabra, pula através dos precipícios existenciais e dos abismos da alma; escala os mais altos picos do mundo criativo, cultural e social. Toda a vida de Capricórnio deve ser uma conquista e a consolidação do sucesso, assim como Urano e Crono querem conservar o próprio domínio. É no seu caminho solitário que Capricórnio conhece e experimenta todas as ilusões humanas, as desilusões, as fraquezas, as tragédias, as alegrias secretas e as quedas, mas também o resgate e a transmutação de todos os valores.

O Espírito de Capricórnio é límpido, e seus hábitos são sóbrios. Nele prevalece o instinto dionisíaco tanto no sentido orgiástico da *concupiscientia* quanto no sentido sacrificial, exatamente como no caso da cabra oferecida em holocausto a Dioniso; ou então no sentido simbólico do Bode lascivo, senhor de Eros.

Dualístico, muitas vezes ambivalente na afetividade, pode ser frio e até mesmo hostil às doçuras do amor por mais que delas tenha necessidade; assim como é árido e fechado quando se decide pela renúncia ou pela autopunição, ou ainda pela atitude sádica.

O nativo de Capricórnio é também um sensual muitas vezes desinibido por reação, porque devemos levar em conta o complexo edipiano de cunho freudiano que caracteriza com certa freqüência particularmente o nativo do sexo masculino. Essa raiz edipiana nós a encontramos de uma forma muito evidente na história mítica antes descrita: Crono é um Édipo *ante litteram* que defende a mãe Géia-Jocasta das garras do pai-marido; sua rebeldia contra Urano é uma verdadeira competição fálica com o pai (não por acaso o mito se refere a uma castração), levada a efeito por Crono-Saturno por amor à mãe. Crono rebela-se à Sombra projetada pelo pai e sai do complexo de morte e castração, golpeando a sexualidade antagônica para afirmar a própria, e como está presente o complexo edipiano, isso ativa mecanismos de introjeção (os filhos devorados, como objetos maus) e um violento tema da morte ligado à afirmação narcisista.

Nesse frio elogio da morte que se realiza na subserviência de Eros a Thanatos, na aniquilação de toda palpitação de amor manifesto e sensual e no brilho noturno da foice saturnina, introduz-se também o elogio da auto-afirmação individual, exatamente como os míticos reis do céu tentam fazer.

O tipo nativo de Capricórnio não se preocupa com os meios e não foge de nenhuma luta: sabe que foi atirado no mundo para seguir a fatalidade do seu destino; conhece desde a mais tenra infância todos os riscos da neurose e os sentidos da solidão.

Sua dualidade leva-o a chorar a Mãe em Câncer, seu signo oposto e complementar na Cruz Humana; a nostalgia das águas maternas e lunares de Câncer pode persegui-lo por toda a vida, mas Capricórnio — como Urano — deve abandonar as fantasias e os sonhos, e aderir tragicamente à dura realidade da existência para testemunhar o itinerário do homem desde a Terra até Deus, através das fases da experiência.

Portanto, o Bode como símbolo indica a sua qualidade de trâmite sacrifical e exaltante entre o humano e o divino. Como nas festas de Pã e de Dioniso, o bode era sacrificado para que o seu sangue inebriasse a volúpia orgiástica do divino nos corpos sensuais, assim o Cristo se sacrifica na Cruz para transmitir ao homem o conhecimento do Deus na imanência. A flecha já foi atirada do arco do centauro Sagitário e não há como chamá-la de volta: ela voa em direção ao alvo, assim como a cabra infatigável, solitária, cabeça-dura e intuitiva sobe entre os desníveis rochosos para chegar ao cume e ali alcançar a segurança da situação dominada, mas também a solidão absoluta, a riqueza interior do Eu já oferecida à sublimação, que, no entanto, se revela claramente separado da Terra, como Géia se separa de Urano. Capricórnio introduz a metafísica exatamente como superação do *puer* (= menino) sensorial concreto. O *senex* (= velho) é o afastamento das paixões; por outro lado, a impossibilidade endopsíquica de viver um *puer* livre também faz de Capricórnio, muitas vezes, um atormentado, com fome de juventude, inocência, serenidade.

É um signo austero e às vezes sombrio (como quer o clima mitologêmico); é ético e sempre antecipa a experiência de vida vendo todos os seus aspectos sem ilusões; aliás, a influência de Saturno colore o conhecimento de um verdadeiro pessimismo que muitas vezes leva a ver apenas o lado precário das coisas ou a fugir de sua futilidade. Essa característica pode provocar psicologicamente em Capricórnio o tema de exclusão e, ao mesmo tempo, estimular a masoquista tendência ao auto-isolamento, como os filhos expulsos e o pai que quer ficar só e que passa a ter medo dos outros. Ou então a fuga de Pã diante do perigo e o tema da ambivalência para com a longínqua origem de Câncer (a cauda mergulhada na água materna, como no mito) e também a individualidade fatal do destino cármico de Jesus, que desde o nascimento é ameaçado (a matança dos recém-nascidos ordenada por Herodes) como os filhos de Urano; é rechaçado e isolado (a fuga para o Egito). É nessa consciência de si mesmo que o nativo de Capricórnio encontra a sua plenitude; ele já optou por um destino diferente na fase de Sagitário; por fim, aparece o triunfo de Si na representação simbólica da Montanha, onde o Capricórnio-Bode expiatório — como o Cristo evangélico — inicia o seu "discurso" com o Pai divino no retiro saturnino na caverna arquetípica, onde ainda o demoníaco do grande Bode reaparece como atrativo do inconsciente, assim como Satanás tenta o Cristo na solidão do deserto. Mas, se a inteligência de Capricórnio é clara e fria, a essência do signo não se limita ao simbolismo cruel e arguto de Saturno.

Marte, o planeta do ardor instintivo, está em "exaltação" em Capricórnio, razão pela qual, ao lado dessa dimensão quase ascética e isolada, há fortes necessidades sensuais, os desejos são ardentes e envolventes. Se Saturno refreia e empobrece, Marte excita, aquece e põe para fora as energias libidinosas; Capricórnio é, portanto, fortemente afetivo e erótico embora pareça frio e egoísta. Ele tende a se sacrificar, mas se conserva em perene posição de dependência a partir do aspecto da compensação afetiva.

Exatamente por se separar de todas as coisas, ele sofre a obsessão da privação, da perda e, para interromper o sofrimento, pode desvalorizar os objetos de amor ou então dominá-los ou possuí-los egocentricamente.

A frustração depressiva é o seu perigo psicológico, mas a sua grandeza está na consciência das imensas energias interiores e espirituais que o levam a ter consciência do próprio destino.

Nesse signo do Zodíaco a matéria triunfa e chega à expressão mais densa e concreta, verificando-se então a glória do espírito.

No tipo médio, encontramos acentuada a disciplina, a reflexão e a perseverança no esforço. É mais propenso ao concreto e busca superar um eventual complexo de inferioridade congênito.

No tipo superior, acentua-se a introversão não-emotiva, tendo por base um temperamento esquizotímico nervoso. Este é um tipo que se dedica aos estudos, à meditação e aos problemas mais árduos da existência.

Tem uma visão profunda das situações, sentido prático; é prudente, habilidoso, contemporizador, audaz nas idéias e, no fundo, reservado e melancólico. É capaz de alimentar paixões intensas e sabe manifestá-las num sentido criativo.

Claro, existe também o tipo inferior de Capricórnio: nele prevalece nitidamente o egocentrismo narcisista, uma enorme dificuldade nas relações interpessoais e, em geral, destacam-se neuroses obsessivas que têm fundo edipiano. As compensações são procuradas no plano concreto mais imediato e prosaico. É racionalista, destituído de verdadeiros interesses, defende-se com a hipocrisia e com as mais complicadas ambivalências, e não tem aspirações, mas tende a ser centralizador de afetos e de garantias materiais.

A ambição secreta ou manifesta domina o nativo de Capricórnio, acompanhando-o na busca de todas as suas metas e a tenacidade o sustenta até o último instante.

É o tipo longevo por excelência, pois traz em si o sentido do tempo e constitui o banco de prova das experiências físicas e morais que, uma vez superadas, proporcionam a serenidade do Velho Sábio.

Direcionamos o estudo sobre Capricórnio mais para o sentido religioso do que para o sentido psicológico e, dessa maneira, talvez, tenhamos atingido o ponto fulcral do valor do signo, por ser Capricórnio, em termos esotéricos, a *Porta Celeste* do Zodíaco, o Homem sobre a Montanha, que se põe inteiramente na presença de Deus.

Do ponto de vista da psicologia profunda, Capricórnio reúne em si toda a experiência do processo de identificação.

Traduzido na mensagem do *I Ching*, talvez Capricórnio corresponda plenamente aos dois signos TTAI, *A Paz,* e PI, *A Estagnação,* de onde pode derivar como resultante o signo KENN — *A Prisão.* É, de fato, na paz que o nativo de Capricórnio espera concluir o itinerário, exatamente como a sentença do *I Ching*: "A Paz. O pequeno se vai, o grande vem. Saúde! Sucesso!", a isso, dando um sentido de complemento, a sentença da Estagnação responde: "O grande se vai, o pequeno vem." É a soma das polaridades, a plenitude dos extremos, que se realiza em Capricórnio, assim como o Cristo, o primogênito, pregou: "Bem-aventurados os últimos, pois eles serão os primeiros."

♒

11. *Aquário*

Todos os anos, no dia 20 de janeiro, o Sol abandona Capricórnio e entra na constelação de Aquário enquanto se inicia a segunda fase do inverno europeu. Na Terra penetram as chuvas nutritivas. O processo da vida é elaborado no segredo de uma química interna e as sementes assimilam os alimentos essenciais para a germinação da nova vida.

A semente se abre e lança as raízes no terreno, integrando-se num processo global. Aquário conclui o grande ternário dos signos de Ar e prepara o fim do Zodíaco em Peixes.

Oposto a Leão, que exprime a realização do indivíduo consciente, cuja vontade está inteiramente a serviço do Eu, Aquário assinala a iniciação da pessoa no estágio superior através da avaliação e da consciência das afinidades eletivas. A grande consciência de si mesmo de Leão se expande na consciência de grupo de Aquário, assim como a semente nova expande as raízes na terra. Nesse signo, o individual se torna universal. O homem isolado, separado, torna-se humanidade por reação e consciência, mesmo conservando a própria individualidade: não é mais apenas um homem, debruçado sobre si mesmo e separado dos demais, mas a própria humanidade; ele perde a identidade pessoal para fundir-se no bem comum, embora conservando sua autoconsciência. Depois de servir a si mesmo, ele se dedica ao mundo.

O hieróglifo de Aquário compõe-se do grafismo egípcio da Água, repetido duas vezes, podendo significar as duas águas, a inferior e a superior.

O signo costuma ser desenhado da forma como indicamos junto ao título. Senard destaca que um único sinal simboliza a superfície da água, enquanto as três linhas exprimem a protomatéria ou o Abismo original, e também o deus Tem, o demiurgo.

Há dois elementos em Aquário: Ar e a imagem da Água. Ambos são sinais de fluidez e exprimem, de um lado — a Água —, a dissolução da tendência egocêntrica do Eu; do outro lado — o Ar — a expansão do sujeito no coletivo, tornando-se também objeto em comparação com o "nós". Aquário é o "portador da água", ou seja, uma fonte de vida; a imagem do homem que segura a ânfora e dela derrama a água expressa a alquimia do ser humano, em que matéria e espírito se coagulam e se dissolvem simultaneamente a fim de devolver ao homem a dimensão divina. Nesse signo, a água de gestação de Câncer e a água de transformação de Escorpião se modificam na água das ânforas de Aquário que a transporta no Ar em contato com o céu, elevando assim, em certo sentido, essa água mística em direção à *unio* com o divino, numa absoluta fusão de energias humanas e cósmicas. Parece-nos que está implícito aqui o sentido da era de Aquário.

Sabemos que, originariamente, o signo de Aquário era dominado por Saturno, mas diferenciado do Cronos da mitologia grega, destrutivo, avaro e solitário, que, pelo contrário, se refere a Capricórnio. O antigo Saturno aquariano assumia antes uma valência mitologêmica correspondente ao período romano: ou seja, o Deus da Idade do Ouro, em que a expansão não significa perda de bens pessoais, mas um enriquecimento refletido pelo bem-estar geral.

Na verdade, as "saturnais" romanas eram festas coletivas nem um pouco melancólicas e morigeradas. Nelas celebravam-se todos os aspectos mais vitais do homem, que exorcizava todo e qualquer risco que pudesse significar perda e privação.

Em época recente, ao contrário, atribui-se a Aquário o planeta Urano, a respeito do qual falaremos mais adiante quando analisarmos os planetas.

Em Aquário concluem-se todos os ciclos que dizem respeito à vida humana em sentido estritamente subjetivo e de singularidade. O Eu, como já foi mencionado, abandona a dimensão restrita da própria fenomenologia para se projetar no mundo, em busca de uma dialética intersubjetiva abrangente, que anule o egoísmo e o individualismo. Abandonar a própria segurança para ir à procura do mundo é o propósito de Aquário. É o povo de Israel que não pode permanecer no campo, mas deve continuar o seu caminho rumo à Terra Prometida.

Wilczrkowski escreve: "É a esse mandamento que o homem de Aquário obedece, sensível às vozes do Além, atento aos apelos do mistério. Por instinto, ele se volta para objetivos mais elevados. Por instinto sente-se atraído para o mundo superior; por instinto, aspira à perfeição; mas não mais à perfeição corpórea que atormenta o homem de Balança, e sim ao da forma imaterial, essencial, transcendente."[43] Essa reintegração de Aquário no absoluto se dá — segundo o grande estudioso de tipologia cósmica E. Krafft — através de Netuno, astro de Peixes, que representa o arquétipo da dissolução alquímica e mística, da fusão final e da transfiguração.[44]

Muitos são os mitos que dão sustentação à estrutura simbólica de Aquário, e os astrólogos mencionam alguns deles com nitidez constante, para caracterizar o sentido zodiacal do décimo primeiro signo. Wilczrkowski menciona os ciclos míticos de Ganimedes e de Hefesto para esclarecer os traços humanos do aquariano. As histórias giram em torno do problema da libertação do homem do peso do destino concreto e das viscosidades materiais. Como em Capricórnio está Saturno, que refreia ou subtrai, assim em Aquário há Urano, que acelera, hiperdinamiza e oferece o que é novo. Saturno escande o tempo, enquanto Urano o transcende e, em certos casos, o anula. De fato, Urano está associado à comunicação rápida: ao raio, à eletricidade, ao terremoto, à explosão ou ao choque.

André Barbault situa antes dos mitos mais comuns a imagem da dissolução de todas as formas coevas e compactas, que se faz presente através de um dilúvio universal. Na verdade, foi na tradição mais conhecida que o Dilúvio Universal veio a ser um evento destrutivo, que provocou rompimento e depois o reequilíbrio sobre novas bases.

Na dinâmica do evento mítico era possível que os Deuses, e também os homens, se refugiassem de montanha em montanha, procurando atingir níveis mais altos para escapar à destruição. Era possível também que se casassem, desintegrando os núcleos sociais e afetivos criados antes do dilúvio. Mas, justamente nesse fato que impõe medo, provocado por Urano, as velhas formas de vida desapareciam e os homens deixavam

43. Wilczrkowski, C.: *op. cit.*, pág. 245.

44. Ferrière, Ad.: *Le cosmos et l'homme*, Rigois, Turim, 1955, pág. 128.

os vales. Transposta para o plano simbólico, a imagem leva a pensar numa água de vida que obriga os homens a se elevar, a sair do próprio limite, criando novas estruturas em expansão. Eis, portanto, um primeiro sentido mitologêmico de Aquário e o significado alegórico da ânfora que derrama água sobre a terra e o seu signo, que exprime as ondas ameaçadoras.

A água de Urano desintegra a matéria e dissolve toda rigidez, recolocando no grande jogo fluídico todas as partículas constitutivas liberadas e em fase de libertação.

Na verdade, o significado principal de Aquário é o espírito de fraternidade universal que nasce em cada homem que consegue libertar-se da própria individualidade egocêntrica ou das dependências externas.

Interessante para entender Aquário é o mito grego da lenda de Deucalião.

Relata a mitologia que Zeus estava profundamente irritado com a arrogância e a impiedade da raça humana e, por essa razão, decidiu destruí-la com um dilúvio (mito correspondente ao bíblico dilúvio universal com a história central de Noé). A essa tremenda ameaça divina responde Prometeu, pai de Deucalião, rei da Tessália, sugerindo ao filho que construísse uma embarcação para se salvar junto com a mulher Pirra.

O assustador dilúvio tem início e inunda toda a Grécia. Mas Deucalião e Pirra se salvam com a sua pequena embarcação e chegam ao monte Parnaso, onde oferecem votos a Júpiter. Então, para repovoar o país, pedem uma ajuda ao oráculo. A resposta é que, cobrindo a própria cabeça e a da mulher, eles teriam de se recolher e atirar para trás os "ossos da grande genitora", ou seja, as pedras da Terra. Desse gesto nasceram homens e mulheres, Deucalião tornando assim o tronco principal de uma nova humanidade. Isso na verdade pode significar justamente que toda a humanidade é filha da Terra e que os homens nascem todos irmãos de uma mesma matriz. A individualidade de Deucalião e de Pirra dissolve-se na *coralidade* dos descendentes, não mais maus, mas redimidos pelo novo espírito *comunitário* mas também e sobretudo pelo fato de que Deucalião estabelece uma nova relação entre os homens e o divino, exatamente porque ele aceita o dilúvio-sacrifício e sobre o Parnaso pede perdão ao deus ofendido. Aquário é o resgate da cegueira imanente para uma nova visão do transcendente.

Podemos ver aqui também — justamente no gesto de jogar para trás de si os "ossos da grande Mater" — a superação do velho contato edipiano com as forças ctônicas do materno terrígeno que atrai a si os homens negando-os ao Céu, ao deus. Dessa maneira, o dilúvio é o símbolo do resgate, da desforra do masculino e do viril, do *Pater*, em relação à invasão do Uroboro matriarcal, a Mãe Terra inundante. Deucalião joga para trás de si a "mãe morta" e assim afirma a própria virilidade que procria novos homens, mais livres, para se reconhecer na solidariedade desejada pelo pai Zeus.

Na figura de Hefesto também está constelada uma simbologia aquariana. Na mitologia grega, Hefesto representa a divindade do Fogo, que corresponde ao deus Vulcano dos romanos; personifica também o Raio, como expressão "armada" da ira dos deuses olímpicos.

Filho de Hera e de Júpiter, Hefesto havia nascido feio e deformado, razão pela qual a mãe, ao vê-lo, tão desagradável, marginalizou-o e afastou-o do Olimpo, fazendo-o cair sobre a Terra.

No planeta Terra, o pequeno Hefesto foi recolhido amorosamente pelas Ninfas oceânicas, que cuidaram dele escondendo-o na ilha de Lemno, onde foi amado por todos os habitantes e por eles cuidado com carinho não obstante todas as limitações do menino.

Adulto, Hefesto revelou-se um genial e astuto ferreiro, capaz das mais espetaculares invenções mecânicas realizadas com o ferro e com o fogo. De fato — narra ainda o mito — é com os artifícios, as magias e os admiráveis truques de técnica elaborados na sua oficina que Hefesto tenta apoderar-se do coração da belíssima Afrodite, pela qual estava perdidamente apaixonado.

Hefesto suspeita que a Deusa o esteja traindo com o belicoso Ares. A lenda conta a essa altura que Hefesto construiu um engenhoso leito ou uma rede com armadilhas para aprisionar e humilhar o rival.

Os próprios deuses se surpreendem com a inventividade de Hefesto, a ponto de, para dele obterem a libertação de Ares e de Afrodite, enviarem-lhe Dioniso como intermediário para iniciar as negociações. Nesse meio tempo, o feio Hefesto, deformado e indesejado, é chamado por Júpiter para morar no Olimpo.

Enquanto isso, vemos uma característica de Aquário nas extraordinárias atitudes de Hefesto: o dom da criatividade, o talento por tudo o que é original, criado com meios mecânicos. Deve-se destacar também a astúcia, a rapidez para concretizar as próprias idéias (o que é típico de Urano, planeta de Aquário). Mas o mito permite entender que em Hefesto há também uma fraqueza espiritual, uma contradição profunda.

A perfeição técnica das suas obras lhe é suficiente para zombar dos deuses, do amor e da mulher, e afirmar o próprio egocentrismo. Por outro lado, ele carrega de poderes mágicos as suas prodigiosas obras mecânicas, desafiando as finalidades religiosas do espírito humano e abusa da própria inteligência com relação às pretensões divinas para se impor sobre a liberdade alheia. Hefesto vence todas as dificuldades em virtude do próprio engenho criativo, infunde vida no que está inerte e torna inerte aquilo que, ao contrário, quer ter vida e liberdade. Esse aspecto peculiar exprime a *compensação* de Hefesto, que inflaciona o engenho racional para tentar a desforra do divino e do espiritual.

É o triunfo do aproveitamento racional desarmônico da energia criativa em detrimento da compreensão instintiva. Hefesto, como artífice, garante a vitória do Fogo, mas rompe a harmonia dos elementos e sua oficina é símbolo de uma alquimia do ferro e do fogo capaz de realizar a passagem para o divino.

O mito ressalta em Aquário a força do engenho humano em buscar os possíveis caminhos para sair da relatividade da condição de isolamento terrestre e pragmático, e implica a primeira tentativa do *Homo sapiens* em renunciar à individualidade para estabelecer um diálogo com os demais. Como Hefesto, por fim, consegue superar as vantagens pessoais, assim o nativo de Aquário representa a superação do *Eu* para se realizar no *Nós*, na dimensão coral.

O mítico ferreiro, rancoroso e isolado no seu Eu apequenado, depois de procurar compensações nas artes mecânicas, consegue ouvir novamente a voz do divino; assim, o aquariano aspira ao advento de uma época impregnada de um sentido comunitário, à luz de um Logos espiritual. Esse é justamente o símbolo da bela figura de Deucalião, que não quer se fechar no egocentrismo e, depois de superar as provas terríveis impostas pelo dilúvio, pensa generosamente em fazer nascer homens "novos" e novas relações humanas, para que a Terra pertença a nós em vez de ser posse do Eu subjetivo e egoístico. Em cada aquariano, portanto, estão presentes tanto Hefesto quanto Deucalião e Pirra. Nascentes e ânforas são símbolos de vida inicial, vida doada, vida que da Terra quer elevar-se para o céu; vida do indivíduo transmitida aos outros:

superar a estreita fronteira da fenomenologia individual para trabalhar em comum para as futuras gerações, sacrificar-se por um ideal comum de bem-estar e perfeição: essa é a era do Aquário.

Transposto o sentido místico para a psicologia, Aquário orienta o processo de ampliação do campo de consciência através de uma energia de forte tonalidade mística. Queremos dizer a essa altura que, em nossos dias, nada igual à psicologia profunda de C. G. Jung nos parece trazer todo o espírito e a intensidade da era de Aquário, juntamente com uma idêntica e válida pregnância e função mitopoética: é justamente a doutrina junguiana que inicia o homem — através do processo de individuação — no conhecimento daquilo que mais secretamente se agita nas profundezas do inconsciente humano.

O mundo real pragmático é substituído, no aquariano, pela realidade psíquica e pelo mundo inteligível, e atualmente vemos as novas gerações rumarem para uma tomada de consciência tamanha que poderá possibilitar a retomada dos valores internos, subjetivos, que a seguir podem ser projetados de forma construtiva no mundo real exterior como emanação e amplificação do indivíduo. Em outras palavras: devolver à vida social e política um conteúdo de valores humanos em vez de expressões meramente racionais, econômico-ideológicas.

Para Senard, a função típica de Aquário é mística, como libertação da fenomenologia opressora do Eu depois de ter alcançado a iluminação da consciência que possibilita o início do caminho para a transcendência e a metafísica. Portanto, em Aquário, condensam-se as metas escatológicas do homem. A passagem é do humano racional para o místico, do exterior para o interior, da luz da inteligência para a "noite da Alma", para então voltar à luz absoluta do homem em si. E é também sob esse sinal de passagem que a era atual corre os riscos maiores, porque o abandono das certezas pode produzir um impulso irracional, ainda que entremeado de misticismo, capaz de reforçar momentaneamente as mais rígidas defesas. Eis por que, justamente na era de Aquário, tão rica em fermentos, promessas e aberturas, vem à tona a mensagem perturbadora de explosões de irracionalismo tirânico, uma lassidão sem posicionamento ideológico, mas interior, difusa no homem e nas coisas.

Como se a busca do sentido total Eu-Nós devesse passar através da neurótica regressão para o individualismo indiferenciado. Aquário vive o coletivo sempre com o medo secreto de perder a própria individualidade. Essa é também a experiência dos movimentos juvenis.

A psicologia do nativo de Aquário é bem vivaz e complexa: em geral, a constituição física é orientada para o tipo *astênico esquizotímico*. Muito emotivo, porque também bastante ativo, o aquariano é, em geral, levado à extroversão. Sua natureza é, de preferência, levada a afastar-se da esfera instintiva, razão pela qual as funções criativas se manifestam intensamente bem no plano espiritual. É um idealista, que, como o mítico Deucalião, assume encargos nobres; é alheio às mais estreitas implicações com o concreto, embora não se negue a assumir responsabilidades práticas.

A aceitação do outro ocorre através da diminuição do Eu; por isso é um altruísta, muitas vezes dotado de verdadeiro sentido humanitário, porque com freqüência costuma se descuidar de si mesmo para doar-se. O aquariano tem uma sensibilidade fortemente oblativa, mas pode correr, mais do que qualquer outro tipo do Zodíaco, o risco da identificação e da projeção patológica, pois seus modelos e imagens a serem seguidos são prevalentemente externos. Capricórnio vê e sente a todos dentro ou através de si; Aquário vê a si mesmo apenas através dos outros. E nos casos em que esse processo não dá certo temos o aquariano, dividido, voltado para o isolamento paranóico ou para uma excentricidade megalomaníaca.

Extrovertido, curioso em relação a tudo, levado a resolver cada problema com um elevado grau de sociabilidade, o aquariano tem uma ampla gama de interesses; prefere o cognoscível científico e técnico (as qualidades do ferreiro Hefesto); tem iniciativa, audácia, intensa criatividade e é sempre capaz de novos empreendimentos (a audácia de Deucalião, que escapa do dilúvio). Tem uma natureza que certos astrólogos definem de *angelical*, identificando-a com o mito de Ganimedes. A inteligência é intuitiva e dedutiva, mas a vontade nem sempre é tenaz, porque justamente os impulsos internos requerem um múltiplo investimento.

Todavia, os ideais permanecem sempre no mais alto dos níveis, onde o nativo de Aquário pode chegar; por isso existe o risco de um comportamento esquizóide. No plano interior, às vezes há uma necessidade de perfeição e pureza, levada à obsessão neurótica.

O aquariano também pode incluir o tipo sábio, que visa o mundo extra-sensorial que ele mesmo povoa de imagens, de sensações e de visões. Há também o tipo mais aventureiro, prometéico, que sente a necessidade de um constante desenvolvimento das próprias faculdades. É substancialmente um rebelde excêntrico que visa a revolução dos costumes e de todas as formas de vida. Tem uma tensão moral contínua, inusitada; supera preconceitos e limitações morais para atingir, se necessário, a utopia.

No sentido psicanalítico, esse signo do Zodíaco representa a tentativa de fusão entre o Eu e os aspectos de Sombra mais recônditos, sobretudo no nível do inconsciente coletivo.

É, portanto, o signo da experiência humana no sentido mais lato do termo, onde tudo vai se orientando para a qualidade específica e a integração que introduz o grande tema da harmonia entre microcosmo e macrocosmo.

A nosso ver, o sinal do *I Ching* que melhor reflete os valores de Aquário é o nº 43, KUAI: O Transbordamento — uma vez que estamos nos preparando para superar a tensão que se acumulou desde Áries até Capricórnio e todos os motivos de contraste nas relações inter-humanas estão para se dissolver e virá o tempo "em que os ignóbeis começam gradativamente a desaparecer...".[45]

---

45. *I King, Il Libro dei Mutamenti*, Astrolabio, Roma, 1960. [*I Ching. O Livro das Mutações.* Editora Pensamento, São Paulo, 1983.]

♓

12. Peixes

O grande ciclo do Zodíaco entra na sua fase conclusiva quando o Sol, a cada ano, entra na constelação de Peixes, em 19 de fevereiro. O arco da existência chega, assim, ao seu final com o acesso ao terceiro e último signo de Água. Na natureza, finda a fase invernal na Europa. Caem as últimas neves e a temperatura fica menos fria. As neves também começam a derreter-se e as chuvas, abundantes, umedecem a terra levando embora tudo o que de árido, de estático e de inerte havia se acumulado no longo inverno. As novas chuvas trazem à tona as camadas de terra mais profundas; o vento de março retira as cascas atrofiadas dos galhos e, com as primeiras tardes quentes de março, já se começa a perceber os primeiros rebentos novos nos vegetais e também já aparecem algumas pequenas hastes sobre a terra. Por analogia, portanto, o signo de Peixes constela a *dissolução* e o *renascimento*: a substância retorna à essência. O estado sólido se desintegra para voltar ao caos primitivo; é um novo ciclo vital que se anuncia com Peixes; é um novo mundo misterioso, orgânico, indeterminado, impreciso. Esse, repetimos, é o último signo do Zodíaco que encerra o grande discurso vital cósmico e humano — de acordo com o incessante recurso dos ciclos — para chegar novamente a Áries, como início do novo ciclo, da nova estação, do novo tema humano. O hieróglifo de Peixes é formado pela estilização de dois peixes ligados entre si, mas colocados em direções opostas. Esse hieróglifo nos oferece de imediato a idéia da manifestação da Energia. Os dois peixes, por assim dizer, dão volta em torno do fio imaginário de energia e daí decorre o conceito de Movimento, de Energia Ativa e de Perenidade.

Para Senard,[46] o peixe da esquerda, que vem do alto para baixo, simboliza o movimento de involução do espírito na matéria; o peixe da

---

46. Senard, M.: *op. cit.*, pág. 446.

direita, que se move de baixo para cima, simboliza o movimento de evolução da matéria espiritualizada, que volta ao seu princípio único. A ligação entre os dois peixes simbólicos estabelece a fixidez do movimento rotatório e torna-se espontâneo traçar uma analogia com o sistema solar, onde todas as energias e os mundos giram em torno do Sol, realizando um universo. Vemos o símbolo de Peixes assumir uma importância fundamental nas religiões de todos os tempos. Com certeza, na origem dessa conotação religiosa do peixe está a sua qualidade de criatura aquática, dotada de uma prodigiosa capacidade de reprodução. É, portanto, antes de mais nada, um símbolo de vida e de fecundidade que foi transferido para o plano espiritual desde as religiões primitivas como símbolo da renovação e do renascimento permanente.

No capítulo sobre Capricórnio, já falamos longamente a respeito do valor do peixe assimilado ao Sol, que mergulha no mar ao pôr-do-sol tornando-se assim um peixe.[47]

Nesse mitologema é evidente a fusão do princípio vital diurno com o princípio aquático profundo no sentido de fusão ou de unificação dialética do consciente com o inconsciente, do mortal com o imortal.

O casal dos Peixes reflete na sua polaridade o duplo movimento energético, opositivo e complementar que preside todos os grandes ritmos dinâmicos polares: noite-dia, branco-preto, quente-frio, bem-mal, ascensão-queda, salvação-perdição, conflito-equilíbrio, etc.

Pensando neste grande símbolo do Zodíaco, na sua intrínseca potência mitologêmica, em que um casal de tendências contrárias realiza um movimento rotatório sobre o próprio centro axial, que exprime uma tensão, um conflito de tensões, ou seja, de impulsos energéticos ora estáticos, ora dinâmicos, é natural relacionar o sentido de Peixes com a grande temática da psicanálise de S. Freud e da psicologia profunda de C. G. Jung. Em ambas observam-se e se estudam as possibilidades de transformação do homem como indivíduo e como ser. Em Freud, encontra-se a dramática constatação da solução, impossível para o homem, do conflito entre instintividade e vida de relação, entre liberdade individual e vida social: o homem, com os seus pólos contrários, permanece preso ao conflito, como os dois Peixes ficam presos ao seu

---

47. Jung, C. G.: *op. cit.*, pág. 199.

liame, movidos em direções opostas, mas presos pela interdependência. Na psicologia de Jung, o conflito sai da sua fixidez, uma vez que o homem precisa chegar a entender que, justamente no próprio conflito, na dramática oposição das tendências, na explosão da polaridade, consiste a natureza humana ou a natureza das coisas. Portanto, o sentido de Peixes está no próprio fato de estarem presos ao duo hipostático e vertiginosamente movidos na rotação das forças opostas: é nisso que consiste o conflito, ou seja, a realidade do homem. O homem significa as suas antíteses, os seus perenes conflitos. Contemplando-se a si mesmo nesse estado de conflito, ele se aceita na própria realidade. A transformação ocorre somente ao enfrentar-se a existência de um conflito e o amadurecimento se dá tanto ao tentar a conciliação da polaridade (Freud) quanto ao identificar a realidade psíquica na validade do conflito em si mesmo (Jung). Não se pode separar os Peixes; eles estão em permanente rotatividade. Não se pode separá-los nem determinar-lhes uma direção; um peixe não pode predominar sobre o outro.

Na psicologia profunda, os peixes que aparecem nos sonhos conservam o seu símbolo específico de transformação ou de renascimento endopsíquico. O homem está estritamente ligado ao peixe. A qualidade simbólica teriomórfica está sempre presente na tradição mítica ou religiosa. Já na tradição babilônica, *Oannes*, o arauto da sabedoria divina, em forma de peixe, saía todos os dias do mar (ou seja, era o Sol que surgia) para distribuir ao povo os ensinamentos divinos. Os fenícios tinham a divindade Dagon, representada com a cabeça de peixe e o corpo de homem e, em época mais próxima a nós, basta pensar no Cristo, simbolizado como peixe nas experiências das catacumbas entre os primeiros cristãos. No Oriente, muitas divindades têm como símbolo o peixe. Vishnu, o deus que salva Manu do dilúvio universal, se transforma em peixe sagrado, da forma como vem representado nos *Veda*. Na simbologia hinduísta, o deus Varuna é representado em posição hierática, sentado no dorso de um peixe. Com toda a probabilidade, em certas épocas, mesmo na Grécia, o peixe revestiu-se de um caráter sagrado porque era proibido o seu consumo como alimento, sendo considerado comida dos sacerdotes. Senard, no seu livro já citado diversas vezes, sintetiza da seguinte forma o simbolismo de Peixes: "Uma energia positiva e receptiva, portanto autogeradora, onde a ação salvadora guia para fora do mundo da ilusão os seres que ali se encontram, operando neles uma transmutação esclarecedora, geradora de estados de consciência e de conhecimento cada vez mais claros e amplos, e que culminam na consciência pura."[48]

É bom relembrar que Peixes, no sentido zodiacal astrológico, não reveste de forma alguma aquele caráter de sacrifício e de penitência que um numeroso grupo de estudiosos de astrologia quer ver neles, talvez em respeito ao fato de que Peixes é o signo análogo à Décima Segunda Casa do horóscopo, que tem, segundo a tradição, atribuições funestas.

Para comprovar o que dissemos, basta pensar que na simbologia cristã o peixe não representa só Jesus Cristo crucificado e moribundo, que pode induzir um tema de culpa e de condenação, mas chega a mostrar o Cristo como "salvator mundi", o Redentor, o Pescador de almas, aquele que ressuscita e redime, devolvendo a cada homem a esperança e a luz interior. A temática central implícita nos mitos do signo de Peixes consiste na *anulação* das ligações com o mundo sensível para — através do retorno e da identificação com o caos primigênio — alcançar o nível de integração do humano com o divino, ou seja, a renaturalização do homem, que, na aceitação da própria totalidade, se livra da tirania alienante das exigências externas coisificadas e coisificantes que o racionalizam dentro dos limites da sublimação civilizadora.

Peixes, portanto, abre caminho para a reunificação total com o cosmos: é o triunfo anímico do homem natural. É natural pensar aqui que Peixes opera a transformação psicológica substituindo-a pelo eixo "rigidez racional-caos", exatamente no sentido expresso por E. Neumann.[49]

Avaliando o significado de Peixes em analogia com o processo evolutivo humano, é oportuno mencionar uma passagem de Erich Fromm que descreve a imagem do Homem-Peixe, do homem total, projetado na grande dimensão do destino do Zodíaco: "O inconsciente é o homem por inteiro... A consciência representa o homem social, as limitações

48. Senard, M.: *op. cit.*, pág. 453.

49. Neumann, Erich: *L'unno creativo e la transformazione*, Marsilio, Pádua, 1975, pág. 13 e texto.

contingentes criadas pela limitação histórica em que o homem é atirado. A não-consciência representa o homem universal, o homem por inteiro, radicado no cosmos; ela representa, ao mesmo tempo, a sua parte vegetativa, animal e espiritual; representa, por fim, o seu passado, até o surgimento da existência humana, e o seu futuro, até o dia em que se tornará plenamente humano e em que a natureza será humanizada na medida em que o homem, por sua vez, será 'naturalizado'."

Eis a realidade fenomenológica de Peixes! Depois de alcançar a consciência individual em Capricórnio e ampliar o individual na dimensão da consciência comunitária, o homem de Peixes verá o que "não precisa ser visto" e não verá mais aquilo que sempre viu: a essa altura, emerge a consciência, ou melhor, a consciência ficará mergulhada no inconsciente para reencontrar a unidade subjetiva como ela realmente é na sua essência. Portanto, em Peixes pode ser vivenciada a desintegração das defesas racionais, dos cânones culturais e da objetividade, para erguer o véu de Maya e reconhecer os mistérios da alma e da essência divina que, no sentido junguiano, poderia ser entendido como a aproximação do si-mesmo (*Selbst*).

Falaremos agora do mito central do signo: a lenda de Derceto, ou seja, um exemplo de covardia com a fuga diante da vida. Derceto é uma jovem que um dia descobre que está grávida. Mas ela é incapaz de aceitar uma realidade simples e humana; quer recusar algo que é de todos os mortais. Talvez sinta vergonha de sua condição, talvez não queira assumir a responsabilidade de ser uma mulher adulta e sexualmente madura. Por isso, resolve fugir da realidade e se joga no mar. Esse penoso gesto autodestruidor é presenciado pelo deus Poseidon (correspondente ao planeta que domina o signo de Peixes), o qual, irritado com Derceto, transforma-a num ser teriomórfico, metade mulher e metade peixe, condenando-a assim a lembrar-se do seu tormento humano na sua parte mulher e consciente, bem como da punição simbolizada na parte peixe, que é também o testemunho do seu aprofundamento no inconsciente. Derceto é, assim, a primeira da espécie das Sereias e levará sempre no corpo o perene diferencial qualitativo: nem carne nem peixe; não mais terrestre e humana, e não decididamente aquática e peixe. Está claro que o mito simboliza o comportamento neurótico da tipologia de Peixes, onde o choque com o real não é suportado, razão pela qual se prefere a regressão ou o próprio rendimento diante da Sombra. Derceto renuncia à sexualidade para obedecer a um cruel Superego, e o mar com seu abismo que acolhe Derceto-suicida é apenas o ventre ou o abraço de uma Mãe com espírito destrutivo que acolhe sinistramente a filha-menina que retorna à origem, mas na verdade se identifica com a Morte. Certamente, esta representação mítica é a expressão mais dramática da condição do homem, preso entre a intrincada rede do real e a obscura, decisiva absolvição no aniquilamento inconsciente.

Uma outra versão do mito diz que Derceto é devorada pelos monstros marinhos; essa interpretação poderia confirmar a afirmação de que, exatamente ali onde se busca o refúgio ou a solução, muitas vezes se encontra o aniquilamento do Eu.

O peixe-monstro — prescindindo da valência atribuída à Sereia, como sedução indiferenciada — pode ser considerado o equivalente do Inconsciente no sentido dado ao termo por Jung. Mas também pode ser a própria Sombra removida, ou o abismo das forças desconhecidas evocadas ou provocadas pela arrogância consciente. O mito da frágil Derceto exprime, portanto, recusa de viver, que é punida com a radicalização do conflito. Poderíamos dizer, em nossos dias, ainda que possa parecer paradoxal, que Derceto condena a si mesma a uma mutação psicossomática!

Esse mito sobre Peixes faz tomar consciência das fronteiras superiores e inferiores dentro das quais a alma se expande. Charles Vouga escreveu, a respeito do homem de Peixes: "Este indivíduo pode ser, de um lado, o menos adaptado à vida, e do outro, o mais em comunhão com a vida, de acordo com a fraqueza ou a potência astral que governa o seu destino, porque é nesse signo que o ser é o mais psiquicamente permeável."[50] A aceitação da vida, a coragem de trazer à luz a parte mais viva e profunda de si, é, ao contrário, expressa pela mítica história de Eros e Afrodite. Os dois, apaixonados, eram perseguidos pelo temível Tifão e, para escapar à sua ira, decidiram atirar-se ao mar; mas Poseidon-Netuno, vendo-os em dificuldade, envia-lhes dois maravilhosos golfinhos, que os salvam levando-os para além das margens do Eufrates. Como recompensa, os golfinhos foram levados para o céu por ordem

50. Holley, Germaine: *Analyse experimentale du signe des Poissons*, Paris, s.d., pág. 14.

de Júpiter e nasceu assim a constelação de Peixes. Portanto, é de um gesto de amor e de paixão que nasce esse signo do Zodíaco; de fato, Afrodite e Eros exprimem a beleza e a harmonia em oposição à feiúra de Tifão, o vingativo.

Voltando às águas marinhas das quais havia nascido, Afrodite reconcilia-se com sua origem divina, perdendo os níveis instintivos, mas não a consciência das experiências afetivas terrenas, uma vez que Eros a acompanha no seu destino.

É necessário dar atenção a um detalhe dos mitos aqui narrados: em ambos há a fuga dos protagonistas para o mar e ganha enredo a valência existencial do *salto qualitativo* no qual o peixe ajuda ou, então, condena.

Segundo Barbault, o mito de Cassiopéia também ilustra o caráter de Peixes, onde a tentativa de mudar de fisionomia (a "pessoa", no sentido psicológico; o Eu, no sentido analítico) se relaciona com um impulso inconsciente de não ter forma real ou de mudar de identidade, ou melhor, de fugir da realidade. Narra o mito que Cassiopéia, mulher de Cefeu, gabava-se de ser a mulher mais bonita do universo e, para provar tal fato, promovera um verdadeiro concurso de beleza a fim de rivalizar com Vênus e as ninfas marinhas. Irritado com tamanha altivez e vaidade feminina, o deus Netuno pune Cassiopéia. Lança sobre o país onde ela mora uma grande enchente que provoca luto e ruína; a seguir, não satisfeito, Netuno faz emergir dos abismos marinhos um terrível monstro, que é induzido a ameaçar a inocente Andrômeda, filha de Cassiopéia. Em sua defesa, descerá Perseu, que matará o monstro libertando a garota da ira divina. É evidente aqui que a simbologia de Peixes tende a tornar o indivíduo consciente da própria condição terrena e humana, e toda tentativa de transgredir a ordem divina é punida. Perseu poderia significar o princípio humano integrado e consciente que — libertando Andrômeda como bode expiatório — restabelece a paz entre o divino e o humano, salvando a Alma dos conflitos existenciais. Nesses mitos está sempre em cena o choque entre o humano e o divino; o consciente e a protérvia da razão entram em choque com as obscuras energias inconscientes.

Assim, Derceto evidencia uma verdadeira fuga a partir da inconsciência, para voltar à proteção da originária relação primária (o salto no mar para fugir de uma responsabilidade adulta) que a defenda da desagradável e insuportável realidade. Afundar no mar significa precipitar no redemoinho inconsciente de uma reidentificação com o materno mais profundo. Afrodite, ao contrário, demonstra confiança na própria riqueza inconsciente e na ajuda divina (o salto no mar para escapar a um instinto humano e encontrar a ajuda divina). Por fim, Cassiopéia, alterando o próprio Eu, acaba por provocar a reação do inconsciente (a ira de Netuno, o alagamento e a emersão do monstro marinho) e das primitivas autoridades interiores.

Em cada história — falando em sentido figurado — há a passagem para a água, do homem para o peixe. O mito de Jonas — aquele que morou no ventre de uma baleia — também é outro símbolo da natureza de Peixes, destinada a obedecer a um itinerário árduo no inconsciente, antes de atingir a própria consciência superior.

A contínua dissolução da problemática humana na dimensão inconsciente ou no lado divino constela o sentido último de Peixes de um caráter de inelutabilidade. Se considerarmos agora a psicologia de Peixes, diremos que os símbolos e os mitos estudados demonstram uma natureza muito passional e emotiva. O nativo de Peixes tem uma plasticidade psíquica excepcional, com uma reatividade nervosa bastante ampla. Em alguns indivíduos, observa-se uma impressionabilidade excepcional que beira a exaltação. O nativo de Peixes tende a querer ampliar o campo do Eu, a sair dos próprios limites (como nos mitos, os heróis saem da vida terrena para afundar-se no mar, na ilusória busca de uma solução para os próprios sofrimentos ou para tentar a sorte na afirmação de si) e com freqüência se identifica com as próprias imagens internas ou com as visões cósmicas que emergem das profundezas inconscientes.

O psiquismo do nativo de Peixes está entre os mais delicados do Zodíaco: a inflação emotiva é freqüente, razão pela qual sua objetividade pode revelar-se em diversas ocasiões. Ao contrário do tipo de Virgem, que delimita e mede os campos, Peixes não reconhece nenhuma fronteira material ou psicológica; ele percebe o domínio do infinito, do não-especificado, de tudo o que é indeterminado: o mar é o seu símbolo misterioso, e sabemos de Jung que o mar — a água de Peixes — é o "símbolo do inconsciente, porque sob os reflexos brilhantes de sua superfície encerra insuspeitas profundezas".

O mar é o lugar mais indicado para o surgimento de visões, ou seja, para a irrupção dos conteúdos inconscientes.[51] Se Câncer se torna introvertido e recusa sob o peso das recordações, e Capricórnio, ao contrário, ora abandona ora avança na ascensão realizadora, Peixes supera o último estágio para conhecer o "além de si". Muitas vezes, a atitude diante da vida em sua manifestação exterior é fria, quase como se a realidade fosse um sonho e vice-versa. Peixes reage a cada estímulo e ama todo risco, porque se sente atraído pelas metas mais longínquas. O nativo de Peixes absorve tudo o que contempla e experimenta, e freqüentemente consegue alcançar as ambiciosas metas a que se propõe.

É mais freqüente o tipo introvertido do que aquele aberto ao mundo exterior; aliás, é bom dizer que muitas vezes há de sua parte uma visão bem egocêntrica do mundo. No sentido da psicologia profunda, esse signo ressalta o processo de realização da unidade do Eu, percebido como latente ou dualístico. Como já dissemos, todos os mitos demonstram a existência, em Peixes, de um *tema de fuga* da situação (Derceto, Cassiopéia, Afrodite). Isso nos leva a ver na tipologia de Peixes um complexo de fuga ou de sublimação que, nos casos-limite de horóscopos sobrecarregados de dificuldades (com Netuno e Mercúrio muito comprometidos, por exemplo) pode levar às fugas patológicas ou maníacas, ou então às grandes experiências místicas ou criativas. Estritamente ligado ao precedente, há o típico complexo de culpa ou uma maciça tendência reparadora, característica de Peixes: por essa razão ele costuma demonstrar um excessivo espírito de sacrifício e uma atitude oblativa e penitencial para reparar culpas nunca cometidas.

Há uma ampla variabilidade no nativo de Peixes. O tipo inferior não sai do estágio vegetativo de pensamento, que muitas vezes fica preso à mentalidade mágica. Compraz-se por viver mergulhado num mundo fantásmico imaginário, permeado de ilusões, de miragens e projetos irrealizáveis. Quando nestes indivíduos o horóscopo pessoal está muito comprometido com os valores relativos a Netuno e Mercúrio, temos os irresolutos, os neuróticos, os evasivos, os sonhadores. Em geral, aparecem tendências para a toxicomania: álcool, drogas, entor-

51. Aeppli, Ernst: *I sogni e la loro interpretazione*, Astrolabio, Roma, 1963, pág. 201.

pecentes. Mas, vamos deixar bem claro, as drogas podem ser metafóricas, entendendo-se que, para os românticos de Peixes, muitas vezes a música, a religiosidade, a arte e até mesmo o amor podem ser uma droga.

Esse é o signo que mais se entrega aos paraísos artificiais como fuga do real (Cassiopéia, que constrói para si a própria beleza única) e tem compensações na fantasia. O tipo superior de Peixes encarna a grande nostalgia do Absoluto. Aqui, os valores espirituais e morais prevalecem e o fundo religioso transparece claramente. Pode faltar o sentido do concreto, mas em larga medida realiza-se uma vida superior, criativa, intelectual, toda baseada num fundo de tensão moral e espiritual. Neste nível, encontramos com freqüência indivíduos dotados de poderes extra-sensoriais: videntes, espíritas ou expoentes da vida eclesiástica e religiosa, em que prevalece a tendência para o sacrifício, para dar de si até o extremo. Mas, bem entendido, a linha de demarcação entre os diversos tipos não é tão esquemática e as nuanças são muito pronunciadas, como de resto, nos outros signos de Água: Câncer e Escorpião.

Para concluir, o signo de Peixes é o termo da evolução humana; ele carrega em si, implícito, todo o caminho do Zodíaco percorrido de Áries em diante. Como na natureza o ciclo vegetal está prestes a deixar o escuro inverno, assim a natureza humana está prestes a superar o estágio último da condição imanente e circunscrita para ascender ao universo da perfeição divina, através da superação e do afastamento das paixões e dos horizontes limitados. Peixes simboliza a pacificação interior possível e o perene desejo humano para alcançar a vida metafísica e as experiências transcendentes.

"Peixes é o estágio final — diz Alice Bailey — no qual a personalidade morre e a alma escapa à escravidão e retoma sua missão de salvar o mundo. A grande tarefa está concluída e passa-se pela morte derradeira. Já não há mais o mar — diz aquele antigo texto — e isso significa a inevitável morte de Peixes e a libertação de uma vida prisioneira em novas formas ou em novos ciclos da divina aventura."

Intermezzo

Concluímos o estudo do Zodíaco. Antes de prosseguir com a pesquisa a respeito dos dez planetas astrológicos que servem de corolário à grande roda zodiacal, desejamos tirar uma primeira conclusão sobre o que dissemos com relação à simbologia do Zodíaco. A observação do Zodíaco astrológico permite conhecer toda a mitologia expressa pela cultura humana, desde os primórdios até a civilização romana. Reproduzimos apenas uma pequena parte dos mitologemas aplicados aos signos e dos símbolos que constituem o seu significado intrínseco; é o que consideramos suficiente para indicar, quase como introdução, um método de investigação e análise.

É desejável um desenvolvimento das pesquisas e dos estudos nessa direção, mas, a nosso ver, é desejável que os homens busquem de novo, além dos restritos limites da consciência racional e das coordenadas científicas, a própria realidade psíquica através da mensagem do inconsciente pessoal, que se vale da única linguagem válida: aquela mítica e simbólica mediada pelas fantasias, pelas imagens, pelos sonhos. Coisas, de resto, já conhecidas e codificadas pela própria psicanálise. A mitologia é a lembrança inapagável da Criação e o reflexo, na nossa consciência, de tudo aquilo que está depositado e surge do inconsciente coletivo; é a fabulosa e numinosa lembrança de todas as primeiras coisas, os primeiros eventos. Somente na mitologia encontramos já memorizado e representado o destino do homem.

Mudando formas e expressões, parece que todos os fatos, sentimentos e situações reais de todos os tempos e civilizações são sempre e apenas repetições daquelas antigas vicissitudes originais que, bem sabemos, são fruto, por sua vez, de criações psíquicas espontâneas do homem. Acreditamos que todas as figuras mitológicas e os grandes eventos em que são protagonistas homens e Deuses — refletem o processo evolutivo do homem — sejam encontrados, por analogia ou atribuição histórica, no Zodíaco e nele se concentrem numa espécie de poema, de sinfonia, ordenados segundo a evolução da Energia Universal. Estudado comparativamente, o Zodíaco surge como uma mina de idéias sugestivas, de informações sobre a psicologia profunda do homem e das suas imensas possibilidades de expressão.

Se o homem é um ser complexo em perpétuo devir através das doze etapas zodiacais, doze fases de energia primária — nas quais se fragmentou a Primeira Energia vital —, e se o objetivo supremo da sua existência no espaço e no tempo é o próprio retorno à sua origem imortal, através da síntese desejada e consciente das suas energias dissociadas (entenda-se esse discurso no plano escatológico religioso, bem como no plano da psicologia profunda em referência à realização do Si segundo a centroversão unificadora) que operam no seu psiquismo, é essencial que ele reconheça a natureza das forças de que é constituído, e que aprenda a orientá-las para o seu fim, segundo a ordem da evolução cósmica no sentido mitológico do Zodíaco, lido de acordo com a concepção astrológica, ontológica e psicológica.

A nosso ver, baseando-nos na experiência extraída do estudo e da meditação do Zodíaco e da nossa prática analítica quotidiana, julgamos fundadamente que um dos caminhos a serem empreendidos para evitar a identificação com os modelos externos, coletivos e, portanto, não-individuais, é sensibilizar as próprias energias latentes e escolher o caminho interior através do itinerário dos simbolismos, mitos e arquétipos, para adquirir uma disciplina de acordo com a relação homem-mundo.

É nessa adesão à linguagem interior que acreditamos encontrar encoberto o caminho da verdade para o homem de hoje.

O Zodíaco é o Logos da alma humana e pode ser realmente o espelho das infinitas possibilidades interpretativas e evolutivas. Para cada um de nós, "ler-se" na roda zodiacal com a sua função mitopoética significa aproximar-se um pouco mais dos componentes endopsíquicos da subjetividade. Significa descobrir a si mesmo numa dimensão a-racional, para reencontrar todas as peças do nosso mosaico interior.

Em termos analíticos, gostaríamos de arriscar a definição da relação entre o homem e o Zodíaco, entre um homem e o seu horóscopo, como uma verdadeira relação de *transfert* e *contratransfert* guiado pelo *pensamento inconsciente* (na acepção freudiana). E a relação entre o homem e o imenso e povoado mundo zodiacal — relação prevalentemente endopsíquica e inconsciente — é um contínuo, repetitivo confronto e revivescência de fases animistas ou religiosas, que contêm a rede de relações do imaginário com o simbólico e com o real. É exatamente a marca do pensamento inconsciente, percorrida dentro da dinâmica do *tranfert-contratransfert* (símbolos e mitos interiorizados como figuras e como objetos que "falam" e "recebem", através de uma linguagem subjetiva-objetiva; astros e configurações zodiacais respondem às exigências e transmitem mensagens), que leva à experiência da recuperação de uma modalidade de imaginar realidades que "não existem" ou não são verificáveis racionalmente.

Seria interessante indagar sobre essa analogia da relação psicanalítica com a relação homem-zodíaco-horóscopo.

Concluído o itinerário através de todos os signos zodiacais, consideramos ter apresentado a estrutura primária do ser humano. O Zodíaco é a expressão de uma ordem natural, é o grande anfiteatro, onde todos os eventos acontecem. Enfrentando logo a seguir o estudo dos planetas, consideramos que o anfiteatro será preenchido com protagonistas, com forças que agem, dialeticamente, interdependentes.

Gostaríamos de sublinhar um dado fundamental da astrologia: Zodíaco e astros formam um sistema de interação e de intercâmbio contínuo de energias. Se o Zodíaco é o campo das forças, os astros são as forças aplicadas a esse campo. Portanto, consideramos indispensável prosseguir na simbologia dos planetas colocando-os em correspondência com os signos zodiacais "governados".

Com relação ao esquema circular do Zodíaco, os planetas estão dispostos da seguinte maneira: Áries tem por planeta Marte, Touro tem Vênus, Gêmeos contém Mercúrio, Câncer é governado pela Lua, Leão tem por planeta o Sol. Virgem contém Mercúrio, Balança tem Vênus, Escorpião é dominado por Plutão, Sagitário por Júpiter, Capricórnio contém Saturno, Aquário tem Urano e Peixes contem Netuno.

Esse deslocamento tem significados bem precisos do ponto de vista astrológico, mas julgamos oportuno não nos aprofundarmos na lei analógica que governa a relação Signo-Planeta, para não extrapolar os limites deste trabalho. Nas páginas a seguir, examinaremos o valor simbólico e mitológico dos planetas com relação à sua significação psicanalítica, da mesma forma que fizemos com os signos do Zodíaco. Apenas mencionamos aqui a consideração geral já feita para o Zodíaco: os astros também trazem em si uma mensagem simbólica *interior* ao homem. Além disso, eles contêm um significante que se reporta ao significado na linguagem do homem para com o macrocosmo. E, mais claramente do que no Zodíaco, veremos como os astros respondem às funções psicológicas e representam as *imagens interiores* ou, então, os complexos, os arquétipos e até mesmo os *dinamismos* neuropsicológicos. Assim, adentramos ainda mais a estrutura do tema do horóscopo individual, que nada mais é do que a realidade do *homem astrológico*.

O Zodíaco é o grande fundo, o cenário no qual se movem os astros na sua prestigiosa harmonia dinâmica. Essa sobreposição constitui a ordem da psicologia; tudo se move no céu astrológico, assim como tudo se move continuamente no homem. Os astros são as maneiras de viver do indivíduo, e os mitos, os símbolos relacionados com os próprios astros, nos explicam e justificam isso.

Certamente, pode ser ainda discutível o fato de que a astrologia tenha conferido aos planetas um significado mitológico em que, ainda se fala de deuses, heróis e fatos maravilhosos — e pode parecer discutível que esse significado possa ser estendido à avaliação psicológica. Mas é exatamente aqui que gostaríamos de sublinhar o valor dessas atribuições e a função que elas desempenham no sentido sincronístico na nossa psicologia.

Concluímos este *intermezzo*, citando de bom grado uma passagem significativa de Barbault: "Uma dentre as repreensões mais contundentes que já tenham sido dirigidas aos astrólogos é ter conservado, ao dar um significado aos planetas, as lendas da mitologia: Ares é o deus da guerra e das disputas; portanto, Marte tem uma natureza agressiva e belicosa. Sem sombra de dúvida, não basta constatar a correspondência entre divindade e planeta, verificada estatisticamente, para se sentir protegida de toda acusação. Entretanto, essa crítica racionalista só é válida na medida em que, recusando-se a analisar o conteúdo profundo do pensamento mítico, se atém à opinião superada, segundo a qual os mitos são o parto de uma imaginação fantasiosa. Ora, a profunda reação dos psicólogos faz aparecer cada vez mais a mitologia como uma criação poética da alma coletiva (inconsciente coletivo) suscetível de alcançar verdades íntimas e de tocar os valores mais essenciais da humanidade. O que podemos nós fazer se os grandes tipos das antigas divindades colocadas no campo pela mitologia — Mercúrio, Vênus, Marte — sendo na realidade arquétipos humanos perfeitos, ainda vivem por trás da rotulação moderna das classificações psicológicas?

"O poeta simplesmente antecedeu o cientista no conhecimento da natureza humana, e, uma vez que esta última foi 'sentida' ainda antes de ser 'pensada', o mito nada mais é que um pré-conhecimento do mundo. Não é possível encontrar outras explicações fundamentais para o fato de as propriedades dos planetas, empiricamente reveladas e, em parte, confirmadas pelas estatísticas, se combinarem com os atributos mitológicos.

"O mesmo vale — e isso é ainda mais surpreendente — para os novos planetas: a natureza deles está em harmonia com os deuses dos quais trazem o nome. Esta combinação objetiva é um fato a mais que justifica a referência aos valores mitológicos; estes últimos, todavia, nada mais são do que propostas e sugestões a serem confiadas constantemente à verificação do especialista."[52]

---

52. Barbault, André: *Trattato pratico di Astrologia*, Morin, Siena, 1972, pág. 128. [*Tratado Prático de Astrologia*, Editora Cultrix, São Paulo, 1987.]

Os planetas

As formas gráficas expressivas dos planetas.
Atribuição dos mitos e comparação psicológica.

☉

Sol

No primeiro capítulo do Gênesis, na Bíblia, está escrito: "Deus disse: 'Faça-se um firmamento entre as águas, e separe ele umas das outras'. E assim aconteceu: Deus fez ao firmamento de céu. Sobreveio a tarde e depois a manhã: foi o segundo dia. Deus disse: 'Hajam luzeiros no firmamento do céu para separar o dia da noite e sirvam eles de sinais e marquem o tempo, os dias e os anos e resplandeçam no firmamento do céu para fazer luz sobre a terra.' E assim se fez: Deus fez os dois grandes luzeiros; o maior para presidir o dia e o menor para presidir a noite; e fez também as estrelas. Deus colocou-as no firmamento dos céus para que iluminassem a terra, presidissem o dia e a noite, e separassem a luz das trevas. E Deus viu que isto era bom."

Essa é a primeira noção do Sol representada pelo homem: a luz, o Sol sempre estiveram relacionados com Deus e a criação. É o "luminar", pensador da luz, e a astrologia também o considera o fator primeiro de importância absoluta. O Sol é o centro do sistema planetário e o seu ritmo sazonal, de constelação em constelação, cobre os 360 graus do Zodíaco.

Um grau do Zodíaco equivale, mais ou menos, a um dia do ano. Quanta aventura, portanto, ligada ao itinerário dos signos!

O Sol representa o Centro do Homem, o núcleo vital da personalidade. Muito tempo antes do aparecimento da astrologia, o Sol já era temido e adorado. Na astrolatria, depois da Lua e de Vênus, o Sol era considerado um planeta perigoso porque nas terras afro-asiáticas ele queimava e secava campos e produtos agrícolas. Talvez por essa sua temível força canicular, o Sol inspirava medo e era considerado uma energia maléfica. Talvez, como opina Peuckert,[53] o Sol jamais apareceu

53. Knappich, Wilhem: *Mythologie solaire,* Ed. C.I.A., Paris, 1953, pág. 22.

como representação na idade mesolítica ou neolítica. Apenas nas épocas mais recentes e pelo menos na região mediterrânea, o Sol tornou-se claro objeto de culto e fonte inspiradora de mitos.

O hieróglifo do Sol é um círculo com um ponto central. Circunferência e centro, ou seja, fonte e expansão. O gráfico é análogo ao círculo zodiacal; portanto, o conceito nele contido é extremamente dinâmico.

O Sol foi comparado a uma roda de fogo e o círculo pode ser visto também como traço óptico da rotação incandescente da Cruz Suástica. Nos *Vedas*, o Sol é concebido como roda ou círculo, ou seja, de novo se faz presente a idéia do movimento e da rotação; está implícita a realidade da circularidade do disco solar e o segmento de curva de círculo que ele percorre no céu a cada dia. Segundo outras culturas, o disco de ouro era puxado por cavalos e cisnes.

O conceito geométrico do círculo também encerra um princípio energético, em que os raios que emergem a partir do centro se afastam indo em direção à circunferência com idêntica energia.

É fácil associar o hieróglifo do Sol à simbologia de Deus, que emana energia na esfera ou no círculo que a envolve.

Às vezes vemos o Sol desenhado com raios ou linhas onduladas: são os equivalentes simbólicos da luz e do calor.

O Sol sempre foi considerado o *princípio masculino*, em combinação com a Lua, que forma o *princípio feminino*.

Incontáveis são as fontes etimológicas e os nomes atribuídos ao Sol; isso demonstra a sua importância. Junto aos babilônios, fenícios e egípcios, o Sol muito cedo tornou-se uma entidade sagrada em oposição às divindades lunares antes de se tornar complementar e correspondente na simbologia popular. Exatamente na Pérsia, o princípio solar, símbolo de luz e de pureza, sempre foi colocado acima da Lua: Mitra, o deus solar, é um testemunho disso. Nas cosmogonias hindus, o Sol é sempre colocado no centro do céu.

Purusha e Brahma têm sua morada no Sol e há outros nomes: *Olho do Céu* e *Coração do Mundo*. Na China, o princípio ativo YANG é o Sol, que se compenetra no princípio passivo YIN lunar; assim, juntos, eles fundam a polaridade do branco e do preto, do dia e da noite, do tranqüilo e do agressivo.

Também na simbologia das civilizações norte-americanas o Sol é o grande princípio masculino ativo. São conhecidas as representações astecas do deus *Huitzilopochtli*, ou seja, o Sol, sentado no trono como uma águia que segura no bico a serpente estrelada da noite.

Assim, na civilização inca, o rei era denominado Filho do Sol. Mas é no meio cultural egípcio que se criou uma relação mais estreita, no sentido antropomórfico, entre o ciclo vital do homem e o ciclo solar sazonal. Talvez seja justamente nessa primeira rudimentar analogia Sol-Homem, no sentido arquetípico, que se tenha revelado o primeiro fundamento da relação astrológica.

O Sol tornou-se, não mais uma divindade imóvel no céu, que domina lá do alto o destino inferior do homem, mas, com o passar do tempo, um princípio divino introjetado e transformado em terrestre. Dessa maneira, produziram-se infinitas encarnações dos deuses solares que, em geral, tinham um significado analógico entre a vida quotidiana do homem e as leis da astronomia. Assim, de manhã o Sol era o deus Hórus, ao meio-dia era o barbudo deus Rá, à noite tornava-se um velho chamado Atoum, e durante a noite transformava-se num corpo cadavérico conhecido pelo nome de Knoum. Nos numerosos e complexos rituais populares do Egito, o curso do Sol era considerado um todo indivisível, como a viagem ou a aventura de um herói solar.

Muitos estudiosos viram — nas doze cantigas da epopéia de Gilgamesh ou nas doze provas de Hércules — uma relação simbólica com os doze signos zodiacais percorridos pelo Sol.

Na astrolatria da cultura grega, o Sol também é chamado *Helios* — olho de Zeus —, ou seja, princípio divino, olhar do deus sobre o mundo, lei onisciente e onipresente. "Deus vê você em toda parte", diz-se também na nossa religião, e o Sol nos vê e nos segue sempre.

Em alguns rituais, o próprio Apolo assume o semblante de um deus solar. Junto com Dioniso, é considerado uma emanação viril e forte da energia solar, exatamente porque Dioniso é solar, uma vez que adere orgiasticamente às forças da natureza.

Na medida em que os cultos orientais vão se infiltrando no paganismo greco-romano e os Deuses se tornam progressivamente divindades astrais, a figura do "deus solar" eleva-se até destronar Zeus-Júpiter. Da Pérsia, fundindo-a com a tríade Júpiter-Mitra-Hélios, da Síria foi introduzido o deus Baal e unido a Júpiter com traços solares. Por fim, no

Egito chega-se à figura de Serápis, que reunifica as qualidades vistas na sucessão Osíris-Ísis-Hélios-Hades.

O deus solar tornar-se, portanto, oficial, senhor do céu, símbolo e guardião dos reis terrenos e protetor do Império Romano.

Na era cristã, o culto do Sol não foi de todo suprimido, mas transposto para um plano mais simbólico. Assim, o Sol tornou-se a *Luz* e logo Jesus Cristo se fez a *Luz do mundo,* assumindo mais ou menos a simbologia solar das precedentes tendências culturais religiosas. Cristo tornou-se o Logos e, praticamente até a Alta Idade Média e na Renascença, a crença no Sol e no Sol-Cristo evolui numa espécie de *metafísica da luz* (luminosidade que cria o *noumen,* o numinoso, a força irradiante): basta lembrar seus cultores em Mestre Eckart, Dante, Cusano, Cardano e Telesio. O Sol foi ainda considerado a *Alma do mundo,* força criadora primordial. Também na nossa época, o Sol, além do seu valor absoluto astronômico como fonte de vida, conserva certo valor cultural: basta lembrar as teorias das manchas solares e a sua ação eletromagnética sobre o psiquismo humano, bem como a difusa paixão pela helioterapia, assumida de forma acrítica por milhões de pessoas, com o pressuposto verdadeiramente taumatúrgico simbolizado no ritual do "bronzeamento". Em certos níveis vê-se mesmo uma função apotropaica da ação solar sobre o corpo humano, herança arquetípica.

O ideograma astrológico do Sol — círculo com um ponto central — é o símbolo mais sagrado da antiga e eterna linguagem com a qual os adeptos e os sábios procuraram gravar os seus conhecimentos básicos do processo cósmico da criação. Neste símbolo está contida toda a manifestação da energia criadora. O círculo representa o zero, o absoluto que antecede toda e qualquer manifestação. O ponto central e o Uno originário que se relaciona com o conceito do Deus Único. É evidente, pois, a importância do Sol na astrologia: na verdade, ele é o primeiro fator do horóscopo que, na prática, é levado em consideração. Considera-se aqui o princípio da vida, o centro da identidade, o próprio Eu, termo arquetípico da relação entre o sujeito e o Cosmos, na acepção de Deus Pai.

O Sol como expressão de energia vital e vontade indômita reporta-se ao mítico Hélio, o deus solar filho de Hipérion, que na mitologia é o infatigável auriga que lança com destreza seus cavalos e o carro reluzente nas corridas entre céu, terra e inferno, dispondo-se às vicissitudes de deuses e heróis.

No mito de Odisseu, o navegante protegido pelos deuses — o homérico Ulisses —, encontramos representado o arquétipo do Pai que dá a vida aos filhos. Odisseu é impedido de voltar à pátria pela vontade do Sol, que o deixa, e a seus companheiros, sem a luz do dia, e o impele a aventura rumo ao desconhecido.

O Sol, portanto, sustenta o homem no seu caminho dentro da vida, e o sustenta como *noumen,* como centelha — *scintillae Animae Mundi igneae* —, como arquétipo do divino nele presente, pois toda criatura humana traz em si mesma um *Sol invisibilis,* ou seja, uma *imago Dei.*

O Sol como objeto mitológico (e os mitos que lhe dizem respeito são tão variados e numerosos que exigiriam um estudo muito extenso) certamente pertence à projeção do inconsciente coletivo em épocas primordiais nas quais as imagens arquetípicas do Deus interior foram projetadas para o céu, no Sol.

Carl Gustav Jung realizou estudos a respeito e encontrou paralelismos entre fenômenos psíquicos e fenômenos físicos, e estes projetados em imagens inconscientes no céu estrelado, reproduzindo assim uma analogia sincrônica. Textualmente, as palavras de Jung: "Assim, por exemplo, o curso diário do Sol e a alternância do dia e da noite tiveram de ser representados na psique na forma de uma imagem ali impressa desde os tempos primitivos. Não podemos demonstrar agora essa imagem; mas o que encontramos no seu lugar são analogias mais ou menos fantásticas com o processo físico. Toda manhã, um semideus nasce do mar e sobe no carro do Sol. No ocidente espera-o uma grande mãe, que o engole à noite. No ventre de um dragão, ele percorre o fundo do mar da meia-noite.

"Depois de uma intensa luta com a serpente da noite ele renasce na manhã seguinte."[54]

Importantes, na mesma obra, são as referências à documentação em que o Sol é considerado como um Deus pelos primitivos.

---

54. Jung, C. G.: *La dinamica dell'inconscio,* Boringhieri, Turim, 1976, pág. 171.

Em astrologia, conforme já dissemos, o Sol é o astro mais importante, e a posição zodiacal no horóscopo, que ele ocupa no momento do nascimento, determina o índice de comportamento básico da pessoa, que será modificado pela posição dos outros planetas.[55] No momento do nascimento, cada um de nós encontra o Sol num determinado signo do Zodíaco: se alguém diz "sou de Câncer", significa que no momento do nascimento o Sol estava na constelação de Câncer. Daí logo se deduz a definição tipológica, uma vez que o Sol se torna portador das características implícitas no signo zodiacal atribuído pelo destino.

O Sol astrológico exprime a vitalidade no sentido biofisiológico; exprime, portanto, o *principium vitae* e o calor divino que está em cada um de nós.

Muitas vezes — afirmam os astrólogos — se num horóscopo vemos um Sol gravemente aflito, significa que a vitalidade do indivíduo é fraca, ou ameaça extinguir-se por causas patológicas. E vice-versa: um Sol muito bem disposto, sobretudo se apoiado por Júpiter, por Marte e pela Lua, é indicador de saúde e longevidade.

O Sol determina a vida de relação do indivíduo ao nível da consciência e da orientação global do gradiente libidinoso, isto é, ele simboliza o Eu, o ato consciente positivo, pois os intercâmbios do indivíduo com o mundo tornam-se possíveis graças ao valor solar em larga escala, mas sempre através do consciente.

O Sol astrológico determina o impulso criativo e a realização no mundo exterior, uma vez que ele representa os ideais do Eu, a consciência individual, a vontade, o sentido moral, ético e religioso da vida. O Sol no horóscopo deve ser considerado também a luz interior, a *scintilla* de que falava Paracelso; ele é a luz íntima do homem que reflete as luzes do céu. Na vida de cada dia, o astro solar representa o guia nas aspirações, nas tendências inatas e nas relações com os outros homens.

Podemos, portanto, dizer que o Sol orienta para a extroversão e para o processo de integração rápida, em determinadas situações. Ele é a vontade de poder, a necessidade de dominar, de valer em sentido

55. Morpurgo, Lisa: *Introduzione all'astrologia e decifrazione dello Zodiaco*, Longanesi, Milão, 1973, pág. 49.

competitivo. Quanto mais o Sol é forte e domina o horóscopo, tanto mais se acentuam essas características de abertura, espaço, iniciativa, entusiasmo e combatividade.

Na psicologia profunda, o Sol exprime o Eu e o Superego e, como atribuição ulterior, é a autoridade no sentido simbólico. O Sol sempre representa a figura do Pai e é o símbolo de tudo o que diz respeito ao paterno e ao patriarcal; por essa razão, ampliam-se as atribuições derivadas de autoridade, censura, pressão do superego. O arquétipo do Pai, muitas vezes, é encontrado nos sonhos através do símbolo do Sol. A ele, portanto, corresponde o valor *masculino*. Às vezes ele assume também um significado *fálico*, como testemunha o ascendente mitológico do culto mitraico. Depende sempre da posição no horóscopo se o Sol coloca em evidência uma exaltação da personalidade ou, então, uma inflação do Eu ou a sua destruição, em caso de configurações mais complexas.

As respostas no plano da interpretação psicanalítica do horóscopo são obtidas justamente do Sol, e os estudos orientados por André Barbault na França, nessa direção, demonstraram-se de grande eficácia e significado.

Mas o Sol não é apenas a expressão do Deus Pai e o arquétipo do princípio paterno. Para os seguidores da psicologia analítica de Jung, o Sol representa astrologicamente o *Animus* um horóscopo feminino e, no horóscopo masculino, representa, ao contrário, a *Sombra arquetípica* ou a *Sombra pessoal*.

O *Animus* é, para a mulher, a imagem masculina inconsciente, o protótipo do modelo sobre o qual se adensou uma pluralidade de fragmentos energéticos de imagens masculinas (o signo dos Pais) que formam o pólo dinâmico complementar da feminilidade. A *imago pater* é expressa pelo Sol e a partir da análise de um horóscopo vemos claramente como, se e quanto uma mulher projeta essa figura paterna, esse *Animus* sobre o mundo exterior e, particularmente, sobre a *persona* do homem.

Assim, no horóscopo masculino, o Sol pode dar indicações sobre a Sombra, ou seja, sobre todo o mundo inconsciente, sobre o que foi removido. O processo de identificação, de realização, praticamente é simbolizado numa integração harmônica dos valores solares do horóscopo.

Da mesma forma que nos antigos mitos vemos no Sol uma função simbólica vertical constelada pelas figuras Deus-Rei-Sacerdote-Pai-Filho, assim, hoje, no sentido analógico, podemos depreender disso uma função psicanalítica restrita à vertical Deus-Estado-Pai-Filho, em que no último termo encontramos o indivíduo que enfrenta as situações que o dominam na vida de relação subjetiva-objetiva. Nessas situações podem exprimir-se forças positivas, boas, ou então energias destrutivas; um "pater" bom, que premia, então um tirano autoritário, um censor moralista.

O *transfert* entre um termo e o outro da vertical decifrado no horóscopo pode levar-nos a observar muito do inconsciente pessoal; com efeito, sempre atribuindo ao Sol essas conotações psicológicas, podemos atribuir a ele também todos os processos reativos, o narcisismo primário, as perturbações psicossomáticas, as idéias paranóides. A partir da posição do Sol no horóscopo, vemos se um indivíduo, durante a sua vida, vai ao encontro de frustrações ou sublimações, à exaltação positiva do Eu e da vontade, ou então à megalomania, à depressão, à perda do que é vital.

Interpretado no plano endopsíquico, o Sol é o fator da virilidade e do nível genético, a tal ponto que, junto com Marte, ele oferece indicações quanto à esfera sexual e à sexualidade.

Repetimos que o Sol, junto com a Lua, cria o *arquétipo dos pais*. No horóscopo, é possível avaliar em que nível da personalidade atua a imagem dos pais, como também se pode ver se um indivíduo vive harmonicamente esse arquétipo, ou então se vive em conflito por isso, ou se isso lhe causa uma identificação ou cisão.

Se os dois luminares estão em sintonia positiva no horóscopo e estão bem harmonizados com outros planetas, então a pessoa tem uma relação real ou psíquica com as figuras dos pais muito fluida e positiva. Diferentemente, se entre Sol e Lua vemos uma relação astrológica conturbada ou mesmo uma tensão destrutiva, deve-se esperar no percurso da vida da pessoa que traz essa configuração um afastamento neurótico, um conflito ou uma dissociação traumatizante das figuras dos pais. Com freqüência, as configurações conflitivas entre Sol e Lua denunciam uma discórdia ou separação real dos pais verdadeiros, o que acaba atingindo o filho. Há também o caso em que a dissonância do Sol com a Lua no horóscopo assinala uma confusão psíquica ao discernir a parte masculina da feminina. Com efeito, um certo *hermafroditismo* psíquico é caracterizado por certas conjunções maléficas entre Sol e Lua no horóscopo.

Esse aspecto, com freqüência, também indica um certo comportamento projetivo, compulsivo em relação ao próprio parceiro, por parte do homem para com a mulher e vice-versa.

O Sol pertence a Leão, quinto signo zodiacal. Portanto, exprime o princípio de Eros, de vitalidade e de criatividade que se aplica ao indivíduo para levá-lo a realizar toda a sua vida. Como o signo de Leão preside o coração como símbolo do centro vital, assim o Sol se refere ao coração do homem como órgão anatômico, fonte de vida, de energia física, emotiva e afetiva.

Lua

Nenhuma estrela, nenhum astro atraiu tanto o olhar humano para a imensa cena do céu noturno, através dos tempos, quanto a Lua, esse nosso pequeno satélite que já foi violado pelo pé humano, mas que ainda é capaz de provocar no homem profundas reações emotivas e psíquicas.

O crescimento e o decréscimo da sua luminosidade, o seu periódico desaparecimento e reaparecimento no céu; a sua rápida corrida entre as estrelas que lhe servem de pano de fundo; o límpido frescor que o seu indefinível brilho noturno emana e a sua silenciosa influência sobre o movimento das águas, sobre a vegetação e a vida animal, são todos motivos que desde sempre estimularam a imaginação do homem, criando mitos, símbolos e incontáveis lendas e sugestões. Talvez todas as formas das imagens astrais, como os mitos astrais de todos os povos, derivem da mitologia lunar. Reunir e descrever toda a documentação a respeito exigiria um trabalho à parte. Limitamo-nos, portanto, a desenhar um quadro geral da mitologia lunar.

Desde sempre a Lua exprime o *princípio feminino* e *materno* e constitui um arquétipo da *Grande Mãe,* adorada como tal em muitas civilizações.

No início dos tempos, no Egito e na Caldéia havia cidades prevalentemente agrícolas. As terras boas e os grandes rios que as irrigavam, tornando-as férteis e fontes de bem-estar, estabeleceram nos homens uma imagem de relação vital terra-água que deu origem ao culto simbólico da Mãe Terra e, depois, da Grande Mãe. Mais tarde, essa associação transferiu-se para a Lua, pois percebeu-se a sua influência noturna sobre as águas e as terras. Dessa maneira, de astro idolatrado pela emoção, a Lua tornou-se divindade merecedora de culto nas civilizações mais avançadas, reservando para si não apenas o papel de *Magna Mater* protetora, mas também o de medidora do tempo. O fato é que nas diversas etimologias atribui-se-lhe o significado de "luminosa" e de "medida".

O hieróglifo da Lua sempre foi uma foice ou meia-lua, no sentido horizontal ou vertical. O ideograma que usamos em nossos dias na prática astrológica e astronômica é o derivado da idade grega. Como dissemos, o princípio feminino é expresso pela Lua enquanto o astro não tem luz própria, mas faz resplandecer por reflexo a luz solar. Daí deriva o caráter fundamental do simbolismo que a caracteriza como feminina, receptiva e passiva. A mudança de suas fases exprime a plasticidade e, portanto, o princípio de transformação e crescimento.

Mircea Eliade fala da Lua nos seguintes termos:

"Astro que cresce, diminui e desaparece, onde a vida é submetida à lei universal do devir, do nascimento e da morte... A Lua tem uma história patética, semelhante à do homem... mas a sua 'morte' jamais é definitiva... Esse eterno retorno às suas formas iniciais, essa periodicidade sem fim definem a Lua como o astro dos ritmos vitais. Ela controla todos os planos cósmicos regidos pela lei do devir cíclico: águas, chuva, vegetação, fertilidade."

A atribuição ao signo de Câncer está, portanto, em harmonia específica com as qualidades zodiacais, pois nesse signo de Água, conforme já dissemos quando falamos do Zodíaco, se exaltam todas as virtudes do feminino e da maternidade.

No início, a Lua fundia-se conceitualmente com o Sol, e em certos períodos culturais assume características masculinas, sendo que ao Sol eram atribuídos traços femininos.

A qualidade errática da Lua e a sua mobilidade tornaram-se símbolos dos destinos das primeiras populações nômades. Com a teologia e mitologia egípcia, a Lua adquire uma importância excepcional. Constitui uma sinarquia com o Sol o famoso Barco Solar: a fusão da Lua com o disco solar, da forma como está representada nos ornamentos de Ápis, de Thot, de Ísis e de outras divindades egípcias. O *Livro dos mortos do Antigo Egito* lembra-nos exatamente essa primeira significação da Lua. Espiritualmente, a Lua é igual ao Sol; os dois princípios se opõem como dois pólos e forças de todo iguais e equivalentes. A versão esotérica nos fala justamente dessa fusão original *Sol et Luna*, confirmada pelo Gênesis bíblico. Com a ocorrência da grande catástrofe cósmica, a Lua se separa do Sol ("E Deus separou a luz das trevas... e colocou os luminares maiores no céu...") e se define no seu isolado domínio noturno, dando assim início àquela que é chamada a Involução Cósmica, primeira fase da "Queda". A analogia se reflete sobre o Homem Cósmico (ou Homem Natural), em que o Masculino-Sol se separa do Feminino-Lua num confronto de Luz-Trevas, Dia-Noite, oposto e complementar. É o fato dramático da *cisão* do indivíduo unitário: do primeiro Adão foi tirada a primeira mulher, Eva, como ser distinto. Do masculino é tirada uma parte que veio a ser o feminino. Por essas razões de indubitável origem bíblica, houve um período em que a Lua desempenhou um papel masculino e o Sol um papel feminino.

Na Babilônia, o deus lunar chamava-se SIN, com atributos masculinos, e era considerado senhor do mundo, mais precisamente, o pai do deus solar SAMASH. A transformação de SIN leva então ao deus hindu SOMA, que na cultura védica representa a forma simbólica da Lua. Esses dois nomes divinos exprimiam também a passagem do Fogo Sagrado de um pólo a outro, talvez porque o Sol é fonte ígnea de luz e a Lua o reflete na treva noturna.

Os símbolos lunares arcaicos eram constituídos por pilares e, principalmente, por pedras e árvores. Sucessivamente, a Deusa lunar assumiu um símbolo animal.

Assim, só para citar algumas representações, a divindade lunar Hécate era o Cão tricéfalo, Ártemis era representada por uma Ursa, Ísis era uma vaca, Cibele uma leoa ou um corpo feminino com cabeça de leão, enquanto Atargates é mostrada cavalgando um leão. Também na tardia fase cultural de Osíris, o touro Ápis era considerado o espírito de Osíris.

As divindades lunares são muito numerosas, mas todas se voltam para o conceito fundamental da *Grande Mãe*. Lembramos assim *Ishtar*, na Babilônia, personificação de uma energia natural capaz de dar ou de tirar a vida, dupla e bifásica como a Lua. Para os fenícios e os judeus, ao contrário, a deusa lunar tomou o nome de Astarte, enquanto no Egito acabou sendo divinizada em época posterior como *Ísis* e *Osíris*.

Ísis já era chamada *Mãe do Universo*, e dela dependia toda forma de vida sobre a Terra. Ela regulava a gravidez e os partos, estimulava os ciclos vegetais e regulava as águas. Paralelamente, Cibele foi a deusa frígia. Mais próximas de nós, Géia, Réia, Deméter e Amis foram divindades lunares. Consideramos, por fim, que na nossa civilização cristã também a transposição da deusa lunar mais em evidência está na Virgem Maria, que é chamada de Mãe Lua, Lua Espiritual, etc. Mas voltemos a Ishtar, pois, a nosso ver, no seu mito está todo o sentido astrológico da Lua como planeta que rege o signo de Câncer.

Ishtar tinha um absoluto poder sobre as coisas vivas: "é a deusa da fertilidade, da qual provém o poder da reprodução e do crescimento para os produtos dos campos, dos animais e do homem... Ela é aquela que abre o Útero, o principal refúgio das mães nas dores do parto. Portanto, toda a vida emana dela...".[56] Ishtar também pode destruir a vida: na fase minguante, a Lua apaga todas as formas vitais e o movimento fluídico.

É a imagem de Hécate, de Lilith, que, mesmo causando fascínio, provoca a perdição. É conhecido o mito de Ishtar, que nos reporta ao filho Tamuz e à viagem aos infernos. Narra a lenda que Ishtar, deusa lunar, reinava o ano todo e a sua ação tornava fértil a Terra. Tamuz, seu filho, personificava toda a vegetação terrestre. A harmonia Mãe-Filho está aqui claramente relacionada com o conceito do "materno" na relação astrológica Lua-Câncer. No momento da puberdade, Tamuz torna-se o viril amante da mãe lunar, que se abandona ao profundo amplexo noturno. Todavia, a própria Ishtar, com o passar dos anos, condena Tamuz à morte até que, ao final do solstício de verão, Tamuz morre.

Então a mãe lunar fica de luto por um mês, durante o qual se abate em lamentos e jejuns até que, acompanhada por suas mulheres, empreende a viagem para os infernos, no reino do Não-Retorno para libertar o filho. Nessa história, evidentemente, oculta-se o mistério edipiano na acepção da regressão autodestrutiva, o triunfo da nostalgia de Câncer, o amplexo entre a Lua e o filho na escuridão da noite. A viagem de regresso nas águas amnióticas, calor do corpo materno, perene infância: o Câncer como *Porta* e *Passagem*, como *Arco da vida*. Ishtar passa através das diversas fases dos infernos e, aos poucos, é despojada de suas jóias e, com elas, perde totalmente as próprias forças. Assim, enquanto ela está nos infernos, abate-se sobre a Terra o desespero e a depressão: animais e homens não podem se multiplicar nem mais desejam o amor. Somente com a volta de Ishtar sobre a Terra é que a fertilidade volta a ser abundante. Essa oscilação do destino mítico corresponde — é claro — às oscilações das fases lunares no período mensal

---

56. Harding, Esther: *op. cit.*, pág. 159.

e anual. Nos cultos lunares já está implícita a busca astrológica dos caldeus ainda inclinados à astrolatria.

Ishtar assumiu outras atribuições na cultura babilônica; assim, em certas regiões, a Lua era essencialmente encarregada de regular a vida afetiva dos homens e, particularmente, a sexualidade feminina.

A divindade lunar, todavia, era ambivalente e, como Rainha dos Infernos, aterradora: agora ela se apresentava como funesta deusa vingadora, mãe devoradora, prenúncio de angústias, destruições, presságios e perturbações psíquicas. É a terrível Lua dos loucos, dos delirantes sonhadores erráticos, a Lua dos sonhos sombrios de olhos abertos, o inconsciente que subverte as barreiras da razão.

Portanto, se considerarmos os infernos mitológicos correspondentes ao moderno conceito de inconsciente coletivo e de Sombra pessoal, temos nesse caso facilidade para definir Ishtar-Lua como um arquétipo do materno-feminino, que já nos primeiros tempos agia com considerável força no íntimo do homem. Seu poder numinoso era evidente: sua capacidade de dominar no céu (fase de Lua cheia), de descer aos infernos (Lua nova), a tornam mutável, bizarra, inalcançável. Daí, aos poucos, derivaram as atribuições analógicas dos mecanismos psicológicos femininos. O desaparecimento da Lua do céu era considerado a morte de Ishtar ou a sua traição; o seu reaparecimento, ao contrário, significava o renascimento, o retorno e a dedicação de Ishtar. A sucessão cíclica impôs o papel de Deusa da Imortalidade. Esse Karma transmigrou com o tempo para a astrologia e em Câncer, governado pela Lua, viu-se o grande ciclo Nada-Nascimento-Vida-Nada.

Três mil anos antes de Cristo, surgiu o culto da Lua no Egito. Num primeiro momento, ela foi Osíris; a seguir, foi Ísis. Nas diversas passagens, essas duas divindades assumiram traços invertidos, masculinos ou femininos, e não é esse o lugar certo para se delongar nas atribuições culturais.

No *Livro dos mortos do Antigo Egito* estão descritos todos os rituais inerentes à viagem na vida e na morte, à qual presidiam Osíris e Ísis, ou seja, a Lua. A iniciação aos Mistérios Sagrados que outorgavam a imortalidade também acontecia com o poder dessas grandes divindades. Mesmo no meio cultural egípcio a deusa lunar exprimia a relação do homem com a natureza, do consciente com o inconsciente e, nesse caso, também estava reconfirmado o arquétipo da Grande Mãe da região mediterrânea.

O símbolo da Lua e o seu culto passam então para Grécia e Roma, assumindo ali traços ainda mais femininos. Selene é o nome grego — de *selas*, luz — que a Lua assume como deusa do Olimpo. Sua ação e seu significado se restringem à afetividade; testemunha disso são os míticos amores de Selene pelo deus Pã e por Endimião.

Este último, deus belíssimo e jovem, dormia um sono eterno numa gruta sob o monte Latmo, e todas as noites a doce e clara Selene, descendo por trás do horizonte, ia beijar Endimião adormecido, transmitindo-lhe o seu silencioso amor. Esse mito nos mostra as características noturnas e sonhadoras do amor simbolizado pela Lua-Câncer.

Desaparecem, na mitologia grega, os símbolos animais (a Vaca-Lua que se acasala com o Touro-Sol) e entram em cena as representações humanas. Define-se dessa maneira a polaridade oposta e complementar de Sol e Lua, Homem e Mulher, nos grandes princípios energéticos Ativo-Penetrante — Passivo-Receptivo. O princípio solar masculino funde-se com o princípio lunar feminino, mas, ao mesmo tempo, define-se a irredutível antinomia baseada nos princípios de Luz-Treva, Vida-Morte, Quente-Frio, Matéria-Espírito. Assim na filosofia, de Platão a Sócrates e Aristóteles, delineia-se a dicotomia entre corpo e espírito, entre finito e infinito. Outro princípio lunar foi personificado por Ártemis-Diana, a deusa caçadora errante nos bosques, que exprime a inquietação da alma sem o controle consciente. Ela também foi venerada pela fertilidade feminina. Outra personificação lunar foi Hera, a esposa de Zeus, que simbolizava a maternidade e a dignidade conjugal.

Consideremos agora a aspecto negativo da Lua e as atribuições culturais que faziam dela uma deusa temível. A personificação mais complexa, misteriosa e temida foi a de Hécate, a obscura Lua perversa. A questão é saber se Hécate, como a Lilith de que falaremos mais adiante, era a simbolização da *Lua ausente*, ou seja, que se pôs depois do último quarto — portanto, uma verdadeira "Lua negra", ou seja, escondida aos olhos humanos —, ou então representava, para a fantasia dos homens, a outra face da Lua, aquela mais visível a partir da Terra. Em ambos os casos, tanto a "Lua ausente" como a *outra face* do planeta poderiam ter constelado o arquétipo da presença desconhecida e incognoscível (é bom lembrar o mito do véu de Ísis, que tem certas analogias com a estrutura arquetípica de Lilith) e da face oculta, o lado inconsciente da Mãe ou o aspecto negativo da Mãe. Voltemos agora a Hécate: trata-se de uma deusa aterradora, um quase fantasma da noite e das aparições, um verdadeiro pesadelo. A nosso ver, no horóscopo, certas luas fortemente carregadas de aspectos destrutivos assumem exatamente o sentido de Hécate.

O mito fala de Hécate, que aparecia na noite com seus cavalos negros. É ela que no silêncio noturno envia o horrível e assustador fantasma Empusa, também chamado de Lâmia, filha de Hécate, que significa "introduzir-se com força" ou então "íncubo". Tanto Hécate como as Lâmias seduziam os homens durante o sono, sugavam-lhes o sangue e comiam-lhes as carnes. Lilith também pode ser associada a Empusa. Aristófanes conta que a horrível criatura aparecia envolta numa bexiga cheia de sangue. Empusa tem pés estranhos: um de bronze e o outro de esterco de mula. Hécate é habitualmente uma *Mãe da morte:* aparece com a chave do Inferno, o chicote, o punhal e a tocha na mão — motivos já vistos em Ishtar. Mais recente é a simbologia em que Hécate, a terrível deusa lunar, avança arrastada por horríveis cães, ou então é tricéfala, com a cabeça canina, exatamente como Cérbero. Aqui ele aparece na sua dimensão de guardião do Hades, ou seja, a Mãe Negra destrutiva, aquela que na psicologia profunda é o materno espiritual negativo, devorador e regressivo. No mito, conta-se que Hécate trouxe de volta para a Terra Cérbero (ou seja, a própria Hécate); portanto, pode-se opinar — com Jung, em *Símbolos da transformação* — que tinha feito reaparecer no consciente a *Mãe da morte*. Isso nos ajuda a entender como o mitologema é o suporte analógico da etiologia de certas irrupções patológicas da Mãe inconsciente negativa na consciência de certas pessoas gravemente perturbadas. Hécate deu lugar aos relativos mistérios nos quais costumava-se quebrar uma vara de folhas brancas para proteger a virgindade. Mas sua obra era rápida e temida: vem dos infernos e para lá retorna. À noite, ela atravessa os campos e os povoados trazendo secretos terrores, a epilepsia, os pesadelos, o rapto psíquico e até mesmo a morte.

Hécate aparece também na divindade tutelar de Medéia e da Moira, como fiandeira da tela do destino humano. Ela podia proteger no campo da magia e do inconsciente, ou então destruir. No sincretismo grego, essa divindade lunar já é interpretada como arquétipo da Mãe-Fêmea, que assumiu o nome de Ártemis ou Réia e, também, de Perséfone (a romana Proserpina).

Hécate vigiava às portas da vida e da morte, regulava a alimentação. Ártemis era a deusa caçadora que feria de longe; a ela, como Perséfone, era atribuída uma energia materna superior e irresistível. A grega Perséfone simbolizava a Lua ao pôr-do-sol. Era filha de Deméter e somente quando Hades se apaixonou por ela é que ela se livrou do forte vínculo amoroso com a mãe. É sempre uma qualidade lunar que domina o inconsciente. Segundo Ernst Bernhard, o mito de Deméter-Perséfone caracteriza a situação psicológica atual na região mediterrânea, e particularmente na Itália, como referência à *Grande Mãe.*[57]

Mas a série de Mães não pode estar completa, nessa incursão pela Lua, sem dizer algumas palavras sobre a *Lua Negra,* ou seja, Lilith. É conhecida a importância que ela tem na prática astrológica desde os tempos antigos. Depois da Idade Média, ela perdeu o seu valor horoscópico porque, evidentemente, menos sentida pelo inconsciente coletivo e porque a prática moderna quase não se interessa por ela.

Lilith é a *Lua Negra,* mas o conceito, tanto astronômico quanto simbólico-astrológico que lhe diz respeito, continua, ainda em nossos dias, bastante confuso e os documentos relativos a ela têm escassa importância em termos científicos. E mais, o que encontramos escrito a respeito de Lilith como *Lua Negra* é muito pouco e de escasso valor, tanto na Itália como em outros países. Queremos limitar-nos a considerar esse inquietante símbolo astrológico do ponto de vista mitologêmico e, especialmente, quanto à sua relação com o valor lunar materno.

Sempre se disse que Lilith — Lua Negra —, da qual se conhecem a longitude astronômica e a órbita mensal, representa o oposto da face conhecida da Lua. No horóscopo, é considerada um verdadeiro planeta com os seus atributos. Mas como e por que surgiu essa Lua Negra? Por que Lilith, uma vez que a Lua podia ser considerada pelos astrólogos também nas atribuições negativas de Hécate ou de Proserpina? Evidentemente, a Lua, aparecendo no seu cândido esplendor, não podia suscitar no homem primitivo sentimentos ou imagens de medo e de temor!

---

57. Bernhard, Ernst: *Mitobiografia,* Adelphi, Turim, 1969, pág. 171.

A Lua — fosse Ishtar ou Osíris ou mesmo Perséfone — continuava sendo a *imago mater*, a feminilidade com a sua força ora boa ora má, mas ainda assim sempre *visível* ao homem. Lilith, entretanto, logo surgiu como algo de feminino ameaçador e obscuro. Desde a época babilônica e suméria, ela foi, na astrologia, vivida como mito e símbolo negativo ou, pelo menos, perigoso para o homem. Lilith é, então, um satélite desconhecido? É realmente a outra face da Lua invisível ao olho humano, razão pela qual se criou o mito do vulto incognoscível, a Fêmea Proibida? Ou será que Lilith é a *ausência* da Lua no céu (astronomicamente falando: a fase de Lua nova, as noites sem Lua), razão pela qual todo o céu fica escuro e as trevas ainda são mais densas sobre a Terra? Poderia ser — em termos analíticos — a introjeção de um objeto materno mau, a irrupção da figura inconsciente, exatamente como Empusa e Hécate irrompem com seu horrível aspecto para atormentar a consciência e os sentidos do homem. É difícil responder. Nós nos mantemos adeptos de uma interpretação mítico-arquetípica de Lilith-Lua Negra e a consideramos uma *formação simbólica imaginária* que constela o complexo da "mãe terrível" no inconsciente do homem, e este a projeta no céu, personalizando-a. Não queremos, portanto, fundamentar teoricamente a realidade de Lilith e, assim, ela continua, a nosso ver, ateorética, sempre capaz de se apresentar, em toda a sua força psicológica, como símbolo ou mito criado livremente pela vida, mas claramente localizada diante da *imago* da Mãe Negra e integrando a fenomenologia do complexo edipiano destrutivo enquanto *sedução regressiva*.

Vemos, portanto, de forma resumida, de que maneira Lilith-Lua Negra nasceu no inconsciente coletivo. Temos de remontar à Bíblia, onde encontramos Lilith como a primeira companheira de Adão. As interpretações bíblicas são contraditórias, mas parece relativamente fácil aceitar que Lilith fosse anterior a Eva: ela foi a mulher de Adão formada por Deus com matéria viva e suja, em vez de terra pura. Por isso essa criatura estava contaminada. Certas correntes judaicas sustentam que Lilith era uma prostituta de Canaã que adorava Anath. Fontes as mais diversas dão conta de uma versão sugestiva.[58] Lilith se recusou a Adão para não se sujeitar sexualmente a ele, rebelando-se também contra Deus.

---

58. Graves, R. e Patai, R.: *I miti ebraici*, Longanesi, 1977, pág. 78 ss.

Lilith fugiu para o Mar Vermelho, juntando-se ali com demônios e criaturas perversas, gerando diabos, depois de ter dado à luz, com Adão, o diabo Asmodeu (análogo à figura demoníaca de Caim, filho de Eva?). Lilith ficou com os demônios, ela mesma um demônio, rebelde a Deus e aos seus anjos, sustentando um atroz duelo com o divino, enquanto Deus a punia, exterminando seus filhos demônios, os chamados "lilim", e Lilith dava-lhe uma resposta estrangulando as crianças das quais se aproximava dentro das casas.

Outras fontes se referem a uma Lilith rainha de Sabá, também feroz e agressiva. O nome Lilith tem uma origem assírio-babilônica que significaria *demônio feminino* ou *espírito dos ventos*. Em 2000 a.C., na época suméria da epopéia de Gilgamesh, ela tomou o nome de Lillake. Segundo uma etimologia judaica vulgar, Lilith derivaria de Layil, que significa *noite*; portanto, é o monstro noturno com os pés peludos de animal. Ainda mais evidente é o parentesco com as Lâmias, as demoníacas filhas de Hécate.

Qual é, então, o conceito psicológico que reside em Lilith? Talvez ela expresse um feminino totalmente identificado com o *Animus*, que nega a si mesmo e ao mesmo tempo nega a *imago pater*? Talvez ela produza uma resistência sexual para com o homem, enquanto exprime um erotismo instintivo inspirado na experiência animalesca? Para alguns, Lilith pode ser a Alma invadida pela sombra, identificada com um instinto destrutivo; para outros, pode ser a Mãe Devoradora que transmite mensagens eróticas carregadas de sedução edipiana. Lembramos que Lilith seduz e mata as crianças e que suas posições sexuais sempre encaram o macho em posição de inferioridade, tornando-se, assim, segundo o mito, a Mulher castradora, o triunfo cego das energias anímicas ligadas ao sexo. Podemos dizer, portanto, que da Lua, como arquétipo e símbolo da Mãe e da Fêmea, deriva também a Lua Negra-Lilith, que deve ser incluída na série das *mães aterradoras*, expressas nas mais diversas simbologias como Hécate-Perséfone-Empusa-Lâmia-Lilith — peixe voraz (Frobenius) — dragão, baleia etc. O detalhe simbólico comum é o cavalgar sobre o corpo da vítima (Lilith, de fato, durante o coito, fazia questão de ficar em cima do macho), ou o assassinato das crianças, que pode ser explicado como a identificação introjetiva com a Mãe, o terror noturno e o pesadelo, a morte como regressão ou negação da vida, e a inflação sexual como cisão do instinto transformado em complexo autônomo na personalidade. Lilith, porém, não deve ser entendida moralisticamente como uma figura de prostituta ou uma assassina, pois isso reduziria a sua importância e, a nosso ver, não seria um juízo fiel sobre o significado do seu grande símbolo. Lilith-Lua Negra é a mãe negativa ou a Fêmea que seduz e devora, mas também a sua crua e violenta sexualidade, a sua rebeldia são a expressão ctônica de uma energia instintiva primária e absoluta, que existiu desde sempre na realidade psíquica do homem. Lilith é a sexualidade sem freios e sem preconceitos, a outra face do feminino doce e protetor, assim como ela é a outra face de Deus, como quer o mito bíblico: dramaticamente, Lilith é a criatura que se rebela contra o Deus patriarcal e que o combate no plano de um confronto paritário. Isso nos remete a todo um conceito sobre a dicotomia entre a alma e o corpo, entre o espírito e os sentidos. Lilith não pode ser separada da Lua, assim como a sexualidade é inseparável, quase instintiva, dos valores da alma. A valência erótica *negra* de Lilith deve ser assumida como uma *expressão essencial de toda a psique.* Devemos ver em Lilith-Lua Negra, além do significado biológico, o aspecto espiritual do *demoníaco* e o seu significado *numinoso.* Dessa forma, podemos avaliar o símbolo da Lua Negra como sexualidade presente na expressão de uma espiritualidade ctônica, como o lado obscuro da imagem divina que o homem tem de si e dos próprios sentidos. Ela deve ser acolhida sem medos ou sugestões maniqueístas, colocando-a lado a lado com todos os outros fatores mítico-simbólicos inerentes ao mundo humano.

A periculosidade de Lilith era a tal ponto conhecida que na tradição popular e religiosa judaica havia um grande número de histórias conhecidas, e eram praticados exorcismos contra o poder desse demônio feminino.

Como essa pequena história hassídica narrada por Martin Buber: "Um homem possuído por Lilith partiu para Neshiz para exconjurar o Rabino Mardoqueu que o libertasse. O Rabino sentiu no coração que ele estava a caminho e espalhou por toda a cidade a ordem que à noite fechassem todas as portas e não deixassem ninguém entrar. Quando o homem chegou de noite à cidade, não encontrou quem o recebesse e teve de dormir sobre um monte de feno. Logo apareceu Lilith e lhe disse: 'Venha para cá comigo.' O homem perguntou: 'Por que me pede isso? Normalmente é você que vem ter comigo.' 'No feno em que você está deitado — disse Lilith — há uma erva que me impede de me aproximar de você'. 'Que erva é essa?', perguntou ele. E mostrou a Lilith uma erva após outra, até que ela disse: 'É essa!' Então ele amarrou a erva no peito e ficou livre dela."

Tendo como base o que dissemos, vê-se como a Lua é uma expressão primordial arquetípica da Mãe e do princípio feminino e que, de um caráter divino e abstrato, ela foi levada de volta a um valor antropológico. Mas sempre expressou a correlação Lua-Terra-Alimento, análogo à relação Mãe-Filho-Vida. Da mitologia e dos cultos vimos como, vez por outra, a Lua, através de tantos nomes, assumiu valores positivos ou negativos de Grande Mãe protetora ou Mãe Terrível, de qualquer forma sempre aquela que domina a vida dos homens, dos animais e da vegetação.

Expressão do *matriarcado* durante longo tempo, a Lua levou, como astro, todos esses significados para a simbologia astrológica.

O elemento da Lua é a água, e astrologicamente diz respeito ao desenvolvimento humano desde o nascimento até a puberdade.

No horóscopo, depois do Sol, é preciso ver logo onde se situa a Lua, pois sua importância é absoluta para a avaliação da personalidade. E não é só. Sabemos que a Lua deve ser estudada sempre em relação com o Sol enquanto representa a *imago mater,* ou seja, um pólo do *casal paterno.* No horóscopo de um homem, ela exprime a mulher, como esposa ou amada e mãe, e em conexão com o Sol faz-nos entender qual pode ser a realidade do matrimônio, assim como pode ser realizada a maternidade. A infância e o valor coletivo da opinião pública também são expressos no horóscopo pela Lua e, claro, no sentido da estruturação da Alma e da sua projeção sobre o coletivo.

De acordo com alguns estudiosos de astrologia, no primeiro quarto crescente a Lua Nova corresponde ao tipo extrovertido, receptivo, ativo, capaz de uma intensa assimilação do real concreto. O último quarto corresponderia, pelo contrário, ao tipo introvertido, que vive mais interiormente os valores psicológicos e as experiências da vida. No primeiro caso, a sensibilidade é menos profunda; no segundo, a pessoa é introspectiva, apegada ao passado, às próprias fantasias, um hipersensível sonhador. Se a Lua Nova corresponde a Cibele ou, então, a Afrodite, a segunda evoca a imagem de Hécate; a primeira é dispensadora de energias, de vida e de bens, mesmo parecendo exigente; a segunda administra os reinos ocultos e misteriosos, os problemas neuróticos. Na psicologia profunda, a Lua representa a *Anima* e o arquétipo do Feminino. Em psicanálise, corresponde ao Id freudiano, ou seja, à fonte de energia vital, centro dos impulsos da personalidade. A psique é avaliada pela posição da Lua no horóscopo, porém ajuda-nos também a conhecer as camadas inconscientes da pessoa junto com outros fatores astrológicos; oferece-nos a possibilidade de indagar a respeito dos aspectos noturnos do íntimo, a zona da sombra pessoal e coletiva no sentido junguiano. A Lua coloca em evidência a imaginação, a receptividade intelectual, mas também oferece indicações sobre a memória. Ela é o trâmite analítico entre o inconsciente pessoal e o inconsciente coletivo. Quando o astro, no horóscopo, se apresenta comprometido ou mal-aspectado, o sujeito pode ter grandes conflitos na relação com a mãe interior ou com a mãe real, ou então com a mulher nos mais diversos níveis. Freqüentemente, pode haver a indicação de um estágio infantil materno-dependente não-resolvido que repercute projetivamente nas relações interpessoais em geral. Quando o astrólogo vê uma Lua com semblante de quem se sente ofendido, pode evocar um complexo narcisista, significar uma tendência regressiva latente ou um bloqueio afetivo. Muitas vezes, quando em correlação com Vênus, há a indicação de profundas perturbações afetivas. Associada com Marte em conjunção, a Lua às vezes evidencia um comportamento sádico em relação à mulher, ou então uma mãe interior castradora que impõe rituais de satisfação masoquista.

A terrível Hécate é encontrada como Lua nos horóscopos das pessoas com perturbações psíquicas: é então o reino lunar dos fantasmas, dos delírios alucinatórios (sobretudo se a Lua está em conflito com Netuno), dos medos incontroláveis e das graves alterações que reconduzem ao estágio indiferenciado da fixação nos objetos infantis, às situações arquetípicas que correm o risco de emergir e de dominar o consciente durante longo tempo. Os terrores dos primitivos, dos babilônios, dos sumérios ou egípcios, súcubos das divindades lunares, podem ressurgir no inconsciente de cada um de nós, se o destino individual assim o determinar, reativando complexos de inferioridade, autismos, fantasias inconscientes já removidas, dependências coativas, vulnerabilidade e desvios da instintividade.

Uma pessoa fortemente marcada pela Lua tem, com freqüência, um destino movimentado, instável, mutável, com atitudes e visões diversas nas várias fases da vida. Deve-se sublinhar, portanto, que a Lua diz respeito também aos fatores da neurose em termos de mundo interior, enquanto o Sol é específico dos níveis externos, conscientes, e que, mesmo no caso de uma "lunaridade" marcadamente difícil, uma pessoa esquizóide pode ter o mais alto coeficiente de criatividade, como se pode verificar em horóscopos de muitas personalidades ligadas às artes.

♂

Marte

O planeta que domina o signo de Áries é o símbolo da energia vital e do contato hostil com o mundo exterior. Tomando o nome do antigo deus da guerra, Marte logo apareceu associado ao primeiro signo do Zodíaco já no século VIII antes de Cristo[59] e foi considerado portador de eventos ruinosos ou de temíveis surpresas provocadas pela sua impetuosidade.

A mitologia fala em Marte como expressão da virilidade guerreira, de espada e sangue, mas no decorrer dos séculos as atribuições meramente belicosas e retóricas atribuídas a este símbolo se deslocaram cada vez mais para o plano estritamente psicológico individual como atribuição ao indivíduo de qualidades agressivas específicas.

O hieróglifo de Marte é um círculo dominado por uma flecha que, inclinada, sai à direita dc quem olha para o símbolo. A interpretação mais corrente do ideograma é a da energia agressiva que se separa do mundo subjetivo humano e parte em direção a um alvo longínquo. Num certo sentido, é a representação cinemática de um movimento centrífugo, em que a flecha como vetor indica o deslocamento tangencial da energia que se separa do movimento rotatório obrigatório para escolher outro percurso; deve-se também considerar o sentido esotérico do conceito geométrico do símbolo: o círculo é a Terra, a gravitação imanente no sentido existencial; a flecha é o salto qualitativo, o caminho transcendente, o afastamento do fisicismo. Esse conceito é relativamente sugestivo e parece-nos oportuno tomá-lo em consideração também no plano de uma simbologia psicodinâmica. Mas, é bom deixar claro: círculo e flecha constituem um conjunto inseparável como processo e certamente

59. Peuckert, Will: *op. cit.*, pág. 66.

não entendemos a antiga dicotomia entre "terra" e "céu", entre imanência, transcendência e metafísica. Termos superados num certo sentido, mas dizemos que no símbolo de Marte está expressa a dinâmica, a tensão libidinosa e energética do homem: justamente do finito ao infinito, da "carne" ao "espírito", do meio imediato aos espaços incomensuráveis, da matéria à alma, como uma viagem ou uma perene manifestação de tendência: do círculo à flecha até o alvo invisível. Tudo permanece preso ao círculo e tudo dele se afasta e a ele retorna.

Segundo o astrólogo Krafft, o símbolo astrológico de Marte exprime a força de dominação material, temporal e o desejo de apropriação. Com o nome de *Rustiens* ou *Silvanus*, em certas fases, Marte era considerado uma divindade protetora dos trabalhos campestres, da vida agrícola e dos rebanhos. Numerosos foram os nomes atribuídos a Marte no sentido de exaltar tudo o que é viril, corajoso, ativo e agressivo.

Lembramos que, para os gregos, Marte era o grande Ares, mas certamente a origem do nome é mais antiga; é asiática ou, então, caldaica ou egípcia.

Senard liga o nome de Marte-Ares ao étimo *Are*, que em grego significa *violência* e *cólera*. *Ara* exprime o conceito de destruição e vingança. A raiz sânscrita MAR forma o nome de uma divindade védica, o deus *Marut*, que dominava os furacões e o fogo sagrado.[60]

Originariamente, Ares era um deus-menino, um *puer divinus*, dançarino perfeito, um viril amante de mulheres divinas, que somente mais tarde foi educado para as virtudes guerreiras. Em todos os mitos e nos poemas homéricos encontramos em Marte uma natureza agressiva, audaz e impulsiva, em que o *instinto* precede toda reflexão.

Falaremos primeiro de Ares, o símbolo do erotismo: Ares-Marte como expressão da impulsividade sexual e da vitalidade transbordante, dionisíaca e agressivamente provocadora. O mito, também cantado por Homero, coloca em evidência o tipo de erotismo sexual marciano. Conta-se do Amor de Ares pela bela Afrodite, de Eros que a acompanha e do belo Desejo que a segue, como escreve Hesíodo na sua *Teogonia*.

Assim, Ares, apaixonado por Afrodite, esposa do deus artista e manco, Hefesto, tenta seduzi-la e consegue. Aproveitando-se da ausência

---

60. Senard, M.: *op. cit.*, pág. 158.

de Hefesto, ela introduz o divino Ares na sua casa, amando-o precisamente no leito nupcial. Mas o Sol os havia observado e, prontamente, contou o fato a Hefesto, o qual, imediatamente, dominado pela raiva e pelo ciúme, pensou logo em vingança. Retirando-se para sua oficina, Hefesto prendeu na bancada a grande bigorna e começou a bater e a forjar correntes tão fortes e inquebráveis quanto finas, para que os dois amantes, sem saber de nada, se enredassem nelas e ficassem imobilizados. Hefesto preparou assim uma armadilha de correntes invisíveis como teias de aranha, em toda a volta do leito nupcial, e mandou pendurar das vigas outras correntes. Esse expediente revelou-se perfeito. Hefesto fingiu partir para a sua querida ilha de Lemno, e Ares, como um verdadeiro cego, não viu Hefesto preparando tudo aquilo (eis aqui a marca psicológica que indica em Marte uma força cega, instintiva, que não reconhece obstáculos), nem tampouco o truque inteligente que fora preparado. Assim que viu Hefesto afastar-se, Ares correu até a casa desejoso do amor da Citérea do belo diadema, epíteto cunhado por Homero. Afrodite acolheu o amante no tálamo: haviam acabado de se deitar quando, abraçados, as engenhosas armadilhas de Hefesto foram acionadas envolvendo os amantes. O Sol, que observara tudo, sugeriu a Hefesto que voltasse para casa para ver o êxito do seu trabalho. Tremendo de raiva, Hefesto parou na entrada do quarto onde, assustados e impotentes, achavam-se os dois; irritado contra o destino, chamou como testemunhas todos os deuses. Invocou Poseidon, Hermes, Apolo. Os deuses riram, divertidos com o engenho de Hefesto, mas apenas Poseidon (Dioniso) conseguiu pedir a libertação de Ares com a garantia de que o deus audaz pagaria pelo adultério.

Assim Hefesto concedeu a liberdade a Ares e a Afrodite, a qual voou até Pafos, acolhida pelas Cárites, enquanto Ares seguia em direção da longínqua Trácia.

Nesse mito, vemos claramente uma energia de Marte que se aplica seguindo apenas o impulso do instinto, mas essa energia agressiva pode ser superada e contida pela energia urânica de Hefesto. Marte-Ares, como astro de Áries restrito à manifestação irracional, é aqui dominado pelo Urano-Aquário de Hefesto, que vence o rival, não com a agressividade mas com o engenho e a ajuda de todas as potestades divinas.

Todavia, Ares também era tido por Zeus como um deus odioso porque deleitava-se por demais com discussões, conflitos e rivalidades.

Ares não se preocupava com nenhum tipo de... moral, tanto que não era fiel nem mesmo às promessas feitas à mãe: "Ele não conhecia nenhuma Têmis, e quando lhe interessava, ajudava o inimigo. Sua figura gigantesca, quando ele caiu atingido por uma pedra atirada por Atena e ficou estendido, sem nenhum tipo de dignidade, media setecentos pés. Quando o brônzeo Ares foi ferido, gritou como nove ou dez mil homens juntos", assim o descreve Kerényi. Um nome anterior de Ares havia sido *Ara*, que significa *maldição*.

Há o aspecto cruel ou, pelo menos, lutador e violento de Ares descrito no mito que o vê combater os Dióscuros ou o próprio Hefesto, o irredutível adversário que o vence inclusive na circunstância do acorrentamento de Hera ao trono, provocada por Hefesto, e que Ares, em vão, havia tentado libertar.

Entretanto, é mais propriamente com a mitologia da época romana que Ares se torna Marte, o deus colérico e vingativo, sem nenhum tipo de escrúpulos e protetor da guerra. De fato, o espírito guerreiro dos romanos era colocado sob a proteção de Marte.

Ele é a força hostil, a energia impulsiva que se manifesta sem mediação ou medida. É o deus que exulta com a destruição das coisas, dos bens ou dos relacionamentos.

Marte é considerado também um testemunho da força do inimigo: é, portanto, o arquétipo da brutalidade combativa e a força que a ele se opõe é a de Palas Atena, a deusa sábia e justa. Ares fere e é ferido, por ódio ou por amor.

As mais recentes pesquisas mitológicas nos atribuem a Marte uma origem nórdica, como o deus chamado TYR, que se oferece em sacrifício para a ressurreição, e nisso podemos ver uma analogia com um aspecto marciano em Jesus Cristo que, como o deus nórdico, usa a própria energia para o auto-sacrifício.

Marte é, portanto, também um símbolo de regeneração e de renascimento, e a simbologia refere-se à dinâmica de energias opostas em luta, ou então de energias que têm seu sentido transformado (do mal para o bem e vice-versa).

Ares-Marte é no mito expressão de força vital, de apropriação, de agressão.

Vemos Ares na guerra de Tebas, com Tideo e os Epígonos; Anfiarao, herói guerreiro entre os Sete de Tebas, foi considerado o "duplamente semelhante a Ares", pela sua capacidade de comando. Dedicado a Ares-Marte havia um bosque sagrado, verdadeiro local de morte, onde o dragão conservava na boca o Velo de Ouro que Jasão procurava sem cessar. Eis outra mítica característica da energia de Ares-Marte: no périplo dos Argonautas, narra a história, houve uma parada numa ilha chamada justamente de ilha de Ares, na qual viviam os letais e agressivos pássaros do lago de Estínfalo, criados pelo próprio Ares; símbolos ctônicos, mensageiros dos Infernos, que se alimentavam de carne humana; segundo Virgílio, supõe-se que era o próprio Ares quem a fornecia. Os filhos de Ares eram caçadores ou heróis ou guerreiros: citamos Enômao, Eveno, Meleagro, Gerião. Importa recordar outra façanha de Ares que o caracteriza em relação com a Morte: na história de Sísifo relativa ao rapto de Egina na ilha de Enone, Zeus intervém para vingar-se de Sísifo enviando ao seu encontro a Morte, ou seja, Tânato; mas Sísifo havia conseguido dominá-la. Somente Ares, em oposição a Zeus, libertou a deusa da Morte entregando-lhe Sísifo para que o arrastasse até os Infernos.

Esse parêntese parece-nos suficiente para esclarecer os traços de Ares-Marte, considerando-se que, na restrita mitologia da área romana, Marte não mudou de aspecto; aliás, teve acentuadas as suas virtudes guerreiras.

Na simbologia astrológica, Marte tem o valor da violência e da paixão; é definido como planeta de fogo e ferro, muito dinâmico e agressivo, masculino, em perfeita harmonia com as características de Áries, onde tem domicílio diurno, e de Escorpião, onde o seu domicílio é noturno. No horóscopo, Marte está relacionado com a energia muscular da pessoa e exprime a agressividade natural, biológica. Podemos dizer que Marte exprime o confronto entre energias vitais individuais (ou seja, a *Libido*) e o mundo exterior, ambiente.

No sentido astrológico e psicodinâmico, esse planeta é o princípio da hostilidade como ataque agressivo e da repulsa como defesa, ou seja, auto-agressão.

Dependendo das tonalidades do horóscopo, Marte mostra se uma pessoa é um colérico agressivo ou um agressivo passivo, no sentido da inibição frustrante, e indica a capacidade de engajamento combativo na luta pela vida.

Na psicologia profunda, Marte constela o arquétipo da luta, do conflito e a expressão da energia vital originária que se liberta para agredir e possuir o objeto de amor com as pulsões profundas.

Marte simboliza, portanto, a libido na relação primária com o objeto, que se exprime com a instintividade indiferenciada oral (a relação boca-mamilo entre filho e Mãe). Barbault faz um estudo muito interessante a respeito de Marte, obtendo dele, em chave freudiana, a simbologia do chamado estágio sádico-oral.[61]

Por ser a expressão da pulsão vital, Marte é o símbolo da volúpia da posse, do domínio, da assimilação através da conquista.

Sabemos que essa energia se exterioriza em nível instintivo na primeira infância (época da dentição), e é aqui que se instaura a luta pela afirmação e a satisfação das necessidades nutritivas, imediatas. Oralidade e narcisismo estão ligados a Marte, assim como o sadismo, em que a agressão ao objeto da necessidade ainda não está carregada de afetividade nem diferenciada. Vemos aqui a correspondência mitologêmica de Ares. Entendemos a atribuição a Marte do sadismo como um instinto componente infantil puro e, também, como possível fusão de impulsos libidinosos e agressivos. O astro é masculino e viril no sentido das atribuições psicológicas e biológicas, e está relacionado com o membro genital do macho e à respectiva potência sexual.

No horóscopo, Marte assimila o grau de desejo de afirmação do Eu ou da inibição compulsiva e demonstra se a libido é bem canalizada ou não; demonstra se a pessoa é capaz de superar o nível inconsciente do sadomasoquismo ou, então, se a ele se mantém apegado, obtendo disso frustração ou impotência psicossexual. A agressividade natural, neste caso, pode ser avaliada dependendo das relações que Marte estabelece com os outros planetas, Sol, Lua, Vênus, Urano. No tema masculino Marte se reporta à virilidade e à energia para a introdução na vida. Um Marte fraco ou negativo indica uma profunda carência de vitalidade, uma tendência fácil para a frustração ou fixações a níveis eróticos infantis, que se manifestam particularmente através da conjunção de Marte com a Lua. Nesse caso, há tendência à suspeita, à des-

---

61. Barbault, André: *Dalla psicoanalise all'astrologia*, Morin, Siena, 1973, pág. 132 ss.

confiança em relação ao próximo, desconfiança agressiva, suscetibilidade e contínua busca de compensações.

Onde Marte é fraco ou superestimado, temos uma pessoa sem iniciativa ou hiperativa, medrosa diante das novidades ou inovadora ao extremo, quase que para satisfazer formações reativas. Um Marte carente, em associação negativa com a Lua ou Vênus, leva o homem a viver à sombra da mulher, buscando a sua proteção (especialmente nesses casos, o homem procura uma mulher enérgica, uma virago ou materna identificada com o *Animus*, de forma que muitas vezes se invertem os papéis sexuais no nível do inconsciente). Marte passivo obriga a se adaptar a modelos de comportamento coletivos em vez de individuais. A qualidade viril de Ares para com a mulher é ambígua: oscila da ternura à maldade mais dura; de fato, Marte em contraste com a Lua leva a pessoa a detestar a mulher ou então a ter medo dela. Deve-se também considerar o caso em que Marte está em grave conflito com o Sol ou com Urano: nesse caso, a agressividade se manifesta com violência repentina e sem discernimento, destituída de reflexão e com erros de avaliação. Quando isso acontece, Marte expressa as típicas explosões de cólera dos tímidos ou dos impotentes psíquicos. Nos horóscopos femininos, o significado de Marte parece mais complexo enquanto exprime o lado virilizante — componente do Animus junto ao Sol —, amazônico, autoritário, de virago. Assim, um Marte situado na Primeira Casa junto ao Ascendente pode sublinhar numa mulher uma inflação do Eu com característica masculina, por demais evidenciada na atitude comportamental.

Nesse caso, existe a tendência de impor com força, litigiosamente, as próprias opiniões e opções, ou então a se defender com obstinação e irritação. Ou então, um Marte lesado, na Sétima Casa — a da relação matrimonial e com o próximo —, sobretudo se associado ao Sol em signos marcianos, pode colocar em evidência uma mulher fálica, com atitudes e relações sádico-agressivas com o parceiro ou com os colegas. A energia marciana é, neste caso, expressão de uma feminilidade negada ou distorcida na qual, com freqüência, há uma acentuada competitividade com o homem ou a necessidade de castrá-lo psiquicamente.

Em geral, Marte no horóscopo feminino coloca em evidência a imagem do masculino que a mulher tem no seu inconsciente como arquétipo do viril e da sexualidade. Diante do fator Marte mais ou menos acentuado no próprio horóscopo, a mulher reage como Afrodite ou Minerva, como

Deméter ou Ártemis, como Perséfone ou Juno, ou então como Hécate e até mesmo como Lilith.

Todavia, Marte não tem valores exclusivamente ferinos e cruentos. Aliás, seguindo uma chave analítica, pode-se dizer que o astro entendido como pura energia libidinosa não pode ser encerrado dentro de esquemas interpretativos por demais rígidos. Parece-nos importante então lembrar que Marte exprime cognições mais amplas e profundas da energia vital: ele nos sugere a analogia com *Kundalini*.

Marte-Kundalini é a energia erótica vital segundo a teoria energética hindu, que corresponde ao nosso conceito de libido. "Sabemos que a Kundalini é uma força-serpente enrodilhada na zona anatômica do períneo (ou seja, entre os escrotos e o orifício anal), na base da coluna vertebral. Despertá-la para lançar o sêmen significa utilizá-la com objetivos prevalentemente genéticos de reprodução, e esse uso é legítimo. Despertá-la, ao contrário, sem ejacular o sêmen significa produzir uma transformação da energia, caso essa energia kundalini, subindo pelo duplo canal simbólico do sushumna, se difunda lentamente por todo o corpo através dos centros ou plexos chamados chakras, abra as suas pétalas localizadas na extremidade superior da cabeça e determine uma amplificação de todo o Ser, semelhante ao processo de integração do Si-mesmo (*Selbst*)",[62] ou à sublimação freudiana, determinando a libertação de toda limitação, numa abertura ilimitada que pode chegar até o *samadhi*. A *kundalini tântrica* é realmente uma expressão de Eros que leva à identificação total, instintiva ("Eu sou você") abolindo a dualidade e a percepção da subjetividade. Traduzida em termos de fisiologia do sexo, Kundalini-Marte exprime o pênis em ereção e a sua penetração na vagina, mas o valor simbólico é transcendente: de Eros a Purusha e Pakriti.

A energia de Marte destina-se, portanto, a diferenciar-se, passando pela qualidade "divina" do Sol como expressão simbólica do Uno total, universal.

A energia de Marte nem sempre é cega e instintiva; lembremo-nos de que Ares era sempre um deus do Olimpo e sua força é também uma

---

62. Krishna, Gopi: *Kundalini, l'energia evolutiva dell'uomo*, Ubaldini, Roma, 1971.

faculdade, é a necessidade humana de se expressar para obter um ponto de contato com a realidade. Ela se expressa nos atos, nos gestos, nas palavras ou mesmo no silêncio e na imobilidade: basta pensar também na energia libertada na prática da ioga. O contato com a realidade objetual pode mesmo ser considerado arbitrário ou imposto: é o caso da guerra, e também da translação realizada pelo artista. Marte serve para orientar a energia de si para o mundo exterior, a fim de transformar este mundo plasmando-o no sentido *autoplástico*.

Assim se realiza também a relação Eu-Outro, Eu-Não Eu, Eu-Coletivo. Tudo está a serviço da realidade e, com Marte, o homem torna-se realista afirmando-se na extroversão primária.

♀

Vênus

O planeta do Amor, como costuma ser chamado pela astrologia popular, é, na verdade, o símbolo que se aparenta com a Lua para sublinhar os aspectos histórico-mitológicos do matriarcado.

Vênus, a latina *Venus*, surgiu à vista do homem no céu já na época dos babilônios ou, pelo menos, no segundo milênio antes de Cristo. Os babilônios a descreviam como uma "tocha clara" e como o "diamante cintilante ao sol" que oferecia "um espetáculo maravilhoso".[63]

Em pouco tempo, porém, o planeta Vênus tornou-se também arquétipo ou símbolo da Grande Mãe. O ideograma de Vênus é, talvez, o mais conhecido e sugestivo: um círculo com uma cruz pendurada e virada para baixo.

Certa tradição astrológica, na verdade voltada para uma atmosfera sacrifical e penitencial, vê nesse hieróglifo um símbolo de inflação de aspecto imanente carnal e orgiástico, "pecaminoso", do homem, que prevalece sobre o aspecto espiritual e místico representado pela Cruz. Nesse caso, o mundo (o círculo) prevalece, aparecendo por cima da Cruz, que é removida e rechaçada para o inconsciente. O símbolo sagrado estaria de cabeça para baixo, enterrado na direção luciferiana, ctônica. Ou então, outra versão, a cruz Espaço-Tempo-Matéria é escondida, afastada da consciência humana, decidida a viver apenas a dimensão imanente do cotidiano. Outros estudiosos vêem em Vênus o símbolo perene dos prazeres dionisíacos. É fundamental, entretanto, a atribuição de Vênus à expressão afetiva sensual. A mitologia do astro leva-nos em cheio à dimensão das Vênus greco-romanas, ao reino das maravilhosas deusas

63. Peuckert, Will: *op. cit.*, pág. 61.

olímpicas, criaturas mortais de incomparável beleza, mas antes disso temos referências feitas à mitologia babilônica[64] relacionada com o planeta Vênus. Na antigüidade, ele era chamado *Helel ben Shabar*, trazia uma alegoria hebraica em conexão com a queda de Faetonte.

Ishtar tinha o domínio sobre Vênus, que no seu nome original significava *aurora*. Na tradição bíblica, Vênus seria, portanto, a mãe de Lúcifer, o querubim edênico que mais tarde, por ter tentado superar a glória de Deus, foi sepultado no *Sheal*, dando origem ao Demônio. Na Grécia, a deusa Vênus assumiu nomes bastante diversos e todos se aproximam da qualidade *lunar*. Acredita-se, portanto, que o culto da Deusa Mãe e a expressão matriarcal tenha passado da Lua para Vênus, e esta última tenha assumido o papel de protetora do gado e dos campos. Na Babilônia, era chamada de Astarte, como *imago mater*, e isso desde as populações que antecederam os sumérios; esse nome chegou até a época romana, quando algumas personificações de Astarte-Vênus eram divindades do livre amor sexual, que exigiam sacrifícios de crianças recém-nascidas, mergulhadas nas águas do Tibre, e a seguir depositadas ao redor da pedra sagrada de Astarte. A afinidade específica foi encontrada com a Vaca e, mais tarde, com o Touro, razão pela qual o primitivo culto girava em torno da preservação dos rebanhos, das culturas, do alimento. Está clara, assim, a passagem em linha direta para Ceres e Cibele. Esta Vênus ainda é essencialmente instintiva, natural, quase biológica, não tendo nenhuma ligação com o homem.

Os fenícios a adoravam com o nome de ASTORETH e estava em relação com Astério, o Minotauro de Creta; os assírios chamaram-na ISHTAR na sua qualidade lunar e durante muito tempo reinou grande confusão quanto às atribuições entre Lua e Vênus. Na mitologia hindu, assumiu uma divindade muito próxima da deusa Káli.

Falaremos agora da Vênus-Astarte. O nome provém do grego, Astaros = estrela. Peuckert faz referência ao significado assírio-babilônio *de chifres*. No culto mitraico, de fato, essa Vênus-Astarte assumiu o símbolo da cabeça de touro com um disco entre os chifres.

Sabemos que a tradição cultural primitiva era orgiástica e compreendia sacrifícios humanos; na região do Egito, Astarte tornou-se uma

---

64. Graves, R. e Patai, R.: *op. cit.*, pág. 70.

divindade relacionada com o princípio de atração-desejo, no sentido receptivo-passivo, e assume definitivamente o ideograma que conhecemos, símbolo que mais tarde passará para o significado da grega Afrodite e de Cibele, deusa dos campos.

Segundo relata Kerényi,[65] Vênus era uma deusa desejosa de amor, mas também sabia transmitir uma ilimitada volúpia amorosa; no céu, pertencia-lhe a estrela mais brilhante que um dia desafiara Hélio.

Diz-se que tinha nascido de um ovo que os peixes do Eufrates empurraram até a margem e que fora chocado por uma pomba. Mas na cultura ocidental Astarte é Afrodite-Vênus, e por essa razão, na astrologia, consideramos uma Vênus *única* para Touro e Balança.

A mitologia oferece-nos todo um hino à beleza, à graça e à feminilidade a propósito da Lua-Vênus.

Afrodite nasce do mar. A "veneranda, engrinaldada de ouro, a bela Afrodite" — como a descreve Homero no VI hino à deusa — é filha de Urano e Géia (a Terra). Já contamos a história cruenta de Urano, que mata os filhos sob o olhar entristecido de Géia, e do sangrento castigo que lhe foi infligido pelo filho Crono, o qual, junto com a mãe, corta os genitais do pai e os atira ao mar. Então — como conta Hesíodo — uma branca espuma saiu da carne imortal e dela nasceu, junto à ilha de Cítera, uma menina: Vênus. Assim, a criatura divina que talvez tenha em Botticelli, seguindo o ideal humanístico das culturas helenísticas, o seu melhor intérprete, nasce mitologicamente de um gesto reparador, oblativo e sanguinolento ao mesmo tempo. Afrodite-Vênus, como símbolo do *amor*, nasce de um rito de castração, melhor: de evitação. Talvez se deva ver nesse conceito a perda da dimensão sensual e imanente: o amor é algo mais do que a expressão sexual, e a sua perfeição tem também o componente da *dor*.

Afrodite foi acolhida pelos deuses e pelos mortais com espanto e alegria. "Logo ela teve entre os deuses e os homens, como função e ofício, o sussurro das garotas, o riso e a malícia, a doce volúpia, o amor e a serenidade", como escreve Kerényi.

Segundo outras fontes, Afrodite nasceu de uma concha, associando-a ao conceito de pérola, com histórias de amor relativamente complexas.

---

65. Kerényi, Károly: *op. cit.*, pág. 63 e 65.

Por outro lado, deve-se dizer que Afrodite teve tais e tantas personificações culturais a ponto de não poder fixar-lhe um conceito detalhado, o que ultrapassa os limites desta obra.

Eis, portanto, a Vênus-Afrodite helênica que assume o símbolo do afeto sensual e da feminilidade, perdendo as características de Vênus-Astarte, expressão afetiva ainda ligada à sexualidade terrena animal das civilizações tauro-mitraicas.

Os mitos gregos em pouco tempo se concentram em torno das histórias de amor de Vênus. Ares é deus belíssimo e viril que ela ama juntamente com Hefesto, o deus vulcânico feio e deformado, embora astuto e genial. Famosa é também a história de amor da deusa com o pastor Anquises, o futuro pai de Enéias. Afrodite vagava pelos bosques da Ásia Menor, seguida por animais selvagens, bela e imortal, e não podia, por vontade de Zeus, amar os deuses; por isso, às escondidas, ela procurava os homens mortais. Encontrou, solitário em sua cabana, tocando a cítara, belíssimo porque amado pelos deuses, o pastor Anquises, que logo se apaixonou por ela. Outras fontes contam que Afrodite marcou o encontro no monte Ida e ficou docemente encantada pelo fascínio do herói. Em Chipre, no templo de Pafos, entre as suas graciosas servas Cárites, Vênus vestiu roupas suntuosas, perfumou-se e, de volta ao monte Ida, seduziu Anquises sem revelar-lhe sua natureza divina. O amor entre os dois foi doce e cálido, e somente depois Afrodite tornou-se luminosa e ainda mais bela diante do amante. Anquises foi tomado pelo desespero, mas a deusa tranqüilizou-o e em nome do amor de ambos falou a respeito do futuro nascimento de um filho seu, que seria forte e herói sobre todos os troianos.

Outro episódio mítico é o encontro de Vênus com Pigmalião sob o semblante da própria estátua de marfim que esse rei amava como se fosse um verdadeiro corpo de mulher; ele adorava a tal ponto a imagem esculpida que Afrodite, movida por piedade e perturbada por tanta dedicação, transformou a estátua numa verdadeira mulher. Do amor com ela Pigmalião teve Pafos, a filha que mais tarde instituiu o culto de Vênus-Afrodite. Nessa história também vemos um grande gesto da deusa para com o homem que ama. Por outro lado, um aspecto menos sereno e feliz do amor, mas ainda assim generoso, é encontrado na história da Afrodite perdida de prazer pelo belíssimo Adônis, amado por todas as mulheres. Lembramos a versão que Ovídio nos dá dessa história nas

Metamorfoses, que mesmo na tradução conserva a poética tensão da narrativa mítica.

Vênus é dominada pelo seu amor e não cuida mais da própria vida, fica longe de Pafos, esquece Cítera, Cnido e Amatunte. Permanece longe também do céu dos deuses porque a eles prefere Adônis. Mantém-no perto de si, segue-o, e não se importa em cuidar da própria beleza para correr junto com o amante, por montes e bosques, entre rochas e moitas, vestida como Diana; nas expedições de caça ela exorta Adônis à prudência diante dos animais ferozes e sugere-lhe como evitar, por amor a ela, leões e javalis. Mas o jovem herói é vitimado justamente por um feroz javali que ele havia apenas ferido. Vênus, que estava se dirigindo para Chipre sobre as asas dos cisnes, reconhece de longe os gemidos do moribundo e volta para essa direção o vôo dos pássaros. Ao lado de Adônis, foi colhida por violento desespero, e praguejava contra o Destino que havia matado um amante tão querido. Então, para ter um testemunho perpétuo da sua dor e amor, Vênus-Afrodite recolheu um pouco do sangue de Adônis e implorou a Perséfone que o transformasse em flor. "Assim falou, e espargindo de perfumado néctar o sangue de Adônis, que ao seu contato tomou corpo como uma bolha de água e elevou-se cintilante no céu chuvoso, e não passou uma hora e daquele sangue nasceu, assumindo a sua cor, uma flor semelhante àquelas que a romãzeira ostenta, escondendo suas sementes sob uma casca bem fina. Mas a flor se deixa admirar por pouco tempo: sem firmeza no caule, e leve demais para não cair, basta para colhê-la o sopro daqueles ventos que lhe dão o nome."[66] E assim nasceram as anêmonas, doces e delicadas flores.

A deusa do amor exprime, portanto, uma energia de afinidade; é o eixo bipolar de todas as criaturas, bem como de todos os elementos do universo. A afinidade, que os alquimistas definem como a tendência que um corpo tem de se combinar com outro, e que eles associam com uma energia quase psíquica, a afinidade dos elementos cujo papel fundamental a ciência analisou em todas as manifestações transformadoras da natureza e da vida, é a própria energia do amor que atrai uma para

66. Otto, Walter: *Gli Dei e gli Eroi della Grecia*, Le Monnier, Florença, 1974, pág. III.

a outra as criaturas. O *solve et coagula*, portanto Vênus, é o símbolo psicológico dessa energia poderosa. Essa energia de amor é expressa em Touro por Astarte, ainda indiferenciada, pré-racional. Em Balança, ao contrário, já é a arte das afinidades eletivas expressa por Afrodite.

Na astrologia, Vênus é a expressão global da afetividade e do amor sentimental. Mas o símbolo, nessa dimensão, deve ser entendido também como parâmetro da beleza estética formal, para cuja compreensão entram em jogo a sensação, a percepção e as imagens que são ativadas no profundo.

O planeta indica a idade astrológica que vai da segunda infância até a adolescência e se refere ao desabrochar de toda beleza e ao nascimento de cânones culturais novos, ao mesmo tempo que estabelece o princípio de atração, de empatia e de comunhão harmoniosa.

Num certo sentido, Vênus corresponde ao *ágape* e à dimensão do *hieros gamos*. Naturalmente, Vênus no horóscopo informa sobre as capacidades e modalidades de contato afetivo com o mundo exterior, quer como capacidade de amar, o calor dos sentimentos, quer como atitude mais ou menos sensível para compreender o belo e o alegre. Vênus é também o símbolo do temperamento artístico criativo e contribui para avaliar o chamado fascínio pessoal, as virtudes oblativas do Eu, bem como o altruísmo e a dedicação.

Simbolicamente, na psicologia profunda, como ocorre na astrologia, Vênus relaciona-se com todos os valores mitologêmicos. Enquanto a Lua é o arquétipo da mulher, Vênus é o amor como sentimento. Em sentido dinâmico, dizemos que simboliza a possibilidade de projetar a imagem interior sobre um objeto de amor reconhecido como válido. Os diversos mitos de Afrodite constelam claramente o destino de cada pessoa. Por exemplo, uma Vênus muito malposicionada no horóscopo, que receba influências negativas de Saturno, ou então de Urano ou Marte, ou que tenha uma quadratura com Sol-Lua, pode dar ao nativo feminino a possibilidade de encontros e relacionamentos, mas certamente um deles poderá ser trágico ou dolorosamente malsucedido; o destino de Adônis, nesse caso, se repete simbolicamente na perda de um ser amado ou num luto. Pelo contrário, uma Vênus na Décima Segunda Casa, bem influenciada por Netuno, Sol ou Marte, pode proporcionar amores secretos e arriscados como o de Afrodite por Ares ou Anquises; por trás do mito, portanto, está o complexo ou a modalidade psicodinâmica subjetiva; não é um destino cego que minimiza, mas uma tendência e uma potencialidade.

Jung sugere que vejamos na Vênus astrológica também a *projeção erótica* por parte da *Mãe hiperprotetora* ou *fálica*, e, portanto, a introdução do princípio do Mal, no sentido de um feminino que intervém para romper os equilíbrios e para desencadear as paixões, como vemos no mito de Ishtar em relação ao filho Tamuz.[67]

Nos aspectos vistosamente negativos, Vênus sugere a necessidade de interpretações no sentido de perturbações afetivas que podem chegar até a negação do diálogo amoroso. Fala-se, nesse caso, de não-afetividade, de perversão do sentimento ou de inflação de expectativas fortemente oblativas.

Quando, no horóscopo, Vênus está em aspecto negativo com o Sol, com a Lua ou então com Marte ou Saturno, tem-se habitualmente um quadro de carência afetiva *primária*, no qual a pessoa é vítima de hostilidade inconsciente para com os objetos de amor que se "recusam" a ela e, portanto, faz contínuos pedidos de *ressarcimento*. Nesse caso, o amor é devido como *reparação* — como teoriza Melanie Klein — e a pessoa se fecha na reivindicação narcisista: Vênus como ato de amor, como oferecimento de si, é uma incógnita para ela. É fácil, portanto, comparar esse tipo de nativos de Vênus à série de Mães lunares negativas. Essa tonalidade é encontrada em temas de homossexualidade latente ou manifesta ou de transexualidade com vibrações hermafroditas (basta pensar no mítico amor de Afrodite por Hermes-Mercúrio, como irmão amado da Deusa). Encontramos na mitologia grega numerosas variações da personificação de Afrodite e muitas vezes encontramos Lilith ou Empusa com a imagem de uma Afrodite: isso demonstra o quanto é ampla a variável psicológica da afetividade e quanto é imprudente, em termos astrológicos, esquematizar Vênus e as suas atribuições. Nada mais impreciso, mais rico de nuanças, nada mais ligado a translações e transformações que a afetividade humana. Por isso, Vênus é um símbolo geral, não o estático, que mal suporta, mais talvez do que qualquer outro planeta, que se lhe apliquem fórmulas interpretativas.

---

67. Jung, Carl Gustav: *La libido. Simboli della trasformazione*, Boringhieri, Turim, 1969, pág. 414.

☿

Mercúrio

O astro mais veloz e leve do sistema solar ocupa um papel preeminente na mitologia greco-romana, mas já era conhecido na cultura assírio-babilônica, ainda que as notícias sejam mais escassas e menos críveis as fontes. O Hermes-Mercúrio da mitologia grega corresponde a Anúbis e a Thot do Egito. Em nosso meio cultural, Mercúrio tem um valor ligado à alquimia, à astrologia e à química de derivação greco-romana.

O hieróglifo de Mercúrio é constituído por um círculo (como o Sol, Marte e Vênus) dominado por uma meia-lua colocada horizontalmente sobre a parte superior, enquanto na parte inferior encontra-se uma cruz de cabeça para baixo. O gráfico resulta praticamente da fusão de Vênus com Touro.

Algumas fontes mais distantes no tempo representam Mercúrio com o símbolo de uma águia em vez da meia-lua, razão pela qual tinha-se o seguinte ideograma: [a]. É muito complexa a leitura simbólica do hieróglifo. Certamente o Espírito (representado pela Cruz) une-se à Terra, ou seja, à matéria (representada pelo círculo) através do sinal compósito de Touro (vide [b] no pé da página); ou então vemos a representação da realidade do sacrifício humano — o círculo e a cruz — que se diviniza no princípio lunar ou na águia. Esse conceito de uma comunicação entre Terra e Céu faz de Mercúrio um trâmite entre o humano e o divino, entre imanência e transcendência. A energia de Mercúrio é a base da transformação alquímica da matéria segundo o princípio ativo de trans-

[a] ☿; [b] +, ○, ♉, ☿.

missão e transmutação. O movimento energético de Mercúrio volta-se para os quatro pontos cardeais e é talvez por esse princípio esotérico que a estátua de Hermes-Mercúrio, na Grécia, era colocada nas encruzilhadas com o epíteto de *Tetrakephalos*, ou seja, "quatro cabeças", a fim de vigiar os espíritos maus provenientes das quatro direções.

A mitologia grega nos apresenta Hermes como filho de Júpiter e de Maia, e com isso nos reportamos às fontes homéricas (Hino a Hermes) e ao trabalho de Kerényi.

Não é clara a origem de Maia como deusa. O certo é que se refere à noite e que vivia numa gruta do monte Cilene, na Arcádia.

Talvez fosse uma das Plêiades, as sete estrelas que compunham a constelação das sete meninas divinas raptadas e levadas para o céu.

Zeus amou Maia no segredo da noite, enquanto, sem nada saber, Hera dormia. Nenhum deus e nenhum homem tomou conhecimento do fato senão dez meses mais tarde, quando Maia deu à luz um prodigioso menino que não ficou muito tempo no berço. Ele levantou logo de manhã, como conta Homero, e ao meio-dia vagava pelos bosques onde construiu uma lira com a carapaça de uma tartaruga, obtendo notas melodiosas, e à noite roubou os bois do divino Apolo.

Esse é Hermes-Mercúrio: um menino versátil, hábil para enganar, rápido com as mãos, ladrão de bois, senhor dos sonhos, espião noturno, bisbilhoteiro que às escondidas se postava atrás das portas.

O mito que Homero nos descreve é Mercúrio, o menino divino, mas também o trapaceiro divino. O garoto prodígio é sagrado: seu primeiro gesto é matar os bois, roubados com astúcia, dividindo as carnes em doze partes, exatamente o número dos deuses do Olimpo.

O outro prodígio é a criação da Lira e a pacificação de Apolo, infundindo nele a alegria com o "décimo segundo canto". Hermes-Mercúrio ofereceu a Apolo a Lira em troca da vara de pastor que produzia riqueza e outros poderes divinos, entre os quais o vaticínio das abelhas-irmãs do Parnaso, a soberania sobre os animais e o cargo de mensageiro dos deuses junto a Hades, nos infernos. Por isso ele é chamado de *Psicopompo*, ou seja, guia das almas. Veloz, brilhante, astuto, persuasivo ao falar, Hermes tem o dom da mobilidade e da ação rápida, age desconcertando deuses e homens, é irreverente e sutil. Mensageiro dos deuses por sua presteza e habilidade, Hermes ajudava a todos, mas sem nenhum princípio moral, conhecendo muito bem a natureza das coisas humanas e divinas. Portanto, Hermes tinha originariamente um símbolo cultural fálico, que depois se tornou humano, representado pela cabeça de um menino. Isso torna possível compreender por que o culto de Hermes está relacionado com as faculdades superiores e intelectivas. A expansão, o conhecimento e a comunicação fazem desse mensageiro um amoral simbólico, no sentido de que o aprendizado e o conhecimento não podem sujeitar-se a leis morais ou a categorias de costumes. Mercúrio-Hermes não é apenas um gracioso mensageiro com o calçado alado e o corpo perfeito de Narciso, da forma como é representado pela arte, e não é — do ponto de vista astrológico — apenas a expressão da inteligência no sentido de aquisição intelectual e de diferenciação superior; é antes o símbolo da função global de que é formada a instância coordenadora e de orientação que chamamos Eu, ou seja, o consciente. Portanto, Hermes-Mercúrio, como mitologema e símbolo, encontra-se forçosamente distante das categorias racionais e culturais; é antes a expressão da irracionalidade que se transforma, não por força da aculturação e da intelectualização, mas antes por uma harmônica coordenação e assimilação daquilo que é experimentado através das funções primárias e secundárias do ser. Isso deve ficar muito claro para que o Mercúrio astrológico fique livre de projeções qualitativas que o fazem parecer excessivamente intelectual e diáfano, quase como a expressão de uma simples mistura de moral, intelecto e consciência! Hermes, é bom lembrar, apenas acaba de nascer e já se transforma em ladrão e engana mãe e irmão, mata uma tartaruga para fazer uma lira e engana muitas vezes o grande irmão Apolo para obter vantagens pessoais. Isso significa que Hermes é antes de tudo a inteligência que se adapta ao meio, segundo as leis do instinto e da vantagem egocêntrica, que não exclui o cinismo, a astúcia, até mesmo o engano e a frieza. Justamente o *puer*, que age irreverentemente, divertindo-se à custa das "leis dos adultos", orgulhoso de sua jovem libido não-frustrada, em harmonia com todas as dimensões do real. É o criativo libertado, o eros em *statu nascendi*. As primeiras manifestações eróticas de Hermes acontecem com o mítico amor por Perséfone ou Brino. Diversas fontes lembram a relação central de Hermes com Afrodite, que pode ser também Ártemis, sempre dentro da dimensão cultural fálica dos Cabiros e dos Dátilos. Hermes e a Deusa talvez eram filho e mãe ou, então, irmão e irmã, de acordo com Hesíodo.

Foi justamente deles que nasceu Eros, o deus do Amor. Se quisermos atribuir a esse deus mítico a qualidade psicológica de eros como energia vital, encontraremos Mercúrio-Hermes como função e instância antecedente, primária; Mercúrio precede o erótico, o energético libidinoso.

Do filho de Hermes, como fruto do amor por Afrodite, nasce *Hermafrodita:* expressão da androginia humana "homem-mulher" que, uma vez mais, propõe o arquétipo da fusão objetual primária entre o filho homem e a "grande Deusa do amor", a *Mater magna.* Mercúrio indica também o caminho para a polaridade sexual e psíquica, ao passo que o filho Eros é a antítese de Narciso, o infeliz apaixonado por si mesmo que se afoga nas águas límpidas do Helicona, na Beócia.

Hermes é caracterizado em termos de aprendizado evolutivo como um deus útil na relação com o meio ambiente (o Mercúrio de Gêmeos), e já vimos as histórias míticas relativas a ele.

O Hermes que se diferencia na exagerada consideração que dele fazem os deuses é o Hermes que possibilita o intercâmbio entre inteligência e fantasia, da forma como é simbolizado pela relação com Apolo, e será o Mercúrio do signo de Virgem, aquele que concretiza a fusão de todas as funções numa harmonia global. Aqui Mercúrio preside a atividade do Eu, e parece-nos útil traçar uma diferença dos símbolos: o Mercúrio de Gêmeos é aquele representado com o *cajado* do pastor, dourado e dotado de três folhas, princípio de aquisição instintiva, natural. O Mercúrio de Virgem, por sua vez, é representado com o famoso *Caduceu:* a vara sagrada ao redor da qual estão enroladas duas serpentes que se deslocam para a ponta superior da vara, onde há um par de asas abertas. Parece-nos útil insistir sobre o símbolo do Caduceu porque caracteriza tanto a evolução de Hermes-Mercúrio quanto a qualidade mitologêmica que se explica inteiramente em Virgem. O Caduceu de Mercúrio é o emblema do equilíbrio entre instinto e razão, entre forças benéficas e forças maléficas, quer no nível cósmico quer no nível humano.

O Caduceu representa o equilíbrio entre água e fogo, mas sobretudo é o símbolo arquetípico do caos primordial (correspondente ao estágio primário da criança) que, por fim, se polariza nas duas forças opostas (as duas serpentes) que se enrolam em torno do eixo do mundo, símbolo do Tao ou da divina saúde (analogia com o caduceu de Asclépio, símbolo da Medicina e do equilíbrio entre Psique e Soma) e, portanto, o símbolo de paz, de entendimento entre as grandes e fundamentais energias. Isso corresponde ao Hermes-Mercúrio que, como elemento de ligação, realiza a dialética entre os deuses olímpicos e os homens; ele é chamado a conduzir os corpos até Hades como guia ctônico e realiza o intercâmbio entre as diversas funções vitais. Mas no caduceu de Hermes-Mercúrio está implícito o grande símbolo da harmonia humana, o encontro do masculino com o feminino, do homem com a mulher, na união arquetípica do Hermafrodita andrógino.

Na verdade, conforme já dissemos, Hermes se une a Afrodite e gera Eros que, por sua vez, unindo-se em amor com a ninfa Salmakis, gera justamente o hermafrodita feminino, filho macho. Atenágoras e Macróbio, mencionados por De Gebelin, lembram que o caduceu simboliza o Sol (o homem) e a Lua (a mulher) que no decorrer de um ano se separam e se juntam nos casos de conjunção, eclipse e paralelo ao longo de suas eclípticas.

No Caduceu de Mercúrio todas as forças contrárias se estabilizam integrando-se, assim como acontece no processo evolutivo psicológico do homem. Para os próprios romanos, o bastão sagrado de Hermes exprimia a luta interior das forças e dos princípios opostos, quer no plano biológico, quer no plano moral, do pensamento ou de eros. Naturalmente, Hermes respeita a polaridade, o dualismo e isso dá novo fundamento à moral autêntica, individual, "além do bem e do mal", para usar palavras de Nietzsche: o bastão representa o poder, as duas serpentes a prudência, as asas representam a ordem e o domínio, o capacete alado de Hermes simboliza a elevação do pensamento. Para completar a resenha sobre o simbolismo do caduceu que define o comportamento de Mercúrio em Virgem, lembramos que, no esoterismo budista, no tantrismo, o cajado de Mercúrio corresponde ao *eixo do mundo* e as duas serpentes correspondem à Kundalini, a energia vital poderosa e temível que dorme — sob a forma de serpente — no fundo da coluna vertebral e se liberta através dela e dos "chakras" ou "pontos de sentido" até se manifestar saindo pela cabeça.

Mas, evidentemente, o caduceu, que Mercúrio agita para adormecer ou acordar os mortais comuns, simboliza toda a complexidade humana e as infinitas possibilidades evolutivas que se apresentam possíveis ao homem. No signo de Gêmeos, repetimos, Hermes-Mercúrio domina com o cajado do pastor e é sim um poder, mas ainda parcial e limitado à agricultura, ao conhecimento, ao intercâmbio e ao enriquecimento. O caduceu, ao contrário, de Mercúrio em Virgem é a manifestação completa de todas as capacidades humanas. Enquanto Hermes-Mercúrio em Gêmeos permanece um *puer aeternus*, como descreve Hillman em seu livro *Senex et puer*, que tenta unir os opostos e ordenar o experiencial, Mercúrio em Virgem é a inteligência que superou a transformação e chega ao nível áureo da alquimia. Este, o Mercúrio da inteligência lógica que vai além da inteligência do Logos. Está, assim, aberto o caminho para a metafísica.

Na psicologia astrológica, Mercúrio praticamente se robustece em seus valores essenciais para manifestar-se como harmonia de relação entre os impulsos interiores e instintivos, e as exigências advindas de fora. Há, portanto, o intermediário entre a pessoa e o mundo das inter-relações.

O grau de socialização, o tipo e a quantidade de relações inter-pessoais são definidos por Mercúrio. A linguagem verbal, a escrita, o gesto e todo tipo de mensagem ou sinal pertence a Mercúrio. Mais próximo da primariedade, Mercúrio domina a idade pós-infantil até a adolescência. Junto com Saturno, que exprime o aprendizado imaginativo e mnemônico, Mercúrio é um componente essencial do *intelligere*. A ação astrológica desse planeta nos leva a examinar o seu finíssimo valor psicológico. Ele simboliza o processo de adaptação lógico-verbal através da seleção e da remoção dos dados sensoriais ou instintivos, mas também presidindo aos mecanismos de defesa aos estímulos externos ou internos (função típica assumida pelo Eu).

Dessa maneira, obtém-se o desenvolvimento diferenciado, livre das vicissitudes típicas do estágio lunar de Câncer. Enfocando Mercúrio como arquétipo do *puer*, podemos compreender no horóscopo, no conceito analítico do profundo, se o indivíduo integra, e em que nível, essa parte fundamental estrutural da personalidade em harmonia com o correspondente do *senex*.

No nível mais escatológico, Mercúrio torna o homem consciente do próprio valor e destino.

Dependendo da posição da qualidade assumida no tema do horóscopo, Mercúrio informa sobre o grau e o tipo de inteligência, as faculdades de assimilação e o intercâmbio entre o Eu, o profundo e o Superego. Quando o astrólogo fala de um bom Mercúrio no horóscopo, logo se pensa em uma mente viva, um discurso fácil, adaptabilidade, desenvoltura na vida de relação.

A referência anatômica do planeta é o sistema nervoso central e vegetativo, a psique nas funções primárias. Certos aspectos negativos que Mercúrio recebe do Sol, da Lua ou de Netuno ou Urano evidenciam, em alguns casos, graves perturbações psicológicas ou psíquicas, perturbações da linguagem ou da motilidade. Uma tradição um tanto obscura pretende que Mercúrio, em conjunção com o Sol no mesmo grau de certos signos do Zodíaco, produz na pessoa desequilíbrios nervosos muito graves, perturbações psicomotoras, atitudes associais (exatamente como pretende o mito: um Hermes deus dos ladrões e, ele próprio, um embrulhão). Mercúrio dominado por Marte ou Saturno acentua a racionalidade e a rigidez da atitude afetiva.

Hermes tem por irmão Apolo e, portanto, isso em astrologia indica os irmãos e os parentes consangüíneos. Hermes é veloz, desloca-se com rapidez e quase de modo invisível; por conseguinte, parece propiciar viagens, comunicações e breves deslocamentos.

4

Júpiter

O planeta que domina o signo de Sagitário deriva seu nome do Pai dos deuses, Zeus. A origem de Zeus certamente é aquéia e passou para a Grécia em época posterior. O nome Zeus contém o étimo grego DZEU, cujo significado está muito próximo da expressão "viver". Entre os romanos, porém, o Pai do Olimpo foi chamado de JÚPITER, com um significado muito próximo de "Pai da Luz". Para os judeus há mais uma definição: Zeus é Tsedek, que significa "justo". Com base nessas três definições é possível entender como Zeus era, antes de mais nada, considerado a fonte de vida, o nascedouro de todas as energias, mas também o centro de irradiação da luz e o princípio de toda eqüidade.

Muito complexo parece o significado do hieróglifo de Júpiter: nele surge a Cruz-Espaço-Tempo-Matéria dominada, à esquerda, pela curva hiperbólica que encontraremos também em Saturno; mas em Júpiter a hipérbole está colocada no braço esquerdo da Cruz, estabelecendo uma imagem de tensão afetiva que se volta para o ilimitado.

Consideremos o sentido que brota do étimo grego hipérbole: *uper* significa *além, ballo* significa *lançar*; esse é o valor energético de Júpiter. Acredita-se que existe na curva o símbolo de uma tensão humana além do mundo sensitivo e terrestre que busca a transcendência. A essa imagem dinâmica e sugestiva poderíamos associar, ainda que vagamente, a conceito do arco e da flecha do Centauro.

Segundo os esotéricos, a flecha de Sagitário, dominado por Júpiter, tem o sentido de direção voltado para a esquerda porque deve alcançar a dimensão Capricórnio-Peixes, metas da realização espiritual e metafísica, ou da integração individual no próprio Eu (*Selbst*).

Além dessas interpretações, podemos ver no hieróglifo de Júpiter uma aproximação gráfica do número quatro; ora, o grupo de elementos naturais do Zodíaco contém o quatro (Fogo, Terra, Ar, Água). Multiplicando-o pelo ternário energético (Cardinal-Fixo-Móvel), obtemos doze, ou seja, todo o conjunto dos signos do Zodíaco.

A partir dessa operação, que nos lembra não apenas a numerologia mas também o processo alquímico, obtemos a confirmação de que Júpiter está estritamente relacionado, como Princípio, com todo o Zodíaco, mas sobretudo ele é o *medium* que liga e funde a natureza estática — ou seja, os quatro Elementos — com a energia dinâmica ternária (ou seja, as três modalidades de aplicação Cardinal, Fixo e Móvel); o produto é a harmonia vital.

Mas é a mitologia grega que nos oferece o mais alto significado de Júpiter, uma vez que o planeta personifica o arquétipo do Deus Pai e traz o símbolo do completamento humano. A mitologia apresenta numerosas histórias relativas a Zeus-Júpiter e uma exposição das mais importantes vicissitudes ocuparia aqui espaço demais. Colhemos, então, os traços mais significativos do Pai olímpico, concentrando-nos nos episódios mais conhecidos.

O nascimento de Zeus: uma história dramática que apresenta em toda a sua importância o tema da predestinação e do destino escatológico. Zeus, terceiro filho macho, foi gerado por Réia, mulher de Crono, no coração da noite, no monte Liceu, na Arcádia. A mulher estava muita ansiosa porque Crono, obcecado pelo vaticínio segundo o qual um filho o destronaria, decidira devorar também o último nascido dando-lhe o mesmo destino que Héstia, Deméter, Hera e Poseidon. Réia quis salvar Zeus: depois de mergulhá-lo nas águas do rio Neda, confiou-o à Mãe Terra. Esta logo levou o recém-nascido para Lito, em Creta, escondendo-o em uma gruta. As fontes, a essa altura, discordam em descrever a ajuda por ela dada a Zeus. Parece mais aceita a versão segundo a qual o pequeno deus é amorosamente assistido pela ninfas Io e Adrastéia, e pela importante ninfa, a cabra Amaltéia. A mãe Réia, com a ajuda das sugestões divinas, envolveu uma pedra em linhos e a ofereceu a Crono, que a devorou convencido de que se tratava de Zeus. Assim, Zeus cresceu sadio e forte, e quando já era tarde demais, o pai convenceu-se de que havia sido enganado: Crono foi destronado por Zeus, que obrigou o pai a vomitar primeiro a pedra e depois todos os filhos por ele devorados. A pedra foi levada por Zeus para o Parnaso, e colocada em Delfos como símbolo da liberdade. Além dos irmãos libertados,

Zeus conseguiu tirar as correntes dos Ciclopes que o "avô" Urano, em seu delírio paranóico, havia aprisionado. Por essa iniciativa, Zeus recebeu do Divino o Raio e o Trovão como instrumentos da sua nova e infinita potência e do seu senso de justiça. Até aqui o mito; mas os significados transcendem a crônica. Zeus-Júpiter inicia todo o discurso do *confronto de gerações* e é emblemático da nova e invertida posição do filho na relação com os genitores, especificamente com o pai. Com Urano e Crono — conforme falaremos mais extensamente a seguir — persiste o conceito do Pai devorador e tirano que exerce o *filicídio.* Com Zeus, na mitologia grega, abre-se o diálogo em torno do amor e da justiça, uma vez que ele interrompe o rito do sacrifício sanguinolento impondo a vida. O equivalente paralelo, na cultura cristã, será a história bíblica da matança dos Inocentes, e a salvação de Jesus menino, subtraído à fúria infanticida de Herodes, com a fuga para o Egito. Jesus só voltará a Belém quando o poder autocrático dos romanos não o ameaçar mais. Com Zeus e com Jesus, temos dois exemplos de oposição ao pai destruidor em nome da vida. No mito, há a oposição a Crono; na Bíblia, há a oposição ao patrão-pai identificado nas leis romanas. Ou seja, nasce a figura do Deus que se torna Homem e do homem que defende a vida diante do poder. A primeira valência de Júpiter é, portanto, a afirmação do que é vital e do otimismo. E não é apenas isso, mas com ele afirma-se o sentido escatológico da vida: o que é terreno é mortal e causa de dor. A meta a ser alcançada é a imortalidade, no sentido da transcendência; é o divino, no sentido da metafísica. Júpiter, em Sagitário, abre justamente a Porta do céu, ou seja, abre a porta para a individuação.

Para caracterizar ainda mais os atributos simbólicos de Júpiter como valor numinoso de expansão e da sacralidade, é útil deter-se no mito dos Gigantes e na revolta contra o Olimpo conduzida por Tifão. Procuramos nesse mito um fundamento religioso (e, digamos, filosófico): o conflito entre imanência e transcendência, a dualidade matéria-espírito. A eterna disputa entre céu e terra. Nessa história, Júpiter simboliza mais uma vez o Bem que se opõe ao Mal: é o drama existencial do homem, do "finito" que se opõe a Deus e ao "infinito" na tentativa de superar e anular a antinomia. É o equivalente da Queda original, mas também mais um episódio da revolta contra o Pai.

Em outros termos, no mito de Tifão contra Zeus exprime-se o choque conflituoso entre a Luz da manifestação consciente e a Sombra que exprime as mais obscuras energias demoníacas e instintivas primordiais; o conflito entre instinto e consciência, no qual Eros se confunde com um cego dionisíaco. O arquétipo subentendido é a inconciliabilidade entre as energias instintivas indiferenciadas — o removido libertado *tout court* — e as exigências do Eu.

Os Gigantes, irmãos dos Titãs, são os vinte e quatro filhos da Mãe Terra, altíssimas e terríveis criaturas com cauda de serpente em vez de terem pés: clara indicação simbólica de que devia tratar-se de energia instintiva e erótica bruta. Eles atacaram o Olimpo, mas os deuses os sobrepujaram, eliminando-os.

A isso opôs-se mais uma vez a Mãe Terra (deve-se vê-la aqui como uma mãe destruidora que identifica na Sombra edipiana e no instintivo as energias anímicas e vitais dos filhos), que para se vingar do Olimpo deitou-se em horrível conúbio com Tártaro, dando à luz o mais monstruoso filho que se possa imaginar: Tifão.

Este era uma criatura horrível, metade homem e metade animal, muito alto, com a cabeça e as pernas formadas por um emaranhado de serpentes; todo o corpo vibrava com asas e saíam-lhe chamas da boca e dos olhos. Com a sua estatura ultrapassava todos os montes; sua cabeça chegava perto das estrelas e seus braços alcançavam distâncias além do horizonte.

Tifão pôs-se em luta contra o Olimpo e à sua vista assustadora os deuses horrorizados fugiram para o Egito. Conta-se que lá eles se disfarçaram para não serem reconhecidos: Zeus um carneiro, Apolo transformou-se em corvo, Dionísio em cabra, Hera em vaca, Afrodite em peixe, Hermes em íbis. Esse evento mítico pode ter dado origem aos cultos egípcios para divindades teriomórficas, como Amon, Thot, Ísis. Zeus entrou em conflito com Tifão, mas levou a pior, a ponto de ele próprio ser ferido nas mãos e aprisionado.

Hermes correu para ajudar Zeus-Júpiter, conseguiu recuperar os tendões dele e devolveu-lhe a liberdade. De volta ao Olimpo, Zeus perseguiu Tifão entre raios e chamas, vencendo até mesmo as montanhas que eram arremessadas ao seu encontro. Por fim, tendo alcançado a Sicília, Tifão foi prensado por Zeus contra o monte Etna. Desde então, diz-se, o Etna cospe fogo para testemunhar a violência e a agonia de Tifão.

Assim o princípio da luz vence as trevas, e a violência gerada pela Terra se desfaz diante da firmeza de Júpiter. Provavelmente nunca se viu, na mitologia, uma guerra tão atroz e violenta entre terra e céu, entre matéria e espírito, entre a Sombra e o consciente.

Mas, além desses valores, Júpiter constela também o prazer opulento, a expressão e o bem-estar. São significativas as histórias amorosas do deus supremo, porque cada uma de suas companheiras preside os destinos humanos e divinos em determinados aspectos: é a descendência que acaba construindo toda a rica e dialética gama de presenças reguladoras. Assim, a primeira esposa é Métis, ou seja, a "sábia", a deusa mais rica e justa. Mas, tendo recebido uma profecia de que Métis poderia dar à luz um filho que destronaria Zeus, este engoliu Métis, interiorizando assim todo princípio de conhecimento. Mais tarde, porém, Zeus, pela cabeça, deu à luz, com a ajuda de Hefesto e de Prometeu, Atena. Nesse mito há uma evidente introjeção da imagem feminina e a transformação da Alma de entidade física em "produto" do pensamento.

A segunda esposa é Têmis, a boa e tempestiva conselheira dos homens e do céu. Seu nome explica a sua função: Têmis significa "regra da natureza", harmonia entre os sexos, o equilíbrio com os deuses. De Têmis nasceram as Horas, destinadas a vigiar as obras dos homens; portanto, a "regra do tempo".

Nasceram as Moiras, também, que tinham a capacidade de conceder ao homem a vida, o tempo e a morte. Outra esposa de Zeus foi Mnemosina, que preside à memória das coisas e, por ocasião das núpcias, o pai dos deuses criou as Musas, que tinham a tarefa de aliviar os sofrimentos dos homens e deleitar-lhes o espírito. Zeus então tirou do tálamo real Eurínome, filha de Oceano. Esta, de semblante muito lindo, gerou as Cáritas, e pode ser identificada com uma Afrodite. Outras "grandes" figuras femininas amadas por Zeus foram a própria Deméter, da qual nasceu Perséfone; a seguir, a bela Leto, que gerou Apolo e Ártemis. Por fim, Nêmesis, filha da Noite, cujo nome significa "ira justa", que se volta contra aqueles que desobedecem às leis e às regras. Nêmesis procurou, primeiro, escapar de Zeus, não aceitando as suas aproximações amorosas: ela se escondeu no oceano, mas o deus a perseguiu. Nêmesis transformou-se em peixe e, por fim, em uma pata, mas Zeus assumiu a forma de cisne e se uniu a ela: do ovo nasceu Helena, que foi envolvida nas causas da guerra de Tróia. Outras fontes atribuem o nome de Leda à protagonista dessa história.

A função simbólica de Júpiter é, portanto, constelar não apenas os arquétipos mais profundos, mas também as necessidades e as regras de existência do homem. Os amores de Zeus simbolizam todas as possíveis manifestações da energia anímica e heróica.

Dificilmente vemos Júpiter cruel ou agressivo: seus raios e trovões, quando muito, exprimem sempre a justa cólera de um Deus e a aplicação de uma lei que seja didascálica.

A astrologia acolheu Júpiter como o mais altaneiro símbolo astral depois do Sol, considerando-o o benigno absoluto, a expressão do vital profundo, do equilíbrio superior.

No horóscopo, Júpiter exprime, portanto, o grau de inserimento otimístico e construtivo na vida, exatamente no sentido que encontramos expresso no mito do nascimento de Zeus e do seu prevalecimento sobre as forças agressivas e destrutivas simbolizadas por Crono e Tifão. Júpiter exprime o "sim" à vida e a abolição do arcaico requisito essencial que presidia — talvez em época remota — o início das relações harmônicas do indivíduo com a divindade interior. Lembramos que Zeus-Júpiter *interrompe o ritual canibalesco* e o *filicídio* que até então imperava com Urano e Crono. Exatamente esse fundamento mítico possibilita uma diferenciação profunda entre os fatores astrais e arquetípicos em relação ao tema canibalesco e introjetivo — Júpiter, que difere dos genitores Urano e Crono — para uma interpretação do desenvolvimento filogenético e ontogenético dos indivíduos. Pensamos na hipótese de uma pesquisa do gênero no plano astrológico, no qual os símbolos reativam os mitos e, portanto, seria erguido até mesmo o véu sobre o grandioso problema psicanalítico relativo nada mais nada menos que à arquetípica relação objetual primária pai-filho e mãe-filho.

A tese de Arnaldo Rascovsky sobre o *filicídio* — os pais atentam contra os filhos para não serem usurpados na autoridade e na alcova —, que se reporta às idéias já lançadas por Jung e retomadas por T. Reik, G. Roheim, Devereux,[68] considera, a provocação castradora sobre o filho e a formação reativa parricida que se manifesta neste, para se defender. Insere-se aqui uma reflexão sobre o mito de Édipo, sobre a ambivalência afetiva e a reviravolta do tema da culpa. Não é

68. Rascovsky, Arnaldo: *Il figlicidio*, Astrolabio, Roma, 1976.

o filho o responsável pelo ódio pelo pai e o conseqüente parricídio; e não é o tabu do incesto e da identificação introjetiva que deve pesar sobre o destino do filho, porque neste caso a problemática se prende a um drama insolúvel e a um insuperável xeque na impossibilidade da luta entre duas figuras ímpares. Podemos, isso sim, encarar a rebelião do filho, o parricídio, como um ato de legítima defesa, uma salvaguarda dos direitos à vida.

A rebelião cruenta do filho contra o pai ocorre em função da vida. Crono elimina com o sangue o pai Urano para evitar a própria morte. Zeus elimina Crono de forma incruenta para interromper justamente a regressão esquizo-paranóica do genitor, que constitui uma perene ameaça à vida do filho. Assim Júpiter deve ser considerado o símbolo da libertação da culpa, da destruição operada ou intencional do genitor ou da díade dos pais. Uma visão apresentada dessa maneira confere a Júpiter um valor arquetípico de vitória da vida e da liberdade sobre a morte e o medo. Édipo se defende, em vez de pretender e ousar. Observa-se, por outro lado, que júpiter não mata: o mito quer apenas a neutralização do pai canibalesco e, portanto, a interrupção de um processo regressivo e a abolição do confronto conflituoso. Do ponto de vista ontogenético muda necessariamente a perspectiva da evolução psicológica. Enquanto Urano e Crono introjetam punitivamente os filhos, abolindo a individualidade deles, e se chocam até mesmo com a própria alma (Géia, precipitada na dor pelo esposo), Zeus-Júpiter, ao contrário, opõe-se ao filicídio, devolve a individualidade e a identidade ao filho-menino e, ao mesmo tempo, coloca pela primeira vez em evidência o conceito de ressurreição, conseguida através de um sacrifício de si na relação com o pai. Zeus também sofre a dor pelo fato de atingir o pai, obrigando-o a vomitar os filhos que ele havia devorado e restituindo-lhes a vida. Mais uma vez, vemos aí uma analogia com a história bíblica na qual o Deus que castigou Adão, condenando a espécie, é aplacado pelo sacrifício do Filho que, através do holocausto de si mesmo, possibilita a ressurreição.

Júpiter provoca a primeira crise na estruturação do Super-Eu constelado pelos pais.

Portanto, Júpiter é luz e amor, e elimina a ambivalência. Isso no que diz respeito ao mito da divindade olímpica.

O ritual canibalesco-introjetivo permanecerá, ao contrário, nos mitos dos mortais mesmo depois da lei de Zeus: Medéia mata os filhos para se vingar de Jasão; Agamenon sacrificará Ifigênia para aplacar Ártemis; Perseu será vítima da perseguição do pai; Pélops será morto por Tântalo, e assim por diante. Mais uma estimulante reflexão: Júpiter é o símbolo da *oralidade*, do gosto e da satisfação no sentido psicológico, quando, no mito de Tântalo, encontramos este ser punido por Júpiter por ter matado o filho Pélops. Mais uma vez, o pai dos deuses condena o filicídio e impõe a Tântalo o famoso suplício de passar por uma sede constante, mesmo tendo água à disposição.

É importante observar como o mito se centraliza num tema estritamente analítico: em Tântalo, pune-se e frustra-se a oralidade. E é na "fase oral" dos pais que deve ser procurada a raiz da rivalidade entre gerações, a motivação agressiva do filicídio.

Júpiter, entretanto, é a oralidade, é a aquisição do alimento: certamente no sentido positivo, digamos fisiológico do termo; portanto, ele restabelece o equilíbrio no intercâmbio vital.

A carga energética do planeta, qualquer que seja o setor horoscópico em que se manifesta, é sempre um fator de expansão, de crescimento e de saúde. Júpiter, associado a qualquer planeta, consegue manifestar as suas belas qualidades intrínsecas e moderadoras das polaridades e, dessa maneira, favorece a extroversão e uma socialização mais equilibrada.

No sentido psicológico, a expansão da consciência e do saber acentua-se com Júpiter em Sagitário, o seu signo; e é nele que o seu valor é mais facilmente percebido no sentido moral e espiritual. O componente religioso — ou seja, a simplicidade de que o Cristo fala nos Evangelhos a respeito das crianças — é expresso por Júpiter da forma mais completa, mas às vezes em união com Netuno.

Júpiter exprime em geral uma afabilidade que simplifica as coisas, buscando a melhor solução e, ao mesmo tempo, a mais pacífica. Na luta com o violento Tifão, o desarmado Zeus sucumbe, mas é salvo por outros deuses.

Não se trata mais aqui de agressividade destrutiva, mas, quando muito, voltada para a autodefesa e na qual o "mal" triunfa apenas num primeiro momento. Um Júpiter em ótima posição no horóscopo dá euforia, tende para um agradável hedonismo, busca as comodidades, o equilíbrio, o conforto e as satisfações materiais mais importantes, superiores às que podem vir de Vênus. Júpiter faz desejar a paz, a solidez, o paternalismo conservador. A respeito deste planeta escreve Morpurgo: "A tradição liga Júpiter à riqueza e à sorte. Não há dúvida de que sua influência é benéfica sob esse aspecto, mesmo porque uma forte carga de otimismo, de confiança em si mesmo e de fascínio pessoal, como sugere Júpiter, abre muitos caminhos no mundo dos negócios e do dinheiro. O enriquecimento, todavia, pode ser também espiritual, moral e filosófico. E às vezes limita-se àquela profunda riqueza interior que é a serenidade. Seria mais exato dizer que de Júpiter depende a felicidade individual. Que é um estado de espírito, mais do que um dado material."[69]

A definição astrológica de Júpiter é a seguinte: a força de desenvolvimento do ser humano pela assimilação daquilo que ele recebe do mundo exterior.[70] O tipo "jovial"* recebe tudo com naturalidade, dos outros e do mundo, para fazer com que tudo se torne substância própria. Sua sociabilidade tem, assim, um certo egocentrismo hedonístico, mas também retribui com generosidade. A adaptação é fácil porque Júpiter permite certa superficialidade em interessar-se por todas as coisas, de forma a evitar as interpretações dramáticas. A confiança em si é acentuada e sempre sustentada pelo otimismo. Na tipologia "jovial"* há caracteres emotivos, extrovertidos, dinâmicos. A idade astrológica que lhe corresponde é o período entre os 45-55 anos, mas é também relativa à assim chamada fase oral infantil.

Sabemos que uma plena satisfação oral da libido no recém-nascido na relação com o seio materno coloca as bases de um desenvolvimento harmonioso da personalidade, que na idade adulta pode expressar otimismo e uma crescente volição. Zeus, por outro lado, satisfez todos os impulsos instintivos, e todas as criaturas míticas nascidas dos amores de Júpiter estão em função do prazer, da satisfação dos sentidos, da beleza e da liberdade.

---

69. Morpurgo, Lisa: *op. cit.*, pág. 58-59.

70. Santagostini, C.: *op. cit.*, pág. 46.

* Em italiano "*giovale*"ou "*giovenale*"; como em português, a palavra "jovial" deriva de Júpiter (N.T.).

Um Júpiter negativo no horóscopo assinala uma depressão do otimismo e limites à capacidade de inserimento, sobretudo se também o Sol e Marte estão fracos. Saturno em oposição a Júpiter indica, em geral, uma fase oral insatisfeita ou parcialmente oblativa; isso deixa ativa no indivíduo uma atitude reivindicatória ou um pedido de indenização afetiva e pulsional. A causa psicogênica da anorexia nervosa está na posição negativa do planeta, privativo, se ligado por aspectos negativos à Lua ou ao Sol. Por outro lado, um Júpiter inflacionado, sobretudo em relação com a Lua e com Vênus, pode indicar bulimia.

Portanto, no primeiro caso, excesso de alimentação, mas em ambos os casos trata-se de um protesto afetivo oral.

♄

Saturno

Saturno, o astro com os anéis, dotado de uma fria luminosidade, em grandeza física e importância simbólica vem logo depois de Júpiter.

Saturno é o nome romano de Crono, a olímpica divindade grega, o mais jovem dos Titãs, filho de Urano e de Géia, como já escrevemos quando falamos de Capricórnio. Algumas fontes identificam Saturno com o deus bifronte Jano. De qualquer forma, é evidente que entre Crono e Saturno, como símbolo e significado cultural, há uma diferença na passagem da fase grega para a romana.

Esse planeta grande e lento, tão temido e aterrador na tradição astrológica e popular, constitui a ligação entre o Princípio mortal, a substância-matéria, e o Princípio imortal, ou seja, o Espírito. Esses dois princípios estão fundidos no ideograma de Saturno: há a cruz (tempo e matéria) que condiciona todas as manifestações, e a hipérbole, símbolo da tensão para com a receptividade ilimitada. Em Júpiter, a hipérbole está virada para cima; em Saturno, está virada para baixo.

Lá estava à esquerda, aqui está à direita; ou seja, do lado do racional, segundo a interpretação esotérica. No entanto, mais corrente é a interpretação do hieróglifo de Saturno como símbolo da foice. Observando-o bem, de fato, esse símbolo lembra exatamente a grande foice com a empunhadura de braço-ombro ainda utilizada pelos camponeses há algumas décadas. O conceito que sustenta essa versão é que a foice de Saturno corta a planta da vida, uma vez que se acreditava que o planeta era portador de morte desde os tempos assírio-babilônicos. Da mitologia grega temos, ao contrário, a versão mais direta e plausível: Crono-Saturno castra o pai Urano cortando-lhe os genitais com uma foice de seixo, agarrando-os com a mão esquerda (daí o hábito de considerar a esquerda como a mão de má sorte) e jogando-os ao mar, junto com a foice, segundo escreve Graves,[71] perto de Cabo Drepano. O mesmo mitógrafo diz que o podão ou foice de Saturno era como um bico de corvo e parece que costumava ser usada no sétimo mês do ano sagrado para podar o carvalho tirando-lhe o musgo que o recobria. Em outros ritos sagrados era utilizada a foice, e o grego Crono, ou seja, o Pai do Tempo, aparecia com a sua foice, muitas vezes tendo ao seu lado um corvo.

O hieróglifo responde em cheio à história central de Crono-Saturno. É uma lâmina que corta, solta, separa. Deve-se observar que Zeus, mesmo encontrando-se na mesma situação de Crono, como filho odiado, não usa a foice contra o pai nem outra arma. Com Zeus-Júpiter não há morte nem ferimento. Com Saturno há o ferimento e a morte, a perda, a separação.

Já descrevemos amplamente a história de Crono, que devora os próprios filhos e aqui, portanto, notamos que esse mítico episódio é a expressão de um período sombrio de luta e demonstra a incapacidade de Crono-Saturno para se adaptar à evolução da vida e da sociedade humana. Justamente ele, que já lutou com o pai Urano e sofreu penosa experiência de uma rebelião cruenta, identifica-se com o pai que interiorizou e, regressivamente, repete seu trágico comportamento. Crono-Saturno gostaria de deter o destino e o ritmo da vida; gostaria de deter o tempo para não perder seus privilégios de poder, e é por esse motivo que ele devora os filhos e ameaça quem quer que pretenda diminuir o seu poder. Ele é a conservação cega e obstinada, a concentração da força que ele restringe em torno de si para centralizar em si. Se Júpiter é a expansão, Saturno é a concentração. Mas Crono tem também o aspecto do deus destronado pelo filho Zeus e relegado no exílio das Ilhas dos Bem-aventurados, onde é abandonado ao próprio destino.

Portanto, esse planeta exprime o isolamento, o abandono, a perda da liberdade.

Crono manda e desmanda justamente naquelas ilhas às quais chegam as almas dos mortos depois de julgadas; aquelas que foram conservadas para o reino de Crono, onde "sopram ventos do Oceano, e de ouro flamejam como flores", como canta Píndaro.

---

71. Graves, Robert: *I miti greci*, Longanesi, 1977, pág. 44.

Crono-Saturno é o filho jovem que se vinga violentamente do pai golpeando-o na sua virilidade: de fato, o planeta — por esse traço mítico — exprime a esterilidade, a impotência ou a falta de energia vital.

Segundo as sugestões da obra de Hillman *Senex et puer*, podemos ver em Saturno o arquétipo do *Senex*, o arquétipo do bicho-papão castrador e do Pai negativo, a oposição polar ao *puer divinus*.

Crono é ambivalente e orientado para a destrutividade; deve-se sublinhar o seguinte: de um lado, Crono quer sustar o filicídio e o pai também destrutivo; de outro lado, ele mesmo é atraído pelo espírito da destruição.

O caráter depressivo-pessimista de Crono-Saturno poderia ser encontrado no mito, lá onde Crono é chamado para ser testemunha das más ações do pai e, portanto, a encarregar-se da tremenda responsabilidade de ter de modificar essa realidade. Não é tanto o tema edipiano de uma trama filho-mãe em competição com o pai; é, antes, uma clara e legítima autodefesa: o filho que não quer ser eliminado pelo pai e, portanto, mata-o primeiro.

Esse ponto de vista, obviamente, pode redimensionar o tema da culpa ante o parricídio. Crono já é um adolescente crescido e deve assumir o compromisso de resolver a relação dos pais e, quando golpeia o pai Urano, ele está consciente da fundamentar o próprio destino sobre o sangue e a dor de outrem. Hillmann escreve o seguinte a respeito de Saturno: "Seu temperamento é frio. A frieza pode ser expressa também como distância. O vagabundo solitário mantido à margem, rejeitado. A frieza é também fria realidade, as coisas exatamente como são. E, de fato, Saturno realmente está no extremo limite da realidade. Como senhor da extrema profundidade ele olha para o mundo do exterior, de distâncias tão profundas que ele o vê, por assim dizer, completamente virado. Portanto, ele o vê estrutural e abstratamente de cabeça para baixo. Sua relação com a estrutura e a abstração faz dele o princípio de ordem, quer por meio do tempo quer por meio da hierarquia, da ciência exata ou do sistema, dos limites e das fronteiras, da potência, da interioridade e da reflexão, da terra e das formas que esta produz.

"O frio também é lento, pesado, plúmbeo e seco ou úmido, mas é o que sempre coagula através da densidade, da lentidão e do peso expresso pelo estado de espírito da tristeza, da depressão ou da melancolia. Portanto, é negro, inverno e noite... Sua relação com a sexualidade também é dual: de um lado, o patrono dos eunucos e dos solteiros, por ser árido e impotente; do outro, é representado pelo cachorro e pelo Capricórnio lascivo, e é o deus da fertilidade como inventor da agricultura, o deus da terra, o deus camponês...

"É o senhor dos frutos e das sementes. Mas a colheita é tesouro... Sob a égide de Saturno, podem apresentar-se qualidades de avareza e tirania, pois a colheita tem também um significado de posse; a base da avareza é fazer com que as coisas durem para todo o sempre... Encontramos aqui as características da avareza, da gula e tamanha rapacidade que Saturno torna-se também devorador do mundo, e é identificado com Moloch, o qual, também, em seu lado positivo, exige o sacrifício extremo e pode ser identificado com Abraão e Moisés."[72]

Desde os tempos mais remotos, os astrólogos viram em Saturno o "grande maléfico", o verdadeiro devorador de tudo aquilo que vive e se move. Não é por acaso que ele é o planeta típico do inverno e é o mestre de Capricórnio. Saturno nada cede de suas qualidades e nem se deixa abrandar pelo Sol ou por Júpiter: é o astro impiedoso, frio e resplandecente de luz branca que acaba com todas as ilusões, com todas as certezas, com as coisas adquiridas; ele despoja e reconduz à essência original.

Por essa razão, é também o planeta que reforça a razão, a lógica, o sentido do real e do concreto. Através do sacrifício, lhe torna possível uma recuperação de outros valores. Em astrologia, Saturno traz valores de gravidade, de provas duras e penosas, gera obstáculos, condensação e cristalização. É preciso, porém, não ficar de todo prisioneiro da avaliação tradicional, que certamente é por demais negativa e autopunitiva. Até o século XVIII, pelo menos, Saturno foi encarado sempre com grande temor e preocupação quando se achava em má disposição no horóscopo. Basta recorrer às obras de Morin de Villefranche, de Julievno, de Del Bello para descobrir um Saturno destruidor, fatal, portador de lutos, de perdas ou enfermidades. As mais recentes pesquisas redimensionaram em grande parte, e muito, o valor nefasto do planeta, e pesquisas estatísticas por amostragem demonstraram que sozinho — como fator horoscópico — Saturno traz doenças ou morte (fala-se em *trânsito*

72. Hillman, James: *Senex et puer*, Marsilio, Pádua, 1973.

do planeta sobre o complexo astral do próprio horóscopo) da pessoa apenas numa pequena porcentagem.

No passado, exatamente por aderir totalmente ao arquétipo do *senex* e do senescente — talvez como tema expiatório ou de sacrifício relacionado com os momentos histórico-religiosos — Saturno era o símbolo da estaticidade, do bloqueio moral e psicológico. Apenas nas últimas décadas tentou-se conferir-lhe uma definição mais dinâmica no sentido psíquico.

Muito válida e perspicaz parece-nos a definição astrológica de Saturno dada por Santagostini:[73] "Força de construção do ser humano através da renúncia àquilo que se tornou insuficiente, e fixação do essencial necessário."

Aqui se torna ainda mais claro o mito de Crono: para construir o próprio poder, ele renuncia aos filhos e à serenidade conjugal. Quando é derrotado, conforma-se em sobreviver, aceitando a convivência em bases mais realistas e paritárias. A renúncia implica separação. Sabemos que a separação pode ser psicológica, moral, afetiva ou corpórea. Claro, Saturno faz sofrer, predispõe à solidão, porque restringe o campo da consciência, acentua a introversão. Mas nesses casos a pessoa perde os seus aspectos coletivos em favor de uma individualidade mais clara. Ele supera as atitudes do *puer*, mas adquire um equilíbrio superior ao encarar a vida em perspectiva. Acaba com as ilusões e até pode provocar duras desilusões, mas exatamente por isso cria o sentido filosófico. Através da separação das paixões e das coisas, realiza a transcendência ou os fortes valores intelectuais. Em vista das escolhas a serem feitas, Saturno leva a eliminar aquilo que se tornou insuficiente ou que não é mais idôneo. Retraem-se as funções mais utilizadas: a sensação e o sentimento, em vantagem do pensamento racional. Saturno contribui para fortalecer no plano moral, diante das renúncias, mas somente para aqueles que têm uma estrutura já sólida. Porém, é capaz de abater quem é fraco e de fazer cair na depressão quem já está predisposto para se sentir deprimido.

O planeta traz o arquétipo do parricídio tentado ou, pelo menos, realiza a castração às avessas; ele traz também o arquétipo do filicídio;

73. Santagostini, C.: *op. cit.*, pág. 48.

tudo isso para afirmar a própria miticidade, os direitos absolutos do indivíduo, que se isola no próprio egocentrismo ou na sua difícil experiência pessoal interior, que implica a renúncia a tudo. Em psicanálise, o mito saturnino coloca em evidência o duplo tema: o edipiano, na simbologia do nascimento e do desmame, e o da autodefesa do filho, em relação ao genitores destrutivos.

Se Júpiter expressa o estágio oral e a satisfação gratificante, Saturno exprime a frustração ou o bloqueio da oralidade. O trauma do nascimento teorizado por Rank está no signo de Saturno. O corte do cordão umbilical é a primeira ameaça de morte e à segurança que a criança recebe. Mesmo no desmame, encontra-se o trauma da separação, do afastamento do mamilo, que o lactente pode sentir (Klein) como um castigo, uma agressão ou mesmo rejeição: é sempre Saturno que se exprime, mas também Urano intervém com todos os valores simbólicos do deus mítico que destrói e separa.

A relação Lua-Saturno exprime a relação Mãe-Filho sob a insígnia da negação, da recusa ou da privação: nesse caso, se a Lua é vitalidade, aspecto materno, conforto, proteção, Saturno é a privação, o afastamento ou a frustração afetiva. Ele marca a perda do contato com a mãe que é boa e dá-se a interiorização da mãe que é má. A relação Saturno-Vênus exprime o drama da não-afetividade se os aspectos entre os dois planetas são de contraste: nesse caso, a pessoa assume uma atitude de perene exigência.

Na relação negativa de Saturno com o Sol, deparamos com o conflito mítico entre pai e filho; se Saturno está em oposição a Mercúrio ou Júpiter, vemos ainda a luta do pai destruidor com os filhos vítimas da sua avidez. As tendências de que falamos podem tomar dois rumos: a avidez de compensação e ressarcimento, ou então o impulso à separação e à recusa. Sempre está em jogo a oralidade, quando Vênus, a Lua, o Sol são lesados por Saturno. E nessa situação a vida amorosa é sempre superficial, do ponto de vista do amadurecimento das pulsões. Certamente que ela pode ser vivida também intensamente, mas no plano afetivo, ou melhor, no plano sentimental-emotivo, mais do que no sexual propriamente dito. A intensidade do impulso libidinoso, controlado por Saturno, tende a buscar continuamente satisfação com objetos sucessivos que, todavia, sempre frustram, sem que essa desilusão diminua a esperança de ver satisfeito o desejo de uma vez por todas.

Às vezes, ao contrário, produz-se um apego absoluto ao próprio objeto de amor. Nesse caso, a relação torna-se "eterna, para toda a vida", graças a um distanciamento, reduzindo-se a uma verdadeira espera do objeto. Saturno retensivo, entretanto, é também a expressão do conjunto de mecanismos do narcisismo e, em geral, vemos, nas configurações do horóscopo já mencionadas, que nas situações amorosas descritas a pessoa projeta o seu ideal do Eu sobre o objeto, que se torna apenas um complacente espelho das contorsões narcisistas subjetivas, que nada tem que ver com o amor maduro. Nesses casos, é interessante observar que Saturno pode provocar cisões da Anima (ou seja, da imagem feminina) ou perturbações sexuais, em que a sexualidade pode, inclusive, ser exacerbada não pela paixão, mas por razões de conflito.

Esses comportamentos agem sobre o fundo da depressão que, muitas vezes, é uma depressão anaclítica ancorada na relação filho-mãe. O desequilíbrio oral induzido por Saturno foi definido muito bem por Fenichel como um "devoramento canibalesco"[74] para aumentar a *auto-estima*. Acrescentamos: para manter, como genitor, a ilusória potência de vida e de juventude, negando no filho o testemunho do tempo que passa e da vida que cresce e se expande.

Em Crono, cria-se a ambivalência afetiva cindida entre pai e mãe, e, por sua vez, deve ser um filho bom para com a mãe Géia e um filho mau para com o pai Urano. Conseqüentemente, Crono se identificará com o papel vivido e resultará, por sua vez, num pai mau, por um lado, suprimindo os filhos, e um pai bom, tornando-se invencível deus do céu.

O destino é outro fator a ser levado em consideração em Saturno-Crono. Fatalmente ele se torna partícipe do destino do pai. Isso nos mostra em psicologia a fixação aos temas privativos ou aos condicionamentos como expressão de uma neurose obsessiva.

Com Saturno, estrutura-se a autopunição, a retirada da libido, a recusa do dionisíaco orgiástico. E nem mesmo o apolíneo triunfa, mas volta-se para aquela experiência que São João da Cruz chama de a "noite da Alma", ou então para as perdas, as carestias, a lepra, a diáspora

---

74. Fenichel, Otto: *Trattato di Psicoanalisi*, Astrolabio, Roma, 1960, pág. 437 ss.

e todas as outras aterradoras projeções do inconsciente arcaico. Com Saturno, o astrólogo e o psicólogo do profundo podem avaliar a tendência para a recusa de viver, de pegar, de segurar, de "engolir".

Quando Saturno entra em jogo de forma negativa, sobretudo com a Lua ou Júpiter, produz em alguns casos o desequilíbrio da oralidade, que pode assumir dois aspectos: a bulimia, na qual há uma necessidade passiva de amor materno, e aqui Saturno demonstra uma exagerada necessidade de tomar alimento, de viver sem freios, produzindo egocentrismo, preguiça, ciúme, fanatismo; a anorexia, onde há uma necessidade concreta da mãe: não se come mais se não for a mãe a oferecer espontaneamente o "alimento" vital. Essa é a dependência mais perigosa. Nesse caso, Saturno cria desespero, insensibilidade, ascetismo, esforço, separação, indiferença e ceticismo.

O aspecto dinâmico de Saturno, do *senex* positivo, é a sua prestigiosa, lenta, mas profunda ajuda em aumentar a força interior com disciplina e responsabilidade. Ele cria as grandes ambições e confere a pertinácia para realizá-las a todo custo. Saturno torna possíveis as grandes elevações espirituais e intelectuais; retira o que há de efêmero e de insuficiente para abrir a maior Porta do Karma individual.

♆

Netuno

O planeta que governa o signo de Peixes é o segundo corpo celeste e tem movimento lentíssimo; sua passagem em cada signo do Zodíaco requer de doze a treze anos e marca muitas gerações com a sua presença. É o antigo, o grande deus dos mares, o Poseidon dos gregos, nascido de Crono e irmão de Zeus e de Hades. Enquanto a Zeus coube reinar no céu, a Hades ocupar o obscuro reino do além, a Poseidon (ou Posidon) foram destinados os reinos dos mares.

Poseidon, que será o Netuno dos romanos, tinha um caráter sombrio e briguento, construiu seu enorme palácio subáqueo nas costas da Egéia, na Eubéia, como diz Robert Graves em seu livro, e o enriqueceu com Golfinhos, Cavalos brancos com patas de bronze e crinas de ouro e um cone também de ouro; toda vez que esse coche aparecia, logo cessavam as tempestades, enquanto monstros marinhos emergiam das ondas e passavam a escoltá-lo.

Netuno tem como cetro um tridente, e este é o símbolo astrológico do planeta. Em pouco tempo Netuno, vamos chamá-lo sempre assim, constelou as profundezas psíquicas do homem, tornando-se o símbolo de tudo aquilo que em cada um de nós não é consciente e visível. Netuno é tão importante como fator astrológico que suas atribuições simbólicas ainda hoje são amplamente experimentais e as pesquisas a seu respeito são intensas, particularmente no que concerne às aplicações psicanalíticas e médicas na prática da consulta astrológica.

Como já dissemos, o hieróglifo do planeta é um tridente que domina um pequeno círculo. Trata-se de um símbolo baseado no número três e pode estar relacionado com o tríplice reino céu-terra-mar, bem como com a Trindade. É possível ver o tridente como símbolo das profundezas inconscientes que dominam o consciente, pois as abissais profundezas marinhas são também símbolo do inconsciente e o depósito de tudo o que foi posto de lado e de todos os arquétipos.

Netuno, portanto, agita as águas, provoca maremotos, faz a terra afundar; com seu tridente, suscita os monstros do mar (os monstros do inconsciente) que testemunham seu furor ou suas exigências. As imagens que provêm do obscuro abismo marinho muitas vezes são aterradoras e, às vezes, deuses ou criaturas humanas acabam sendo arrastadas pelas águas e engolidas no abismo por desejo de Netuno, numa clara analogia com o mecanismo da introjeção e do afundamento do Eu no inconsciente.

O nascimento de Netuno relaciona-se com o sacrifício de um cavalo oferecido ao pai Crono para que este o comesse em lugar do filho. A seguir, Netuno se gabará de ter criado o cavalo e inventado as rédeas. Os cavalos são consagrados a Netuno e ele mesmo se transformará num puro-sangue para possuir Deméter. Essa pode ser a fusão de dois símbolos: o cavalo e a psique inconsciente em Netuno. Jung considera o cavalo como princípio materno original, mas também simboliza tudo o que se refere ao instinto — vitalidade e animalidade —, ou seja, a libido. Portanto, o princípio de Netuno é a metamorfose, a translação, a relação entre libido e psique profunda.

O sacrifício inicial do cavalo para que Netuno seja salvo pode ser interpretado como uma sublimação ou uma cessão do instintivo a favor do nível psíquico. Ele é o único deus grego que freqüentemente recorre às transformações para não ser reconhecido, mas também para passar de um determinado estado mental para o instintivo. As núpcias de Netuno com a bela Teofanes, por exemplo, se dão graças à metamorfose que ele realizou: ela em ovelha e ele em carneiro, e foi dessas núpcias que nasceu o Cordeiro do Velocino de Ouro.

Essas metamorfoses do deus marinho certamente ocultam o tema da integração consciente-inconsciente, uma vez que o dado real é transformado em algo de natureza diferente. Nos mitos, devemos ver a capacidade de adaptação e a ductilidade psíquica que em termos de inconsciente sempre procura ligar-se à instintividade: Netuno em relação ao cavalo terrestre, ou ao hipocampo, é a libido que se manifesta nos níveis mais diversos. Trata-se de uma energia criativa de Eros que afirma a vida, se necessário, até mesmo em situações caóticas ou exaltadas, mas sempre afastadas da negatividade. Para se ter uma idéia dessa valência libidinosa de Netuno, observamos como ele se diferencia de Urano e de Crono ao julgar as relações com os filhos. Quando Netuno corteja Tétis, a Nereida, para casar-se com ela, uma profecia o alertou de que o filho nascido dessa união tornar-se-ia mais importante que o pai; Netuno, conseqüentemente, renunciou ao casamento com Tétis para evitar que se repetisse o trágico tema dos pais. Essa história oferece-nos matéria de reflexão psicológica: Netuno é um princípio de sublimação, de superação. Para não repetir o filicídio, ele se priva do amor por Tétis. É a *renúncia à intenção* para melhorar a consciência de si. Netuno é um impulso irrefreável da energia psíquica instintiva que não conhece obstáculos: vemos isso no mítico amor do deus por Deméter. Narra a lenda que Deméter estava entristecida e louca de desespero pelo desaparecimento da filha Perséfone, que, por amor, acompanhara Hades. Deméter vagava pelos campos que ela havia tornado estéreis por ódio e rejeição. Poseidon interessa-se por ela, deseja-a e a procura. Deméter, que não quer mais se unir a deuses e nem a mortais, evita-o persistindo em seu luto irritado e, por fim, transforma-se em jumenta. Mas Netuno toma consciência de fato e se transforma em cavalo para unir-se a ela. Isso deixa Deméter furiosa e, desde então, ela passou a ser chamada de Fúria. Eis, portanto, um claro sinal de prevalência de Eros sobre a tristeza e a privação. Mais uma vez, Netuno une-se a Medusa e deles nasce um cavalo sagrado — o famoso e prodigioso Pégaso alado.

Outro amor demonstrado pelo deus do mar foi por Anfitrite, uma Nereida. Desdenhosa, ela se refugiara no palácio, de Oceano, nos confins do mundo, mas foi reconduzida à corte do deus por um Golfinho.

Como as duas outras mulheres divinas, amadas por Netuno, Anfitrite relaciona-se com o aspecto da deusa Lua e significa "senhora do mar".

Representa, portanto — no sentido junguiano —, o aspecto de Anima e de Mãe inconsciente com toda a sua referência ao mar. Deve-se sublinhar a importância da figura de Anfitrite porque ela confere a Netuno uma clara qualidade simbólica lunar-feminina-materna, ou seja, uma pregnância, uma tonalidade aquática-inconsciente estritamente relacionada com a psique primária e com o inconsciente coletivo. De Anfitrite nascem três filhos: Tritão, Roda e Bentesicima.

Graves[75] estabelece as relações dessas divindades com a própria deusa no seu tríplice semblante de deusa lunar: Tritão (masculinizado

---

75. Graves, R.: *op. cit.*, pág. 70.

mais tarde) é a Lua nova; Roda, a Lua cheia, a Lua das colheitas; e Bentesicima, a perigosa Lua minguante. O mito fala também do ciúme de Anfitrite por Cila, amada por Netuno, e a vingança é terrível, porque Cila foi transformada num monstro com seis cabeças e doze patas.

Cila, em seus vários aspectos, também diz respeito à própria Anfitrite e assume aqui o aspecto desagradável de Hécate, deusa da morte, com a cabeça de cachorra, que habitava tanto os mares como a terra. Essa horrível personificação devia-se, talvez, a um castigo de Afrodite, que tinha ciúmes de Netuno.

De qualquer forma, deve-se observar essa relação de Netuno com esses valores lunares para que, na prática astrológica, seja possível avaliar os aspectos de Netuno com a Lua — que, em geral, sempre são de grande importância e bastante inquietantes —, levando em consideração justamente as personificações míticas das mulheres por ele amadas e os atributos que daí advêm. Um tema de pesquisa poderia ser o seguinte: Netuno, em conjunção favorável ou em trígono com a Lua, pode exaltar um valor de Deméter ou de Teófane; uma quadratura ou a oposição com a Lua podem, por sua vez, trazer à tona valores de Medusa ou de Anfitrite-Cila com o sentido destrutivo de Hécate ou de Empusa-Euidna.

O próprio Netuno pode assumir valores negativos, dependendo da Anima-Lua que o constela.

O deus do mar habita as profundezas e nós o vemos como aquele que corresponde ao psiquismo.

Netuno significa essas profundezas inconscientes que causam tanta ânsia ou angústia quando se agitam ou então fazem emergir e entrar na consciência insuspeitas e riquíssimas energias vitais e criativas que definimos como libido. A esse respeito sua ação foi descrita como o "sopro do Demiurgo" sobre a água da vida.[76] O sopro de Netuno é o símbolo de um nascimento divino, análogo ao sopro de Deus sobre Adão.

O sentido da iluminação de Netuno é que a entidade que alcançou a sua meta, despojada já de todos os seus desejos, se dobra sobre si mesma para entregar-se ao abismo inicial, original. Mas a entidade aba-

---

76. Senard, M.: *op. cit.*, pág. 410 ss.

tida alça-se novamente para a mitologia. Netuno é o senhor dos abismos marítimos, portanto, uma energia da psique inconsciente, inclusive coletiva. Mas o deus — dizem as histórias — aspirava conquistar reinos ou cidades terrestres e, para alcançar esse objetivo, Poseidon não perdia tempo: entrava em conflito com deuses e mortais e provocava conflitos cruentos. Lembramos a luta com Atena pela posse da Ática e da própria Atenas; e o conflito com a população ateniense, durante o qual Netuno alagou com ondas imensas a planície ateniense. Até mesmo com Zeus e Dioniso Netuno provoca brigas pela posse de Égina e de Nasso; ele arremessa o tridente ou agita os mares atirando-os sobre a terra, ou faz surgir rios subterrâneos. Nesses episódios e vicissitudes encontra-se o símbolo de objetivos inconscientes e "alagamentos" conflituosos do consciente: a violência da agressividade libidinosa contra a qual não há defesas válidas. A mítica manifestação de Netuno corresponde, em certo sentido, ao alagamento neurótico ou esquizo-paranóide. Daí a inquietante influência atribuída ao planeta. Trata-se de uma força ctônica, expressão da energia criadora que parte do profundo com um movimento oculto, não-visível e capaz de modificar aquilo que existe seguindo a lei da autogeração. Netuno é, portanto, a expressão do Inconsciente pessoal e coletivo. Sua capacidade de se mover, de agitar, de modificar, lhe confere como atribuição a *metamorfose*.

Em astrologia, é o planeta mais inquietante, complexo e rico em valores, e se presta às interpretações mais profundas e surpreendentes.

Junto com Urano e Plutão, ele é considerado um dos três planetas "coletivos" no sentido de que a sua expressão astrológica num horóscopo é, antes de mais nada, uma questão de geração. Explicamos melhor: esses três planetas, que têm por natureza uma influência lenta e muito profunda, permanecem num signo do Zodíaco durante muitos anos; portanto, transmitem para o respectivo signo características próprias a um grupo de gerações. Temos desse modo, por exemplo, gerações de Netuno em Escorpião e gerações de Netuno em Sagitário, e assim por diante. Suas influências, obviamente, são muito diversas de geração para geração. Estudos especiais nesse campo abundam na prática astrológica e essas conotações coletivas criam um fundo diferente um do outro, e as influências da relação astro/geração são particularmente importantes. Sobre essa base, André Barbault fez um importante estudo a respeito da história civil européia através da análise desses relatórios.

O mítico deus do mar tinha a característica de não ser visível porque escondia-se nos abismos e seu reino não tinha limites fixos; por isso, Netuno responde ao princípio geral da extensão, da ampliação do campo de consciência. Ele leva o arquétipo da dissolução ou da integração universal, da extrema dilatação rumo a uma liquidação ou uma superação. O deus mítico manifestava-se com violência, mas também de maneira dúbia: pensamos que desde sempre o homem está acostumado a ver diante de si, ou ao seu redor, o obstáculo ou o inimigo, a percebê-lo objetivamente como algo exterior e frontal. Netuno, ao contrário, tramava sob a superfície do mar, e seus golpes e monstros ou maremotos emergiam do inferior, de baixo, sem nenhum aviso; portanto, é o perigo, o golpe ou o obstáculo endógeno que vem do interior do homem. É a força interior, ou seja, endopsíquica, que o sujeito sente agitar-se sem poder situá-la.

Por isso, a ação de Netuno é lenta, sutil; no horóscopo ela sequer é percebida no nível consciente. Segundo Volguine,[77] Netuno presta-se a duas interpretações astrológicas: ele encarna o princípio da receptividade passiva, que se manifesta através da inspiração, da intuição, da mediunidade e das faculdades paranormais, assim como da utopia, da loucura, da perversão, da ansiedade. É por essa razão que Netuno rege o signo de Peixes, chamado segundo uma tradição "o hospital do Zodíaco". Netuno é o planeta dos loucos ou dos santos, como se costuma dizer na prática astrológica. Ele representa todas as metamorfoses psíquicas e as grandes mudanças na visão existencial da vida. Como no mito existem as transformações impostas por Netuno, assim na expressão astrológica vemo-lo agir severamente na estruturação da psique, provocando as mais complexas modificações. Ele é o planeta da plasticidade psíquica; de fato, Poseidon encontra todos os caminhos possíveis e as mudanças necessárias para chegar aos objetivos predeterminados. Há nele uma receptividade intensa e ampla, com dinamismos extremamente rápidos, como a imagem da água batida pelo seu tridente.

Netuno é o psiquismo em estreita relação com o ambiente externo, mas as modificações são internas, inconscientes e não-perceptíveis.

---

77. Volguine, A.: *Dictionnaire des Symboles*, no verbete: *Neptune*, Laffont, Paris, 1969, pág. 531.

As grandes mutações filogenéticas e, talvez, também as ontogenéticas são reguladas pela simbologia de Netuno. O planeta, especialmente no seu manifestar-se por *trânsito em* pontos específicos do horóscopo — Sol, Lua, Mercúrio, por exemplo —, leva inexoravelmente para formas e necessidades diversas, põe em ebulição as profundezas do ser e abre novos horizontes espirituais e psicológicos.

É justamente a contínua mobilidade e a metamorfose, o experimentalismo, a curiosidade pelo "novo" que impelem o tipo netuniano, mas é também a experiência do anticonformismo, do bizarro e despreconceituoso que esse planeta simboliza. Poseidon é um deus que tem o dom da ubiqüidade no seu líquido ambiente; sua fantasia quanto aos bens de seu palácio é extraordinária: ele possui carros de ouro, cavalos, tritões, golfinhos, sereias, monstros.

Seus amores são múltiplos, fantasiosos, imprevisíveis, astuciosos. Suas ações contra homens e deuses são hostis, drásticas, "devoradoras", e muitas vezes seus êxitos são irreversíveis. Assim é também para o Netuno astrológico: se no horóscopo ele está em boa posição, pode produzir grandes realizações espirituais, novas, com uma constante elevação, com amplitude afetiva. Há casos em que Netuno favorece as experiências místicas, zen, artísticas ou ideológicas. Uma pessoa fortemente netuniana pode ter faculdades paranormais, mediunidade, hipersensibilidade artística. É o clássico planeta que cria os paraísos artificiais expressos na arte, no pensamento, na droga.

Se, porém, Netuno aparece fortemente negativo no horóscopo, então podem-se prever perturbações e desvios: ele é o grande Poseidon que se irrita e agita as águas e faz emergir os monstros dos abismos, transformando as criaturas em monstros ou animais, mudando as coisas. Assim, transpondo o mito para os mecanismos psíquicos, temos as pressões do inconsciente, os pesadelos, os sonhos, as fantasias; emergem as neuroses, e os complexos estendem-se ao comportamento externo, manifestam-se as projeções dos delírios, as regressões ou as identificações: então, Netuno penetra no campo da psicopatologia e põe a nu as tramas secretas dos estados crepusculares da consciência, faz emergir os arcaísmos esquizofrênicos nos quais reina a mais completa confusão, a treva dos abismos, onde o Eu se identifica com sombras e arquétipos num fantástico delírio auto-exaltante ou destruidor. Nesse caso, emerge uma personalidade "maldita", vítima fácil de perversões, da toxicomania, de desvios de todo tipo. Netuno fortemente negativo no horóscopo, por exemplo, da Sexta ou Décima Segunda Casa, com aspectos atribuídos a Mercúrio, a Urano ou então à Lua, ao Sol, cria às vezes um indivíduo histérico, esquizóide, doente, prisioneiro de forças obscuras, sobre as quais nada tem poder. Netuno é um verdadeiro arquétipo, é a herança hereditária coletiva no sentido dado por Jung a esses termos.

O problema mais dramático que surge de um Netuno negativo é a fuga diante das responsabilidades, a incapacidade de se manter em contato com o real concreto e cotidiano do mundo exterior; nessas circunstâncias, produz-se um hábito psicológico no qual reina o caos, a sensibilidade mórbida, uma mente errática, abandonos voluptuosos, expiações ou as mais cruéis autopunições para a psique ou para o corpo. Tudo isso, porém, não deve ser considerado rigidamente como psicopatologia, mesmo porque é arriscado estabelecer limites entre aquilo que é "social, normal" e "anormal, associal" no sentido psicológico. Há casos em que uma energia violenta de Netuno torna possíveis sublimações de grande destaque, ou então os desvios podem ser canalizados para fins altamente morais e criativos: é a fuga do real, do conformismo; é o mergulho no mar sem saber nadar, mas também a ascensão na direção de picos inexplorados. Exemplos de netunianos desse tipo: Gide, Picasso, Baudelaire, Rimbaud. Verlaine e Utrillo também tiveram em seu horóscopo um Netuno alucinante, que lhes deu uma vida desordenada, a arte poética, o delírio neurótico ou a droga.

Podemos observar aqui que o incremento da toxicomania, das infrações comportamentais de indivíduos ou de grupos, bem como o impressionante aumento de neuroses e psicoses e formas depressivas no Ocidente, devem ser atribuídas — falamos do ponto de vista astrológico — à permanência de Netuno no signo do Escorpião desde 1956 até 1971. Nesse caso, a grande energia endopsíquica netuniana libertou, ou então introduziu libido e energia erótica no sentido da morte, da transformação e da passagem do Karma de Escorpião, pelo que se infringiram as barreiras racionais com os abandonos à dissolução, às "viagens" com LSD ou heroína, às extravagâncias sexuais ou ao desenfreamento pornográfico, que, por outro lado, são todas manifestações repressivas, provocatórias ou sexofóbicas. É bem verdade, também, que Netuno em Escorpião deu profundas intuições relativas aos problemas gerais coletivos; aguçou e cimentou a consciência unitária das últimas gerações, suscitou interesses para com o mundo interior do homem, a parapsicologia, o ocultismo, a espiritualidade.

Abriram-se zonas mais amplas do inconsciente coletivo e das faculdades intuitivas superiores. Pode-se dizer, portanto, que Netuno está presente em todos os temas de criação, de genialidade, de poesia, de religiosidade, mas também nos horóscopos de suicidas, de associais, de doentes no corpo ou na mente.

A manifestação conjunta de Netuno é típica nas comunidades, nos grandes movimentos juvenis, nos grupos de renovação espiritual: podemos realmente reencontrar a imagem mítica das núpcias de Netuno com Anfitrite. O pitoresco, alegre e dionisíaco cortejo nupcial em que, com os míticos esposos, há cavalos, touros, carneiros, cervos, panteras, leões, tigres, monstros marinhos com tritões, hipocampos, golfinhos, sereias e baleias. E sobre eles as Nereidas, as Ondinas, as filhas de Têmis, as Ninfas e as Náiades.

Trata-se de um movimento profundo, um emergir de energias obscuras, vigorosas, novas, sob o sopro misterioso do astro do tridente, num coral simbólico de toda a natureza viva.

♅

Urano

Urano, o planeta violento da força de decisão, elétrico, improvisador e rápido, pertence à tríade planetária dos "pesados": o seu giro zodiacal se completa em 84 anos, simbolicamente, sua energia astrológica manifesta-se com uma rapidez e uma imprevisibilidade pouco inferior à de Marte, que é o seu planeta mais próximo em termos de características energéticas e dinâmicas.

Entre Netuno e Plutão, o grande Urano assume uma riqueza de atribuições simbólicas muito ampla.

Na mitologia retornamos, com ele, ao deus Urano, rei dos céus, esposo da Grande Mãe Terra Géia. Já nos detivemos longamente sobre o mito de Urano, que assinala os albores da cultura grega. Ora, mesmo sem retomar os detalhes, lembramos que na origem do mundo mítico havia o Caos, de onde surgiu Géia com seu "seio amplo, sólida e eterna sede de todas as divindades que habitam lá em cima, no monte Olimpo... deu à luz como seu semelhante o Céu estrelado, Urano, para que este a abraçasse inteiramente e se tornasse sólida e eterna moradia dos deuses bem-aventurados".

Assim aparece a primeira idéia do deus-planeta, pois ele é o céu estrelado, a energia cósmica que move as massas planetárias, mas é também um planeta que se move ao redor do Sol. Urano amava Géia: é a relação entre Céu e Terra, aquela que no *I Ching* corresponde à relação entre o Criativo e o Receptivo, os primeiros dois hexagramas da série. Mas Urano, com receio de perder o poder, comete um torpe filicídio até que Géia se lhe opõe instigando o filho Crono, que castra o pai. Depois deste fato terrível e sangrento, diz o mito, o Céu se retraiu e não se aproximou mais da Terra. Assim foi interrompida a procriação.[78]

---

78. Kerényi, Károly: *op. cit.*, pág. 27 ss.

Nesse mito, podemos encontrar a formação do arquétipo da separação entre microcosmo e macrocosmo, o afastamento entre imanência e transcendência, entre homem e Deus: a grande cisão do Uno.

Urano é, portanto, uma força primordial, absoluta, que cria e modifica, que destrói e impõe. Mas é também a mutilação, a limitação repentina e dolorosa.

Um mito análogo encontra-se na cultura egípcia, em que Osíris foi esquartejado e seu membro viril atirado ao mar e engolido por um peixe. Assim, Urano oculta um *mistério de castração* e rompimento do arco vital no sentido da continuidade.

O hieróglifo de Urano compõe-se de dois semicírculos opostos, separados por uma cruz; a extremidade inferior do braço perpendicular pende sobre um pequeno círculo.

Segundo Senard, citando K. E. Krafft, os dois semicírculos do ideograma simbolizam as duas metades do ciclo de uma manifestação anterior, rompida pelo impulso expansivo do fogo criador, e onde o novo ciclo é indicado pelo pequeno círculo na extremidade inferior da cruz. Pode-se também observar que o signo é o do aspecto astrológico de conjunção. Nesse caso, encontram-se unidos os símbolos do Tempo, que é o braço vertical da Cruz, do Espaço, que é o outro braço, bem como um ciclo anterior rompido, [a], e um novo ciclo constituído pelo círculo [b].

O hieróglifo de Urano significa, portanto, o rompimento de um ciclo de manifestação sob o impulso criador gerador de um novo ciclo no Espaço, no Tempo e na Matéria.[79] Muito mais concretamente, alguns astrólogos contemporâneos, com menor fantasia, sem dúvida, vêem no hieróglifo de Urano estilizado o símbolo da época científica com referência à letra H, inicial do astrônomo Herschel, que descobriu a eclíptica de Urano e o próprio planeta, ou então uma vaga estilização de uma antena de televisão. Por outro lado, os hieróglifos de Urano assumiram outras formas no passado. A mais antiga é muito semelhante a um certo emblema do deus Rá e Osíris: [c]. Ou seja, trata-se de um cálice no interior do qual se vê um disco, que talvez represente a semente de uma flor ou o emblema do sol.

---

79. Senard, M.: *op. cit.*, pág. 75.

Outro símbolo é um círculo com um ponto central e uma dupla flecha saindo de um lado. Num certo sentido, é o hieróglifo mais significativo e aceitável, pois une a qualidade do Sol [d] às de Marte [e] como expressão iterativa de uma gigantesca energia impulsiva. Na prática, os astrólogos utilizam esses três ideogramas, dependendo das preferências pessoais.*

A derivação, etimológica de Urano é greco-latina. UR está ligado à civilização assírio-babilônica, mas em gótico significa também "origem" primordial, fogo.

Uro, em latim, significa "*queimo*"; portanto, podemos pensar num conceito de fogo, raio, energia ígnea primordial.

Lembramos que para os fenícios o deus UR é o deus da Luz, o primeiro princípio criador que profere a frase "E faça-se a Luz".

Conforme dissemos, Urano exprime a irrupção de uma energia que rompe e separa, produzindo mudanças nem sempre reversíveis. De fato, o mítico, terrível Deus aparece como o Céu que se separa da Terra depois da divisão dos abismos disformes e primordiais.

É o fogo que se separa da água. É a colera do Càos mitológico no qual o deus dos oceanos enfrenta o deus dos céus, o qual quer elevar-se, tender para cima sobre o indiferenciado a fim de se individualizar.

Tudo o que afasta o homem da Terra e o eleva ao céu, seu império mitológico, e o faz tender para o absoluto, está sob o signo de Urano, que sacrifica até os filhos para dominar inconteste. Portanto, trata-se de uma energia que exige um *holocausto*.

O processo uraniano desenvolve-se ao longo da linha mítica titânica e prometéica: é o impulso absoluto, violento, desmedido, que agride o objeto ou a realidade para induzir uma mudança, uma ruptura da forma ou condição precedente; é a força que liberta ou destrói. No sentido dinâmico, no plano astrológico, manifesta-se como uma energia repentina, um impulso violento do tipo *raptuo*, como um espasmo ou uma laceração. Assim, o planeta assume importância relevante na avaliação do dinamismo psíquico, sensorial e neuromuscular, além da vontade e da força de decisão. A potência energética uraniana manifesta-se no horóscopo sobretudo nos trânsitos por outros planetas, e os solicita, os

* [a] –, +, H; [b] ♅; [c] ⛢; [d] ☉; [e] ♂.

faz "explodir", vitaliza-os com nova energia. A ação de Urano às vezes é imponente, às vezes espetacular: elimina tudo aquilo que atrapalha o caminho, oferece as condições para trazer à tona os conflitos ou os problemas, rompe todas as hesitações.

Tudo o que é inútil ou serve de obstáculo é retirado repentinamente, porque Urano é exatamente o contrário da lentidão, da indecisão, da preguiça. Os tempos de manifestação de Urano são muito curtos, limitados, e a rapidez excitante sempre deve ser observada.

Tudo pode acontecer com Urano sem que haja tempo para refletir nem espaço para situar as experiências: o que acontece, acontece com todo o vigor daquilo que parece quase imprevisível.

No plano psicológico, Urano é um impulso forte e expansivo do Eu no meio ambiente, portanto, com uma dinâmica de extroversão.

Conseqüentemente, uma acentuada característica de Urano cria a intolerância, a pouca adaptabilidade, a excentricidade, o esquizoidismo e a reatividade marcada por todo tipo de limitações.

O espaço de tempo de Urano é reduzido, não-crítico e não-capaz de análises sutis; é fonte de impressionabilidade pela qual impede a objetividade. As pessoas que têm no horóscopo um Urano muito ativo e proeminente assumem um comportamento muito dinâmico, francamente nervoso, "elétrico", impulsivo, muitas vezes sem crítica e sem seleção. Nos casos menos diferenciados, os aspectos negativos enviados por Urano acentuam as tendências extremistas, a necessidade do novo fim para si mesmo e a infração de toda norma que seja percebida como limitação. O humor, o mundo das idéias e das opiniões mudam rapidamente. O uraniano é irrequieto, hiperativo, incansável, verdadeiro vagabundo, e habitualmente descontente consigo mesmo ou com o meio onde se encontra.

No tipo uraniano mais rico e flexível, há uma intuitividade muito clara, necessidades espirituais e psicológicas intensas, amplas concepções e uma compreensão muito clara dos problemas dos outros.

Na psicologia profunda, Urano é a expressão de todo mecanismo psíquico e neurológico. Como fator astrológico da psicodinâmica, indica a possibilidade ou não de superar conflitos neuróticos, de conseguir a integração dos complexos e a eliminação das defesas e censuras. Possibilita um reforço do Eu ou uma destruição em caso de violentos conflitos inconscientes: nesse caso Urano às vezes sustenta terríveis mecanismos de projeção de temas e conteúdos subjetivos sobre objetos externos.

Quando Urano está bem localizado no horóscopo tem-se uma ênfase positiva e brilhante dos dotes de caráter, da vontade e da inventividade. No que diz respeito às atribuições etiológicas e de diagnóstico no campo da psicopatologia, Urano certamente é mais temível do que Netuno quando em conflito com o Sol, a Lua, Marte e Mercúrio: nesses casos, o planeta produz na pessoa uma verdadeira e constante irritação e excitabilidade nervosa, um comportamento emotivo e afetivo bastante frágil.

É o fator astrológico que coordena o desencadeamento de diversas síndromes reativas, nas quais estão implícitas a ânsia, a angústia, a fuga ou a agressão. Uma averiguação dos efeitos astrológicos de Urano faz-se pela observação dos seus trânsitos pelos principais planetas; quando de sua "passagem" pelo Sol, pela Lua, por Marte ou por Vênus sucederam fenômenos relativamente fora do comum e às vezes dramáticos, que vão desde acidentes e traumas psicofísicos até separações, "raptos" e mesmo a morte.

Freqüente é a atividade de Urano nas configurações de pessoas muito perturbadas psiquicamente ou na esfera sexual-afetiva. Assim, Urano em contraste com Vênus ou com a Lua é fator que predispõe nos temas de homossexualidade ou ambivalência e, em contraste com Marte ou Mercúrio, concorre para o desenvolvimento de tendências reativas autopunitivas ou agressivas com caráter de choque.

Naturalmente, este planeta é útil para desencadear crises saudáveis, eversivas, de superação das situações estáticas; ajuda a abandonar o conformismo e os caminhos mais trilhados. Torna-se, então, o planeta dos cientistas, dos inventores geniais, dos líderes, dos revolucionários. Não devemos esquecer que Urano domina Aquário e deste tem todas as características: a criatividade, a abertura para os valores coletivos, o mundo integrado na expressão "homem-nós". É o planeta que simboliza a nossa época, perturbada, neurótica, rica em descobertas científicas, em contínuas evoluções, mas também perturbada por violentas dissonâncias, crises ideológicas, dramas éticos, doenças e revoluções.

♇

Plutão

O mais "jovem" dentre os astros encontradiços no planetário astrológico, Plutão, foi descoberto astronomicamente apenas em 1930 e, portanto, as atribuições simbólicas ainda são escassas e não comprovadas com respostas aceitáveis na prática horoscópica.

Desde cedo atribuiu-se a Plutão o "governo" do signo de Escorpião, juntamente com Marte. Seu hieróglifo resultou de uma associação do círculo, da cruz e da águia.

Um ideograma muito mais moderno é constituído pela letra P, inicial do elemento químico Plutônio.

Na mitologia grega, este planeta enigmático traz um grande mistério: simboliza o filho de Crono e Réia, irmão de Zeus-Júpiter e Poseidon-Netuno. Mais exatamente, Pluto é o nome grego do deus, que se torna Plutão para os romanos. Outras fontes, como Graves, citam Pluto como filho de Deméter, nascido da relação com o Titão Jásio. Pluto é desde cedo visto como um deus das riquezas, mas ligado a um rito de sacrifício. De fato, sabemos dos ritos de Adônis, de Ila ou de Litierese que um menino era sacrificado para propiciar as chuvas sobre os campos cultivados ou, então, para honrar a morte de um rei sagrado. Pluto seria o garoto que aparece na lenda de Triptolemo, rei sagrado que viajava num carro puxado por serpentes e que teve relações com Deméter num campo recém-arado. Daí o nome, que exprime "riqueza". Pluto faz parte dos Mistérios Eleusinos. O que acontecia durante essas celebrações não é testemunhado por nenhuma fonte com certeza documentada, razão pela qual não é impróprio chamar de mistérios os ritos de Elêusis. Todavia, conta-se que nessa cidade de Micenas os adeptos de Deméter caíam durante o rito num êxtase orgiástico e representavam as núpcias simbólicas da deusa com Zeus ou Triptolemo: no secreto recesso do templo, eram esfregados ritmicamente objetos fálicos com objetos côncavos. O nome Elêusis poderia derivar de uma corruptela do termo *Eilythaies*, ou seja, "O lugar daquele que freme" (Graves). Outros figurantes entravam então alegremente trazendo o garoto Brimo, símbolo do "amplexo". Brimo era precisamente sinônimo de Plutão.

O nome de Pluto não era proferido à vontade: ele era assimilado a Hades, deus dos infernos. Pluto era temível como as Erínias, chamadas antes de Eumênides no sentido apotropaico. Portanto, o deus assumiu valores de bem-estar e de riqueza no que dizia respeito ao trigo e, em geral, às colheitas e valores ctônicos, do além-túmulo, porque assimilado à figura de Hades e de guardião da "entrada". De resto, o duplo papel pode ser visto nos Mistérios Eleusinos: elemento sacrifical ou dionisíaco, Pluto é o menino sagrado que sanciona o evento erótico, o orgiástico fálico; é o símbolo que propicia as colheitas, mas também um colaborador de Hades, nos infernos. E não por acaso Pluto recebe de Héracles, justamente nos infernos, a cornucópia da abundância. Portanto, ele é o deus da riqueza, do ouro, da fecundidade. Mas sua riqueza é invisível: como deus ctônico, seu caráter apresenta-se ambivalente, sagrado e destrutivo, e todas as almas dos mortos consagram-se à sua soberania e à sua cólera. Se Júpiter reina nos céus e Poseidon reina nos mares, Pluto tem o seu reino no Tártaro, o império dos Mortos, do Invisível. O deus está sentado sobre um trono infernal assistido por Minos e por outros demônios.

Ele pronuncia sentenças que não podem ser modificadas... Ditando ao mundo a inexorável lei da Morte, Plutão usa na cabeça um capacete de pele de cachorro que o torna invisível,[80] verdadeiro símbolo do domínio inconsciente profundo.

Invocado por agricultores e comerciantes, Plutão segura a cornucópia da abundância. Deve-se sublinhar o duplo aspecto do deus-planeta: um benéfico e o outro maléfico. Seu misterioso poder de invisibilidade é expresso no plano físico simbólico pela noite, pelas trevas, ou seja, pelo inconsciente mais obscuro. Talvez essa sugestão nasça também da consciência de que a eclíptica plutoniana, tão bizarra, se perde bem longe do Sol, nas infinitas trevas do universo abissal!

---

80. Hadès: *Pluton ou les Mystères*, Bussière, 1971, pág. 34.

No mito, Plutão é o *Guardião da Entrada*, é o deus Hades que rapta Perséfone arrastando-a, por amor, para os infernos e provoca com isso a loucura da mãe, Deméter. Plutão é indiretamente o responsável pelas carestias que atingem a Terra, enquanto ele provoca a dor de Deméter, mãe possessiva e inundadora; portanto, a esterilidade do solo — conseqüência da loucura de Deméter — também é provocada pela força destruidora de Plutão-Hades, que não quer ceder à filha que lhe faz súplicas. O eros profundo plutoniano, que não conhece regras terrenas (ou seja, irracional, inconsciente e instintivo), exprime-se no seu nível primordial e arquetípico: Plutão condena e provoca a "morte da matéria" para transformar o Logos.

Por essa razão, ele rege o signo de Escorpião, que exprime a dialética arquetípica de Eros e Tânato: o confronto de Amor e Morte.

O princípio das trevas pode também ser encontrado na mitologia egípcia. O deus Anúbis faz parte, como Plutão, do supremo tribunal dos deuses que julgam os seres vivos, em princípio reservando para eles o destino absoluto, que corresponde ao Karma hindu. Anúbis tem a tarefa de pegar os mortos pela mão e conduzi-los diante de Osíris. Ele, que é a emanação da energia de tudo o que nasce, simboliza também a ressurreição depois da morte, depois do trânsito no Hades. Mais uma vez, a polaridade Morte-Vida, Trevas-Luz: Plutão, que se torna manifesto e símbolo visível de um ciclo mitológico ao qual pertencem Ísis-Osíris-Set-Hórus.

Osíris, que representa o deus protetor dos mortos e a força de regeneração que garante ao morto a segunda vida, é símbolo equivalente de um Plutão benéfico.

Ísis, a mãe divina, esposa de Osíris, representa a Alma universal que protege os mortos com as suas asas. Nas atribuições mais recentes, Plutão é comparado a Satanás ou a Cérbero, o cão tricéfalo gerado por Tifão e Equidna, que guarda a porta dos infernos. A analogia leva à serpente Hidra ou às outras multidões de monstros demoníacos que se reportam a Tifão, cuja energia animal é expressa nas cem serpentes que lhe coroam a cabeça.

Todas essas figuras exprimem aspectos de Plutão. O deus não era apenas o guardião dos Mortos, mas também um justiceiro: ele provoca uma destruição em vista da reconstrução. Certamente, em Plutão é possível ver também o símbolo das diversas expressões de Eros, tanto a

Kundalini quanto a deusa Káli ou Lúcifer. Ele é a expressão da Alquimia no seu lado mais infernal e noturno, que consegue produzir o ouro maldito, ou seja, os aspectos da sedução lasciva, o triunfo do poder econômico, o poder oculto, dionisíaco, tribal. Uma admirável personificação do simbólico Plutão pode ser vista no Mefistófeles do Fausto de Goethe, que oferece as coisas belas e sedutoras em troca da alma, e ainda Eros e Tânato, como luta entre as poderosas energias subterrâneas inconscientes e a razão.

Em astrologia desde cedo começou-se a atribuir a Plutão valores maléficos e coletivos muito relacionados com o Pluto grego. A essência do fator astrológico plutônico é a capacidade transformadora erótica e alquímica que regula o ciclo vital sem que haja manifestações exteriores perceptíveis por parte da pessoa. Plutão é subterrâneo, psíquico e inconsciente. O rapto de Perséfone representa a descida da alma às raízes vitais no estágio de sombra primário, a viagem na vida através dos estágios do conhecimento pragmático e espiritual metafísico. Plutão deixa aquele que "morre" para a vida aparente passar pela porta, deixa a matéria (o corpo) bem como o conhecimento imediato (a mente) para conhecer a vida eterna (o Karma) e a riqueza invisível (a imortalidade).

Como valor positivo, Plutão constela a fertilidade e a fecundação. Astrologicamente, está associado às glândulas sexuais, ao esperma e a toda atividade sexual. Ele representa o inconsciente coletivo e, provavelmente, deveria ser estudado nesse sentido, relacionado, porém, com a esfera dos instintos.

Um estudo de Plutão nos diversos signos — sob o perfil histórico antropológico, ontogenético — poderia oferecer surpreendentes indicações psicológicas sobre a evolução dos instintos no inconsciente coletivo e o reflexo sobre a formação do inconsciente pessoal.

Plutão assume o papel do *justiceiro*, da energia criativa indiferenciada que se manifesta, também através da destruição, da negação. Ele é o símbolo do tentador, do sedutor. No plano coletivo, deve ser interpretado como *visão do mundo:* alguns o identificaram com o advento do Anticristo e do Apocalipse. Outros estudiosos supõem que Plutão, como fator astrológico, esconde arquétipos ainda não aflorados à consciência do homem moderno. Pode-se também aventar a hipótese de uma relação simbólica entre as propriedades plutônicas e as de Lilith, a Lua Negra.

Algumas escolas astrológicas atribuem a Plutão as tendências às faculdades parapsicológicas, a paixão pelas ciências ocultas, as qualidades mediúnicas ou a aptidão para a Psicanálise ou a Medicina.

Em sentido analítico, Plutão, deus ctônico, simboliza as cargas libidinosas latentes que nem sempre emergem e se canalizam e assinala os complexos, os mais obscuros mecanismos de defesa, os desvios comportamentais no que respeita ao sexo e à afetividade. Muito provavelmente, junto com Netuno, é o fator astrológico que concorre para a formação das reações neuróticas e as mais graves perturbações. Em chave freudiana, Plutão pode acentuar os aspectos sádico-anais da personalidade histérica, encarregando-se de desenvolver uma parte destrutiva com tentativas de compensação, sublimação e inibição.

Não se deve excluir a possibilidade de ver Plutão como a Sombra individual: uma sugestiva proposta para a psicologia profunda.

Concluímos a respeito de Plutão. As indicações da prática astrológica ainda são muito escassas e não podemos trabalhar demais com a fantasia sobre esse símbolo, em boa parte ainda desconhecido, a ponto de alguns astrólogos ainda não o levarem em consideração ao elaborar um horóscopo.

A atribuição já está delineada; mas, para compreender a equivalência mítico-psicológica, será preciso ainda muito tempo.

Bibliografia

As obras aqui mencionadas foram consultadas durante a elaboração de todo este livro. O autor, todavia, enriqueceu consideravelmente a bibliografia, dividindo-a por assuntos, com a intenção de ajudar o leitor numa eventual orientação de pesquisas ou de estudo interdisciplinar, inerente ao tema deste livro.

ASTROLOGIA TEÓRICA E PRÁTICA

Aurigemma, Luigi: *Il segno zodiacale dello Scorpione*, Einaudi, Turim, 1977.

Autori Vari: *Il ritorno degli astrologi*, Bompiani, Milão, 1974.

Aurens, Wolfang: *Astrologie, oroscope pour tous*, Stauffacher, Zurich, 1970.

Antares, George: *Manuel d'interprétation astrologique*, Flandre Artois, Tourcoing, 1970.

Barbault, André: *Les astres et l'histoire*, Pauvert, Paris, 1967.

Barbault, André: *Collection des signes zodiacaux*, vol. 12, Edit. du Seuil, Paris, 1957.

Barbault, André: *Trattato pratico di Astrologia*, Morin, Siena, 1972.

Bachelard, Gaston: *L'air et les songes*, Corti, 1943.

Brahy, G. L.: *Soyez vous aussi astrologue!*, Adyr, Paris, 1948.

Bastide, Roger: *Lo Zodiaco*, Longanesi, Milão, 1975.

Bata, Olga: *I dodici segni astrologici*, Ed. Nova Era, Roma, 1971.

Bailey, Alice: *Trattato dei Sette Raggi*, Ed. Nova Era, Roma, 1972.

Bononcini, Frisari: *Astrologia Scientifica*, Ed. Parma, Bolonha, 1975.

Choisnard, Paul: *Langage astral*, Editions Traditionelles, Paris, 1963.

Capone, Federico: *Piccolo Manuale di Astrologia*, Ed. CIDA, Turim, 1973.

Chochod, Louis: *Storia della Magia*, Ed. Dellavalle, Turim, 1965.

Cavendish, Richard: *La Magia Nera*, Ed. Mediterranée, Roma, 1973.

Cardini, M.: *Astrologia e Medicina*, s.d., 1965.

Ferrière, Adolphe: *Le cosmos et l'homme*, Ed. Rigois, Paris, 1955.

Gerson e Lacroix: *Notes d'expèriences sur l'influence des planètes*, Ed. Des Cahiers Astrologiques, Nice, 1947.

Gauquelin, Michel: *Songe et mensonge de l'astrologie*, Hachette, Paris, 1969.

Gauquelin, Michel: *Dossier delle influenze cosmiche*, Astrolabio, Roma, 1975.

Garrison, Omar: *Astrologia e salute*, Longanesi, Milão, 1975.

Groddeck, George: *Au fonde de l'homme, cela*, Ed. Galllimard, Paris, 1969.
Grimaldi: *L'origine et le sens des signes du Zodiaque*, Paris, 1899.
Hieroz, J.: *L'astrologie selon Morin de Villefranche*, Ed. Omnium Litteraire, Paris, 1962.
Hadès: *L'astrologie et le destin de l'Occidente*, Laffont, Paris, 1971.
Hadès: *Manuel complet d'astrologie scientifique e traditionelle*, Bussière, Paris, 1971.
Hadès: *Pluton ou les Grands Mystères*, Bussière, Paris, 1973.
Hadès: *Saturne et Uranus, ou les Mystères de l'espace e du Temps*, Bussière, Paris, 1973.
Hadès: *Manuel complet d'astrologie médicale*, Bussière, Paris, 1973.
Hadès: *Le livre des aspects astrologiques*, Bussière, Paris, 1976.
Hadès: *Mars et Vénus ou le désir et la chair*, Bussière, Paris, 1977.
Hadès: *Mercure et Jupiter ou l'intellect et la connaissance métaphysique*, Bussière, Paris, 1976.
Hadès: *Lune et Neptune, ou les Mystères de l'inconscient*, Bussière, Paris, 1977.
Hadès: *L'Univers de l'Astrologie*, Michel, Paris, 1973.
Holley, Germaine: *Analyse expérimentale du signe des Poissons*, mimeografado, s.d., Paris.
Julievno: *Nouveau Traité D'Astrologie Pratique*, Traditionelles, Paris, vol. 2, 1973.
Jung, Carl Gustav: *Un esperimento di astrologia*, em: *La dinamica dell'inconscio*, Boringhieri, 1977.
Levy, Maryse: *Pluton, planète lointaine*, Vega, Paris, 1958.
Le Scouezec, Gwen: *L'Astrologie*, New Compton, Roma, 1972.
Haeindel, Max: *Les messages des astres*, J.E.P., Paris, 1964.
Moore, Patrick: *L'Astronomia*, Sansoni, Florença, 1973.
Mac Neice, Louis: *L'astrologia*, U.T.E.T., Turim, 1959.
Maitan, Maria: *Fatevi il vostro oroscopo*, Feltrinelli, Milão, 1974.
Mayo, James: *The planets and human behaviour*, Flower, Londres, 1972.
Muchery, George: *Traité pratique d'Astrologie*, Chariot, Paris, 1971.
Kunkel, Hans: *L'interpretazione astrologica*, Giovene, Milão, s.d.
Kinauer Saltarini, Elena: *Astrologia*, Bietti, Milão, 1974.
Kerneitz, Constant: *Il vero volto dell'astrologia*, Milão, 1956.
Koestler, Arthur: *Le radici del caso*, Astrolabio, Roma, 1973.
Nicola, Jean Pierre: *La condition solaire*, Traditionelles, Paris, 1971.
Morpurgo, Lisa: *Introduzione all'Astrologia*, Longanesi, Milão, 1975.
Nicola, Jean Pierre: *Essai d'astrologie*, mimeografado, Paris, s.d.
Piobb, Pierre: *Formulario d'Alta Magia*, Atanor, Roma, 1969.
Paque, Boris: *Aperçu nouveaux sur l'interprétation*, Cahiers astrologiques, C.d.A., Nice, 1947.
Paque, Boris: *Astrologie Médicale*, Flande Artois, Paris, 1965.
Parker, Derek: *Il mistero dell'astrologia*, Palazzi, Milão, 1971.
Peuckert, Will Erich: *L'Astrologia*, Mediterranée, Roma, 1973.

Sementovski, Kurilo: *Trattato teorico-pratico di Astrologia*, Hoepli, Milão, 1975 e reimpressões.
Steiner, Rudolf: *L'azione dei pianeti e delle stelle sulla vita terrestre*, Antroposofia, Milão, 1963.
Terestchenko, Th.: *Méthode Astrologique de la Médicine Hermétique*, Traditionelles, Paris, 1972.
Schwarz, Biedermann: *Il libro dei Segni e dei Simboli*, Bietti, Milão, 1974.
Santagostini, Clarice: *Assimil astrologiques*, Traditionelles, Paris, 1972.
Sadoul, George: *L'enigma dello Zodiaco*, Palazzi, Milão, 1973.
Tondriau, Jeulien: *L'Occultisme*, Marabout, Paris, 1964.
Terestchenko, Th.: *Méthode Astrologique de la Medicine Hermétique*, Traditionelles, Paris, 1964.
Volguine, A.: *L'ésotérism de l'Astrologie*, Dangles, Paris, 1946.
Volguine, A.: *Les astres parlent*, Dangles, Paris, 1933.
Vouga, Charles: *Astrologie expérimentale*, Traditionelles, Paris, 1963.
Verdier, J. G.: *Ce que disent les astres*, Stock, Paris, 1970.
Volguine, A.: *Les significations des encadrements dans l'horoscope*, Bussière, Paris, 1974.
Wilczrkowski, Cyrille: *L'homme et le Zodiaque*, Grifon D'Or, Paris, 1947.

MITOLOGIA, CIÊNCIAS OCULTAS, RELIGIÕES

Bassi, Domenico: *Mitologia assiro-babilonese*, Hoepli, Milão, 1833.
Besant, Annie: *Il karma*, Sirio, Trieste, 1967.
Burckhardt, Titus: *L'Alchimia*, Boringhieri, Turim, 1961.
Barthes, Roland: *Miti d'oggi*, Lerici, Milão, 1958.
Ciaceri, E.: *Culti e Miti nella storia,* s.e., Catânia, 1911.
Codino, Fausto: *Miti greci e romani*, Laterza, Bari, 1971.
Campbell, Joseph: *L'eroe dei mille volti*, Feltrinelli, Milão, 1958.
Cassirer, Ernst: *Filosofia delle forme sinboliche*, La Nuova Italia, Florença, 1969.
Cazeneuve, Jean: *Sociologia del rito*, Saggiatore, Milão, 1974.
Durand: *Encyclopédie de la divination*, C.L.P., Paris, 1964.
De Sanctis, Giuseppe: *Storia dei Greci*, vol. 1, Le Monnier, Florença, 1941.
De Sanctis, Giuseppe: *Storia dei Romani*, vol. 2, Le Monnier, Florença, 1941.
Detienne, M.-Vernant, J. P.: *Le astuzie dell'intelligenza greca*, Laterza, Bari, 1928.
Dictionnaire des Symboles, Laffont, Paris, 1969.
Eliade, Mircea: *Il mito dell'Alchimia*, Avanzini e Torraca, Roma, 1968.
Eliade, Mircea: *Traité d'histoire des Religions*, s.e., Paris, 1949.
Frazer, James: *Il Ramo d'oro,* vol. 3, Boringhieri, Turim, 1965.
Fenoglio, Carlo: *Perché l'Astrologia?*, E.R.I., Turim, 1972.
Garin, Eugenio: *Medio Evo e Rinascimento*, Laterza, Bari, 1954.
Groddeck George: *La maladie, l'art et le symbole,* Gallimard, Paris, 1969.

Hitschler, K.: *Pouvoirs secrets des mots et des symboles*, À la Baconnière, Neuchatel, 1968.
Hutin, Serge: *Histoire de l'astrologie*, Marabout, Verviers, 1970.
I King. Il Libro dei Mutamenti, Astrolabio, Roma, 1950.
Il Libro Tibetano dei Morti, a cura di G. Tucci, UTET, Turim, 1972.
Il Libro dei Morti degli antichi Egiziani, Ceschina, 1974.
Jung, Carl Gustav: "Entretien avec J. Carteret et A. Barbault", in: *L'Astrologue*, revista n. 8, Traditionelles, Paris, 1969.
Kozminsky, Isidore: *I numeri magici*, Tattilo, Milão, 1972.
Kerényi, Károly: *Miti e misteri*, Boringhieri, Turim, 1950.
Kerényi, Károly: *Gli Dei e gli Eroi della Grecia*, vol. 2, Il Saggiatore, Milão, 1972.
Krishna, Gopi: *Kundalini, l'energia evolutiva dell'Uomo*, Ubaldini, Roma, 1971.
Knappich, Wilhem: *Mythologie solaire*, C.I.A., Paris, 1953.
Messina, G.: "Mitra e la sua religione solare e guerriera", está em: *Civilità cattolica*, vol. 1, Milão, 1941.
Manganelli, Giorgio: *L'Apocalisse*, comentário, Rizzoli, Milão, 1975.
Otto, Walter: *Gli Dei della Grecia*, La Nuova Italia, Florença, 1961.
Papus (D'encasse): *Traité élémentaire d'occultisme et d'astrologie*, Dangles, Paris, 1936.
Pauwell-Bergier: *Il mattino dei Maghi*, Mondadori, Milão, 1958.
Rutten, Marguerite: *La science des Caldeens*, P.U.F., Paris, 1961.
Turchi, N.: *La Religione di Roma antica*, Bolonha, 1939.
Vautier, Robert: *I poteri magici della Luna*, Dellavalle, Turim, 1971.
Wirt, Oscar: *Le symbolisme astrologique,* S.A., Paris, 1937.

PSICOLOGIA, PSICANÁLISE E PSICOLOGIA DO PROFUNDO

Aeppli, Ernst: *I sogni e la loro interpretazione*, Astrolabio, Roma, 1973.
Adler, Gerard: *Psicologia analitica*, Boringhieri, Turim, 1972.
Adler, Alfred: *Psicologia individuale*, Astrolabio, Roma, 1962.
Bernhard, Ernst: *Mitobiografia*, Adelphi, Milão, 1966.
Bachofen, J. J.: *Urreligion und antike Symbole*, orgs. von A. Bernoulli, 1926.
Bachofen, J. J.: *Versuch über die Gräbersymbolik der Alten*, 1859.
Bertarelli, Achille: *Le stampe popolari italiani*, Rizzoli, Milão, 1975.
Carotenuto, Aldo: *Jung e la cultura italiana*, Astrolabio, Roma, 1977.
Carotenuto, Aldo: *Senso e contenuto della psicologia analitica*, Boringhieri, Turim, 1976.
Colli, Giorgio: *La sapienza greca*, Boringhieri, Turim, 1977.
Freud, Sigmund: *Tre saggi sulla Teoria della sessualità*, Mondadori, Milão, 1962.
Freud, Sigmund: *Introduzione allo studio della Psicoanalisi*, Astrolabio, Roma, 1969.
Freud, Sigmund: *L'interpretazione dei sogni*, Astrolabio, Roma, 1962.
Freud, Sigmund: *Opere complete*, vol. 8, Boringhieri, Turim, 1971-77.

Fodor, N.-Gaynor, F.: *Dizionario di Psicoanalisi*, Feltrinelli, Milão, 1967.
Fenichel, Otto: *Trattato do Psicanalisi*. Astrolabio, Roma, 1960.
Foedham, Frieda: *Introduzione a Jung*, Giunti, Florença, 1968.
Gutheil, Emil: *Manuale per l'analisi del sogno*, Astrolabio, Roma, 1972.
Glover, Edward: *La psicoanalisi*, Feltrinelli, Milão, 1958.
Harding, Ester: *I misteri della donna*, Astrolabio, Roma, 1973.
Hillmann, James: *Senex et puer*, Marsilio, Pádua, 1973.
Hillmann, James: *Saggio su Pan*, Adelphi, Milão, 1977.
Hillmann, James: *Le mythe de la psychanalyse*, Imago, Paris, 1977.
Jacobi, Jolanda: *La psicologia di C. G. Jung*, Boringhieri, Turim, 1965.
Jandelli, Carlo Luigi: "Introduzione alla simbolica del serpente", em: *Rivista di Psicologia Analitica*, n. 2, 1971.
Jung, Carl Gustav: *Il problema dell'inconscio nella psicologia moderna*, Einaudi, Milão, 1959.
Jung, Carl Gustav: *La simbolica dello spirito*, Einauld, Turim, 1975.
Jung, Carl Gustav: *La libido. Simboli della trasformazione*, Boringhieri, Turim, 1965.
Jung, Carl Gustav: *La psicologia del tranfert*, Il Saggiatore, 1961.
Jung, Carl Gustav: *Inconscio, occultismo e magìa*, New Compton, Milão, 1971.
Jung, Carl Gustav: *Psicologia e Alchimia*, Astrolabio, Roma, 1950.
Jung, Carl Gustav: *Opere complete*, vol. 7, Boringhieri, Turim, 1971.
Jung, Carl Gustav: *Psicologia analitica*, Oscar Mondadori, Milão, 1975.
Laplanche e Pontalis: *Enciclopedia della Psicanalisi*, Laterza, Bari, 1973.
Maillant, Charles: *Il codice dei sogni*, Mondadori, Milão, 1972.
Moreno, Mario: *La dimensione simbolica*, Marsilio, Pádua, 1974.
Neumann, Erich: *L'uomo creativo e la trasformazione*, Marsilio, Pádua, 1975.
Neumann, Erich: *La psicologia del femminile*, Astrolabio, Roma, 1976.
Pieron, Henri: *Dizionario di Psicologia*, La nuova Italia, Florença, 1973.

ARQUÉTIPOS DO ZODÍACO

Kathleen Burt

Kathleen Burt oferece neste livro uma visão aprofundada da astrologia em sua relação com os arquétipos junguianos. A técnica adotada baseia-se na integração dos regentes esotéricos dos signos com seus opostos. Essa técnica ajudará o leitor a compreender seu comportamento instintivo, ativará sua criatividade e modificará as energias negativas do seu horóscopo.

Pela compreensão dos mitos e dos arquétipos, você pode chegar ao verdadeiro potencial do seu mapa natal e controlar conscientemente os instintos que o dominam. Com esta obra, você pode alterar seus padrões instintivos, que parecem aprisioná-lo, e tornar-se mais saudável e produtivo.

Quem quer que estude a astrologia e os arquétipos — conselheiros, astrólogos profissionais e mesmo pessoas inexperientes nesses assuntos — pode beneficiar-se muito com as informações aqui contidas. Você pode calcular a oitava superior do seu signo e manifestá-la na sua vida, e pode também aprender a ajudar os outros a fazer o mesmo na prática que poderá desenvolver como conselheiro. Apoiado em conceitos junguianos, este livro, não sem tempo, pode prestar a você uma grande ajuda. Sua leitura o levará a uma fascinante jornada através dos signos.

EDITORA PENSAMENTO

Outras obras de interesse:

UM ESTUDO ASTROLÓGICO DOS COMPLEXOS PSICOLÓGICOS
Dane Rudhyar

ASTROLOGIA TRADICIONAL E ASTROLOGIA HUMANISTA
Dane Rudhyar

A MENSAGEM DAS ESTRELAS – Uma Exposição Esotérica de Astrologia Natal e Médica
Max Heindel

ASTROLOGIA CIENTÍFICA SIMPLIFICADA
Max Heindel

ASTRODIAGNOSE – Um Guia de Saúde
Max Heindel e *Augusta Foss Heindel*

ASTROLOGIA LUNAR
Alexandre Volguine

AS SIGNIFICAÇÕES DOS ENQUADRAMENTOS NOS HORÓSCOPOS
Alexandre Volguine

A TÉCNICA DAS REVOLUÇÕES SOLARES
Alexandre Volguine

KARMA
Annie Besant

UM ESTUDO SOBRE O KARMA
Annie Besant

O HERÓI DE MIL FACES
Joseph Campbell

AS TRANSFORMAÇÕES DO MITO ATRAVÉS DO TEMPO
Joseph Campbell

O DESPERTAR DA KUNDALINI
Gopi Krishna

TRATADO ELEMENTAR DE MAGIA PRÁTICA
Papus

ANIMA – Anatomia de uma Noção Personificada
James Hillman

PSICOLOGIA ARQUETÍPICA – Um Breve Relato
James Hillman

ENCARANDO OS DEUSES
James Hillman e *outros*

AMOR E PSIQUÊ
Erich Neumann

C. G. JUNG – SEU MITO EM NOSSA ÉPOCA
Marie-Louise von Franz

O COMPLEXO DE BODE EXPIATÓRIO – Rumo a uma Mitologia da Sombra e da Culpa
Sylvia Brinton Perera